동아출판이 만든 진짜 기출예상문제집

특급기출

기말고사

중학 영어 **3-1**

How to Study

이 책의 구성과 특징

STEP A 영역별로 교과서 핵심 내용을 학습하고, 연습 문제로 실력을 다집니다. 실전 TEST로 학교 시험에 대비합니다.

Words 만점 노트
교과서 흐름대로 핵심 어휘와 표현을 학습합니다.

Words Plus 만점 노트
대표 어휘의 영영풀이 및 다의어, 반의어 등을
학습하며 어휘를 완벽히 이해합니다.

Words 연습 문제 &
Words Plus 연습 문제
다양한 유형의 연습 문제를 통해 어휘 실력을
다집니다.

Words 실전 TEST
학교 시험 유형의 어휘 문제를 풀며
실전에 대비합니다.

Listen and Talk 핵심 노트
교과서 속 핵심 의사소통 기능을
학습하고, 시험 포인트를 확인합니다.

Listen and Talk 만점 노트
교과서 속 모든 대화문의 심층 분석을
통해 대화문을 철저히 학습합니다.

Listen and Talk 연습 문제
빈칸 채우기와 대화 순서 배열하기를
통해 교과서 속 모든 대화문을 완벽히
이해합니다.

Listen and Talk 실전 TEST
학교 시험 유형의 Listen and Talk 문제를
풀며 실전에 대비합니다. 서술형 실전 문항으로
서술형 문제까지 대비합니다.

Grammar 핵심 노트
교과서 속 핵심 문법을 명쾌한 설명과
시험 포인트로 이해하고, Quick Check로
명확히 이해했는지 점검합니다.

Grammar 연습 문제
핵심 문법별로 연습 문제를 풀며
문법의 기본을 다집니다.

Grammar 실전 TEST
학교 시험 유형의 문법 문제를 풀며
실전에 대비합니다. 서술형 실전 문항으로
서술형 문제까지 대비합니다.

Reading 만점 노트
교과서 속 읽기 지문을
심층 분석하여 시험에
나올 내용을 완벽히
이해하도록 합니다.

Reading 연습 문제
빈칸 채우기, 바른 어휘·어법 고르기, 틀린 문장
고치기, 배열로 문장 완성하기 등 다양한 형태의
연습 문제를 풀며 읽기 지문을 완벽히 이해하고,
시험에 나올 내용에 완벽히 대비합니다.

Reading 실전 TEST
학교 시험 유형의 읽기 문제를
풀며 실전에 대비합니다. 서술형
실전 문항으로 서술형 문제까지
대비합니다.

기타 지문 만점 노트 &
기타 지문 실전 TEST
학교 시험에 나올 만한 각 영역의
기타 지문들까지 학습하고 실전
문항까지 풀어 보면 빈틈없는 내신
대비가 가능합니다.

STEP B 내신 만점을 위한 고득점 TEST 구간으로, 다양한 유형과 난이도의 학교 시험에 완벽히 대비합니다.

고득점을 위한 연습 문제
• Listen and Talk 영작하기
• Reading 영작하기
영작 완성 연습 문제를 통해, 대화문과
읽기 지문을 완벽히 이해하면서 암기합니다.

고득점 맞기 TEST
• Words 고득점 맞기   • Listen and Talk 고득점 맞기
• Grammar 고득점 맞기   • Reading 고득점 맞기
고난도 문제를 각 영역별로 풀며 실전에 대비합니다.
수준 높은 서술형 실전 문항으로 서·논술형 문제까지
영역별로 완벽 대비합니다.

서술형 100% TEST
다양한 유형의 서술형 문제를
통해 학교 시험에서 비중이
확대되고 있는 서술형 평가에
철저히 대비합니다.

내신 적중 모의고사 학교 시험과 유사한 모의고사로 실전 감각을 기르며, 내신에 최종적으로 대비합니다.

[1~3회] 대표 기출로 내신 적중 모의고사
학교 시험에 자주 출제되는 대표적인 기출 유형의
모의고사를 풀며 실전에 최종적으로 대비합니다.

[4회] 고난도로 내신 적중 모의고사
학교 시험에서 변별력을 높이기 위해 출제되는
고난도 문제 유형의 모의고사를 풀며 실전에
최종적으로 대비합니다.

오답 공략
모의고사에서 틀린 문제를 표시한 후, 부족한
영역과 학습 내용을 점검하여 내신 대비를
완벽히 마무리합니다.

Contents 차례

Lesson 05   The Team Behind the Team

정답 및 해설

If you can dream it, you can do it.

- Walt Disney -

Lesson 3

Stories of English Words and Expressions

의사소통 기능	설명 요청하기	A: What does that mean? (그게 무슨 뜻이니?) B: It means "It's raining a lot." (그것은 '비가 아주 많이 내려.'라는 뜻이야.)
	반복 설명 요청하기	Can you say that again? (다시 한번 말해 줄래?)
언어 형식	관계대명사의 계속적 용법	The word *shampoo* comes from the Hindi word *chāmpo*, **which** means "to press." (shampoo라는 단어는 힌디어 단어인 chāmpo에서 왔는데, 그것은 '누르다'라는 의미이다.)
	가주어 It과 진주어 that절	**It** is interesting **that** the idea of using the word *robot* didn't come from Karel Čapek himself. (robot이라는 단어를 사용하려는 생각이 Karel Čapek 자신에게서 나오지 않은 것은 흥미롭다.)

주요 학습 내용

학습 단계 PREVIEW

STEP A	Words	Listen and Talk	Grammar	Reading	기타 지문
STEP B	Words	Listen and Talk	Grammar	Reading	서술형 100% Test
내신 적중 모의고사	제 1 회	제 2 회	제 3 회	제 4 회	

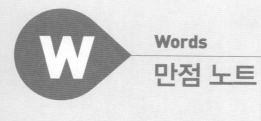

Words
만점 노트

Listen and Talk

□□ cross	동 교차하다, 서로 겹치게 놓다	
□□ expression	명 표현 (어구)	
□□ mean☆	동 의미하다	
□□ medicine	명 약	
□□ pleasure	명 기쁨, 즐거움	
□□ weather	명 날씨	

□□ be in hot water	곤경에 빠져 있다
□□ keep in touch	연락하다, 연락하고 지내다
□□ pay for	~값을 지불하다
□□ pull one's leg	놀리다, 농담하다
□□ rain cats and dogs	비가 억수같이 쏟아지다
□□ watch out	(위험하니까) 조심해라

Reading

□□ anger	동 화나게 하다
□□ area	명 지역, 구역
□□ cause	동 야기하다, 초래하다
□□ century	명 세기, 100년
□□ civilization	명 문명
□□ clear	형 명확한, 분명한
□□ contact☆	명 접촉, 연락
□□ create	동 창조하다, 만들다
□□ creation	명 창조
□□ experience	동 경험하다
□□ explorer	명 탐험가
□□ factory	명 공장
□□ flood	명 홍수
□□ hurricane	명 허리케인
□□ introduce	동 소개하다
□□ invent	동 발명하다
□□ massage	명 마사지, 안마
□□ myth	명 신화

□□ origin☆	명 기원, 근원
□□ originally	부 원래, 본래
□□ place	동 두다, 놓다
□□ play	명 희곡, 연극
□□ present☆	형 현재의
□□ press	동 누르다
□□ produce	동 생산하다
□□ science fiction	공상 과학 소설 (= SF)
□□ slave	명 노예
□□ slice	명 (음식을 얇게 썬) 조각
□□ soap	명 비누
□□ sometime	부 (과거의) 언젠가, 어떤 때; (미래의) 언젠가
□□ suggest☆	동 제안하다
□□ trader	명 무역상, 상인
□□ originate from☆	~에서 유래하다, 비롯되다
□□ pass through☆	~을 통과하다, 지나가다
□□ pick up☆	(정보를) 듣게(알게) 되다, 익히다

Language in Use

□□ chef	명 요리사
□□ nationality	명 국적
□□ president	명 회장; 대통령

□□ traditional	형 전통적인
□□ traveler	명 여행객
□□ tunnel	명 터널

Think and Write

□□ meat	명 고기

□□ call A after B	B의 이름을 따서 A라고 부르다

Review

□□ creative	형 창의적인, 창조적인

□□ inventor	명 발명가

Words

연습 문제

A 다음 단어의 우리말 뜻을 쓰시오.

01 suggest _____

02 century _____

03 anger _____

04 place _____

05 originally _____

06 nationality _____

07 science fiction _____

08 flood _____

09 medicine _____

10 slave _____

11 cause _____

12 introduce _____

13 produce _____

14 civilization _____

15 origin _____

16 explorer _____

17 creative _____

18 invent _____

19 trader _____

20 contact _____

B 다음 우리말 뜻에 알맞은 영어 단어를 쓰시오.

01 교차하다 _____

02 경험하다 _____

03 요리사 _____

04 터널 _____

05 신화 _____

06 기쁨, 즐거움 _____

07 현재의 _____

08 허리케인 _____

09 (음식을 얇게 썬) 조각 _____

10 전통적인 _____

11 창조하다, 만들다 _____

12 표현 (어구) _____

13 희곡, 연극 _____

14 누르다 _____

15 마사지, 안마 _____

16 비누 _____

17 지역, 구역 _____

18 의미하다 _____

19 발명가 _____

20 창조 _____

C 다음 영어 표현의 우리말 뜻을 쓰시오.

01 watch out _____

02 pick up _____

03 originate from _____

04 keep in touch _____

05 pull one's leg _____

06 pass through _____

07 pay for _____

08 call A after B _____

09 be in hot water _____

10 rain cats and dogs _____

D 다음 우리말 뜻에 알맞은 영어 표현을 쓰시오.

01 ~에서 유래하다, 비롯되다 _____

02 연락하다, 연락하고 지내다 _____

03 곤경에 빠져 있다 _____

04 ~을 통과하다, 지나가다 _____

05 비가 억수같이 쏟아지다 _____

06 B의 이름을 따서 A라고 부르다 _____

07 (정보를) 듣게(알게) 되다, 익히다 _____

08 놀리다, 농담하다 _____

09 ~값을 지불하다 _____

10 (위험하니까) 조심해라 _____

Words Plus
만점 노트

영영풀이

□□	anger	화나게 하다	to make someone angry
□□	British	영국(인)의	belonging or relating to the United Kingdom, or to its people or culture
□□	century	세기, 100년	a period of one hundred years
□□	clear	명확한, 분명한	easy to understand, hear, or see
□□	contact	접촉, 연락	the action of communicating or meeting
□□	flood	홍수	a lot of water that covers land that is usually dry
□□	hurricane	허리케인	an extremely violent wind or storm
□□	invent	발명하다	to think of or create something completely new
□□	origin	기원, 근원	the start of something
□□	pass through	～을 통과하다, 지나가다	to go or travel through a place, only stopping for a short time
□□	place	두다, 놓다	to put in a certain spot or position
□□	play	희곡, 연극	a story that actors perform in a theater
□□	present	현재의	happening or existing now
□□	produce	생산하다	to make or manufacture
□□	shampoo	샴푸	a liquid soap used for washing your hair
□□	slave	노예	someone who is owned by another person and is forced to work
□□	slice	(음식을 얇게 썬) 조각	a flat piece of food that you have cut from a whole thing
□□	suggest	제안하다	to tell someone you think he or she should do something
□□	trader	무역상, 상인	a person who buys and sells things

단어의 의미 관계

- **유의어**
  originate from (～에서 유래하다) = come from
  place (두다, 놓다) = put

- **국가명 – 국적**
  China (중국) – Chinese (중국(인)의)
  France (프랑스) – French (프랑스(인)의)
  Germany (독일) – German (독일(인)의)
  Spain (스페인) – Spanish (스페인(사람)의)

- **동사 – 명사**
  create (창조하다) – creation (창조)
  express (표현하다) – expression (표현)
  please (기쁘게 하다) – pleasure (기쁨, 즐거움)
  produce (생산하다) – production (생산)
  introduce (소개하다) – introduction (소개)
  suggest (제안하다) – suggestion (제안)
  invent (발명하다) – invention (발명, 발명품)

다의어

- **place** 1. 图 두다, 놓다 2. 阅 장소, 곳
  1. She **placed** the letter in front of me.
     (그녀는 내 앞에 그 편지를 놓았다.)
  2. He couldn't find a **place** to park.
     (그는 주차할 곳을 찾을 수 없었다.)

- **play** 1. 阅 연극, 희곡 2. 图 놀다
  1. The **play** opens next Friday.
     (그 연극은 다음 금요일에 막을 올린다.)
  2. I want to **play** in the snow. (나는 눈 속에서 놀고 싶다.)

- **present** 1. 图 현재의 2. 阅 선물 3. 图 수여하다
  1. What do you think about the **present** situation?
     (너는 현재 상황에 대해 어떻게 생각하니?)
  2. Jane hurried to open the **present** from her friends.
     (Jane은 서둘러서 친구들의 선물을 열었다.)
  3. She was **presented** an award for good citizenship.
     (그녀는 훌륭한 시민 상을 수상했다.)

연습 문제

A 다음 영영풀이에 해당하는 단어를 [보기]에서 골라 쓴 후, 우리말 뜻을 쓰시오.

| [보기] | origin | trader | present | century | anger | flood | hurricane | place |

1 _____ : the start of something : _____
2 _____ : to make someone angry : _____
3 _____ : happening or existing now : _____
4 _____ : a period of one hundred years : _____
5 _____ : a person who buys and sells things : _____
6 _____ : to put in a certain spot or position : _____
7 _____ : an extremely violent wind or storm : _____
8 _____ : a lot of water that covers land that is usually dry : _____

B 다음 빈칸에 알맞은 단어를 [보기]에서 골라 쓰시오.

| [보기] | produce | originally | suggested | press | caused |

1 _____ the button to start the machine.
2 They tried to find out what _____ the fire.
3 The factory can _____ a thousand cars a day.
4 I _____ that we should meet, and they agreed.
5 The robot was _____ designed to walk up and down the stairs.

C 우리말과 의미가 같도록 빈칸에 알맞은 말을 쓰시오.

1 그녀는 할머니의 이름을 따서 불렸다. → She was _____ _____ her grandmother.
2 몇몇 단어는 프랑스어에서 유래했다. → Some of the words _____ _____ French.
3 조심해! 차가 오고 있어! → _____ _____! There's a car coming!
4 Jen과 나는 대학을 졸업한 후 연락을 전혀 하지 않았다.
   → Jen and I never _____ _____ _____ after college.
5 그녀는 베를린에 머무르는 동안 독일어 표현 몇 가지를 익혔다.
   → She _____ _____ a few German expressions while she was staying in Berlin.

D 다음 짝지어진 두 표현의 관계가 같도록 빈칸에 알맞은 표현을 쓰시오.

1 place : put = come from : _____
2 produce : production = create : _____
3 Germany : German = France : _____
4 introduce : introduction = please : _____
5 suggest : suggestion = express : _____

STEP
A

실전 TEST

01 다음 중 짝지어진 단어의 관계가 [보기]와 같은 것은?

[보기] invent – invention

① origin – original
② create – creation
③ Germany – German
④ national – nationality
⑤ tradition – traditional

02 다음 영영풀이에 해당하는 단어로 알맞은 것은?

the action of communicating or meeting

① slave   ② contact   ③ medicine
④ expression   ⑤ nationality

03 다음 밑줄 친 부분과 바꿔 쓸 수 있는 것은?

My sister was in hot water because she lost her wallet.

① got some rest   ② took a bath
③ got some help   ④ was in trouble
⑤ couldn't agree more

04 다음 중 밑줄 친 부분의 우리말 뜻이 알맞지 <u>않은</u> 것은?

① How much did you pay for the tickets?
(~값을 지불하다)
② Some travelers pass through the desert.
(~을 통과해 지나가다)
③ She picked up her soccer skills from her older brother. (~을 익혔다)
④ They called their first daughter after her grandmother. (~ 뒤에서 …라고 불렀다)
⑤ Watch out for that last step! It's much higher than the others. (조심해라)

05 다음 중 밑줄 친 **present**의 의미가 [보기]와 같은 것은?

[보기] I hope our present situation will get better.

① May I open the present now?
② Tom is not satisfied with his present job.
③ She thanked me for the birthday present.
④ They will present prizes to all the winners.
⑤ What is the best present you've ever received from your parents?

06 주어진 우리말과 의미가 같도록 빈칸에 알맞은 말을 쓰시오.

우리가 이 기름을 만드는 데 사용하는 올리브는 그리스에서 유래한다.

→ The olives that we use to create this oil
_____ _____ Greece.

고
난도

07 다음 중 밑줄 친 단어의 쓰임이 <u>어색한</u> 것은?

① Would you like another slice of ham?
② He got a small part in the school play.
③ The book explains the origin of words.
④ Jessica placed a cup of tea on the table.
⑤ The traders produced the word to Britain in the 18th century.

1 설명 요청하기

A: **What does** that **mean**?	그게 무슨 뜻이니?
B: **It means** "I don't feel well."	'나는 몸이 좋지 않아.'라는 뜻이야.

What does that mean?은 '그게 무슨 뜻이니?'라는 의미로, 상대방이 한 말의 의미가 무엇인지 묻는 말이다. What do you mean (by that)? 또는 What is the meaning of that? 등으로도 말할 수 있으며, that은 상대방이 한 말을 가리킨다. 무슨 의미인지 대답할 때는 It(That) means ~.라고 한다.

시험 포인트 **point**
의미를 묻는 말에 대한 응답을 고르는 문제가 자주 출제된다. 의미를 묻는 다양한 표현을 익히고 이에 대해 답하는 내용을 잘 파악하도록 한다.

- 설명 요청하기
  What does that mean? (그게 무슨 뜻인가요?)
  What do you mean by that? (그게 무슨 뜻인가요?)
  What is the meaning of that? (그것의 의미가 무엇인가요?)
  What does "Break a leg" mean? ('Break a leg'가 무슨 뜻이죠?)
  What do you mean by "Break a leg?" ('Break a leg'가 무슨 뜻이죠?)
  What exactly do you mean? (그게 정확히 무슨 뜻인가요?)

- 의미 말하기
  It means "I'm in trouble." (그건 '나는 곤경에 처해 있어.'라는 뜻이에요.)
  "Break a leg" means "Good luck." ('Break a leg'는 '행운을 빌어.'라는 뜻이에요.)

2 반복 설명 요청하기

A: **Can you say that again?**	다시 한번 말해 주겠니?
B: I said, "This juice is on me."	"이 주스는 내게 있어."라고 말했어.

Can you (please) say that again?은 '다시 한번 말해 주겠니?'라는 뜻으로, 상대방이 한 말을 잘 듣지 못했거나 이해하지 못했을 때 다시 말해 달라고 요청하는 표현이다. Excuse me?, Sorry? 등으로도 말할 수 있다. 이에 답할 때는 I said ~.로 말할 수 있으며, said 다음에 자신이 했던 말을 반복한다.

시험 포인트 **point**
반복 설명을 요청하는 다양한 표현을 모두 익히고 이에 대해 답하는 내용을 잘 파악하도록 한다.

Can you (please) say that again? (다시 한번 말씀해 주시겠어요?)
Excuse me? (뭐라고 하셨나요?)
Sorry? (뭐라고요?)
Pardon (me)? (뭐라고 하셨나요?)
I beg your pardon? (뭐라고 하셨나요?)
Could you repeat that, please? (다시 한번 말씀해 주시겠어요?)

Listen and Talk A-1

교과서 48쪽

G: Look. It's raining cats and dogs.
B: Raining cats and dogs? ❶What does that mean?
G: ❷It means "It's raining a lot."
B: Oh. ❸Don't worry. I have an umbrella ❹in my backpack.

❶ '그게 무슨 뜻이니?'라는 의미로, 상대방이 한 말의 의미가 무엇인지 묻는 말이다. that은 앞에서 소녀가 말한 It's raining cats and dogs.를 가리킨다.
❷ 의미를 묻는 말에 답할 때는 It means ~.로 말한다.
❸ 걱정하지 마.
❹ 내 배낭 안에

Q1 'It's raining cats and dogs.'는 무슨 뜻인가요?

Listen and Talk A-2

교과서 48쪽

G: ❶This juice is on me, Suho.
B: ❷Excuse me? ❸Can you say that again?
G: I said, "This juice is on me." It means "I'll ❹pay for the juice."
B: Oh. Thanks a lot.
G: You're welcome.

❶ A is on B.: A는 B가 산다.
❷ '뭐라고 했니?'라는 뜻으로, 상대방의 말을 잘 듣지 못했거나 이해하지 못했을 때 사용하는 말이다.
❸ 상대방의 말을 잘 알아듣지 못해 다시 말해 달라고 요청하는 표현이다.
❹ ~값을 지불하다

Q2 Why did Suho thank the girl? (   )

The girl (ⓐ bought / ⓑ made) him the juice.

Listen and Talk A-3

교과서 48쪽

B: Everything ❶looks delicious.
G: Yes. ❷Would you like some of my spaghetti?
B: ❸No, thanks. ❹Spaghetti is not my cup of tea.
G: Not your cup of tea? What does that mean?
B: It means "I don't like something."
G: Oh, I see. You don't like spaghetti.

❶ look+형용사: ~하게 보이다
❷ Would you like ~?는 Do you want ~?와 같은 의미로, 여기서는 스파게티를 먹어 보라고 권유하는 표현이다.
❸ 권유받은 것을 사양하는 표현이다.
❹ not one's cup of tea는 '기호(취미)에 맞는 사물(사람)이 아닌'을 의미한다.

Q3 Does the boy like spaghetti? (   )

ⓐ Yes, he does.   ⓑ No, he doesn't.

Listen and Talk A-4

교과서 48쪽

G: I ❶feel under the weather.
B: Excuse me, but can you please say that again?
G: I said, "I feel under the weather." It means "I don't ❷feel well." I think I ❸have a cold.
B: Oh. ❹Why don't you buy some medicine before you ❺get on the plane? You can get medicine at the store ❻over there.
G: I guess I should.

❶ 기분이나 몸이 좋지 않음을 나타내는 표현이다.
❷ 건강 상태가 좋다
❸ 감기에 걸리다
❹ 「Why don't you+동사원형 ~?」은 '~하는 게 어때?'라는 의미로 제안하는 표현이다.
❺ (탈것에) 타다, 탑승하다
❻ 저쪽에

Q4 대화를 마친 후 소녀는 무엇을 할까요? (   )

ⓐ 일기 예보 확인   ⓑ 약 구입

Listen and Talk C

교과서 49쪽

G: ❶Thank you for everything, Jiho. I had a great time in Korea.

B: ❷My pleasure. Please come visit me again, Lucy.

G: ❸I'd love to, but before I do, I'd like to invite you to visit me in London.

B: Thanks. Anyway, ❹it's too bad that you can't come to my soccer game tomorrow.

G: ❹I'm sorry that I can't ❺stay longer. ❻I'll keep my fingers crossed for you.

B: Excuse me, but can you please say that again?

G: I said, "I'll keep my fingers crossed for you." It means "❼I wish you good luck."

B: Oh. Thanks. Have a nice trip.

G: Thanks. I'll ❽keep in touch.

❶ ~에 대해 감사하다

❷ 고맙다는 상대방의 말에 '(도움이 되어) 나도 기뻐요.'라는 의미로 답하는 말이다.

❸ I'd는 I would의 줄임말이고, would love(like) to는 '~하고 싶다'라는 의미이다.

❹ It's too bad that ~.과 I'm sorry that ~.은 유감을 나타내는 표현이다.

❺ 더 오래 머물다

❻ 손가락을 교차해 십자가를 만들어 소원을 빈 것에서 유래한 표현으로, 상대방에게 행운을 비는 표현이다.

❼ 상대방에게 행운을 빌어 줄 때 사용하는 표현이다.
(= Good luck.)

❽ 연락하고 지내다

Q5 Where does Lucy want to invite Jiho? (   )

ⓐ Korea   ⓑ London

Talk and Play

교과서 50쪽

A: It's raining cats and dogs.

B: ❶Can you please say that again?

A: I said, "It's raining cats and dogs."

B: ❷What does that mean?

A: It means "It's raining ❸a lot."

❶ 상대방의 말을 잘 알아듣지 못했거나 이해하지 못해 다시 말해 달라고 요청하는 표현이다.

❷ 상대방이 한 말의 의미가 무엇인지 묻는 표현이다.

❸ 많이 (= heavily)

Q6 ❶과 같은 의미로 쓰이는 표현이 <u>아닌</u> 것은? (   )

ⓐ Sorry?   ⓑ Excuse me?   ⓒ Are you OK?

Review - 1

교과서 62쪽

G: I'll keep my fingers crossed for you.

B: ❶I'm sorry, but can you please say that again?

G: I said, "I'll keep my fingers crossed for you." It means "I wish you good luck."

❶ 반복 설명을 요청할 때 함께 사용할 수 있는 말로, Excuse me로 바꿔 말할 수 있다. (I'm) Sorry?라고만 말해도 '뭐라고 하셨나요?'라는 의미를 나타낼 수 있다.

Q7 The girl wished the boy good luck.

(T / F)

Review - 2

교과서 62쪽

W: I feel under the weather.

M: ❶Excuse me, but can you please say that again?

W: I said, "I feel under the weather."

M: What does that mean?

W: It means "I don't feel well." I think I have a cold.

M: Oh. Why don't you buy some medicine? You can get medicine at the store over there.

W: ❷OK, I will.

❶ 다시 한번 말해 달라고 요청할 때 함께 사용하는 표현으로, I'm sorry로 바꿔 말할 수 있다. Excuse me?라고만 말해도 반복 설명을 요청하는 의미를 나타낼 수 있다.

❷ 약을 좀 사는 게 어떻겠냐는 상대방의 제안에 그렇게 하겠다고 답하는 표현이다.

L&T ▶ Listen and Talk
빈칸 채우기

• 주어진 우리말과 일치하도록 교과서 대화문을 완성하시오.

STEP A

Listen and Talk A-1

G: Look. It's _____ cats and dogs.

B: Raining cats and dogs? What does _____ _____?

G: _____ _____ "It's raining a lot."

B: Oh. Don't worry. I have an umbrella in my backpack.

 교과서 48쪽

G: 봐. 고양이와 개처럼 비가 내려.

B: 고양이와 개처럼 비가 내린다고? 그게 무슨 뜻이야?

G: '비가 많이 내려.'라는 뜻이야.

B: 아. 걱정 마. 내 배낭에 우산이 있어.

Listen and Talk A-2

G: This juice _____ _____ _____, Suho.

B: Excuse me? _____ _____ _____ that again?

G: I said, "This juice is on me." It _____ "I'll pay for the juice."

B: Oh. Thanks a lot.

G: You're welcome.

교과서 48쪽

G: 수호야, 이 주스는 내게 있어.

B: 뭐라고? 다시 한번 말해 줄래?

G: "이 주스는 내게 있어."라고 말했어. 그건 '내가 주스를 살게.'라는 뜻이야.

B: 아. 정말 고마워.

G: 천만에.

Listen and Talk A-3

B: Everything looks delicious.

G: Yes. _____ _____ _____ some of my spaghetti?

B: _____, _____. Spaghetti is not my cup of tea.

G: Not your cup of tea? _____ _____ that mean?

B: It means "I don't like something."

G: Oh, I see. You don't like spaghetti.

교과서 48쪽

B: 모든 게 맛있어 보여.

G: 그래. 내 스파게티 좀 먹을래?

B: 아니, 괜찮아. 스파게티는 내 차 한 잔이 아니야.

G: 네 차 한 잔이 아니라고? 그게 무슨 뜻이야?

B: '나는 무언가를 좋아하지 않아.'라는 뜻이야.

G: 아. 알겠어. 넌 스파게티를 좋아하지 않는구나.

Listen and Talk A-4

G: I feel _____ _____ _____.

B: Excuse me, but _____ _____ _____ say that again?

G: _____ _____, "I feel under the weather." It means "I don't feel well." I think I have a cold.

B: Oh. Why _____ _____ _____ some medicine before you get on the plane? You can get medicine at the store _____ _____.

G: I guess I should.

교과서 48쪽

G: 나는 날씨 아래에 있는 기분이야.

B: 미안하지만, 다시 한번 말해 줄래?

G: "나는 날씨 아래에 있는 기분이야."라고 말했어. 그건 '나는 몸이 좋지 않아.'라는 뜻이야. 나 감기에 걸린 것 같아.

B: 아. 비행기에 타기 전에 약을 좀 사지 그래? 저쪽에 있는 가게에서 약을 살 수 있어.

G: 그래야겠어.

Listen and Talk C

G: Thank you for everything, Jiho. I had a great time in Korea.

B: _____ _____. Please come visit me again, Lucy.

G: I'd love to, but before I do, I'd _____ _____ _____ you to visit me in London.

B: Thanks. Anyway, it's _____ _____ _____ you can't come to my soccer game tomorrow.

G: I'm sorry that I can't stay longer. I'll keep my _____ _____ for you.

B: Excuse me, but _____ _____ _____ _____ that again?

G: I said, "I'll keep my fingers crossed for you." It means "I wish you _____ _____."

B: Oh. Thanks. Have a nice trip.

G: Thanks. I'll _____ _____ _____.

Talk and Play

A: It's raining _____ _____ _____.

B: Can you _____ _____ _____ _____?

A: I said, "It's raining cats and dogs."

B: _____ _____ _____ mean?

A: It means "It's raining a lot."

Review - 1

G: I'll _____ my fingers _____ _____ you.

B: I'm _____, but can you please _____ _____ _____?

G: I said, "I'll keep my fingers crossed for you." It means "I _____ _____ good luck."

Review - 2

W: I feel _____ _____ _____.

M: Excuse me, but can you please say that again?

W: I said, "I feel under the weather."

M: _____ _____ _____ _____?

W: It means "I don't feel well." I think I _____ _____ _____.

M: Oh. Why don't you buy some medicine? You can get medicine at the store over there.

W: OK, I will.

교과서 49쪽

G: 지호야, 모든 게 고마웠어. 한국에서 정말 좋은 시간을 보냈어.

B: 천만에. 다음에 다시 방문해 줘, Lucy.

G: 그러고 싶지만, 그 전에 네가 런던에 있는 나를 방문하도록 초대하고 싶어.

B: 고마워. 그런데, 내일 내 축구 경기에 네가 올 수 없어서 정말 안타깝다.

G: 나도 더 오래 머무를 수 없어서 유감이야. 너를 위해 내 손가락을 교차할게.

B: 미안하지만, 다시 한번 말해 줄래?

G: "너를 위해 내 손가락을 교차할게."라고 말했어. 그건 '행운을 빌게.'라는 뜻이야.

B: 아. 고마워. 즐거운 여행이 되길 바라.

G: 고마워. 연락할게.

교과서 50쪽

A: 고양이와 개처럼 비가 내려.

B: 다시 한번 말해 줄래?

A: "고양이와 개처럼 비가 내려."라고 말했어.

B: 그게 무슨 뜻이야?

A: '비가 많이 내려.'라는 뜻이야.

교과서 62쪽

G: 너를 위해 내 손가락을 교차할게.

B: 미안하지만, 다시 한번 말해 줄래?

G: "너를 위해 내 손가락을 교차할게."라고 했어. 그것은 '행운을 빌게.'라는 뜻이야.

교과서 62쪽

W: 나는 날씨 아래에 있는 기분이야.

M: 미안하지만, 다시 한번 말해 줄래?

W: "나는 날씨 아래에 있는 기분이야."라고 말했어.

M: 그게 무슨 뜻이야?

W: '나는 몸이 좋지 않아.'라는 뜻이야. 나 감기에 걸린 것 같아.

M: 아. 약을 좀 사는 게 어때? 저쪽에 있는 가게에서 약을 살 수 있어.

W: 그래, 그럴게.

Listen and Talk
대화 순서 배열하기

1 Listen and Talk A-1

교과서 48쪽

ⓐ It means "It's raining a lot."
ⓑ Raining cats and dogs? What does that mean?
ⓒ Look. It's raining cats and dogs.
ⓓ Oh. Don't worry. I have an umbrella in my backpack.

(   ) – (   ) – (   ) – (   )

2 Listen and Talk A-2

교과서 48쪽

ⓐ I said, "This juice is on me." It means "I'll pay for the juice."
ⓑ You're welcome.
ⓒ Oh. Thanks a lot.
ⓓ Excuse me? Can you say that again?
ⓔ This juice is on me, Suho.

(   ) – (   ) – (   ) – ⓒ – (   )

3 Listen and Talk A-3

교과서 48쪽

ⓐ Oh, I see. You don't like spaghetti.
ⓑ Yes. Would you like some of my spaghetti?
ⓒ It means "I don't like something."
ⓓ Everything looks delicious.
ⓔ Not your cup of tea? What does that mean?
ⓕ No, thanks. Spaghetti is not my cup of tea.

ⓓ – (   ) – ⓕ – (   ) – (   ) – (   )

4 Listen and Talk A-4

교과서 48쪽

ⓐ I said, "I feel under the weather." It means "I don't feel well." I think I have a cold.
ⓑ I feel under the weather.
ⓒ Oh. Why don't you buy some medicine before you get on the plane? You can get medicine at the store over there.
ⓓ Excuse me, but can you please say that again?
ⓔ I guess I should.

(   ) – (   ) – (   ) – (   ) – (   )

5 Listen and Talk C

A: Thank you for everything, Jiho. I had a great time in Korea.

ⓐ I said, "I'll keep my fingers crossed for you." It means "I wish you good luck."
ⓑ My pleasure. Please come visit me again, Lucy.
ⓒ I'm sorry that I can't stay longer. I'll keep my fingers crossed for you.
ⓓ Oh. Thanks. Have a nice trip.
ⓔ I'd love to, but before I do, I'd like to invite you to visit me in London.
ⓕ Excuse me, but can you please say that again?
ⓖ Thanks. I'll keep in touch.
ⓗ Thanks. Anyway, it's too bad that you can't come to my soccer game tomorrow.

A – (   ) – ⓔ – (   ) – ⓒ – (   ) – (   ) – ⓓ – (   )

6 Talk and Play

ⓐ What does that mean?
ⓑ It's raining cats and dogs.
ⓒ I said, "It's raining cats and dogs."
ⓓ Can you please say that again?
ⓔ It means "It's raining a lot."

(   ) – (   ) – (   ) – (   ) – (   )

7 Review - 1

ⓐ I'll keep my fingers crossed for you.
ⓑ I said, "I'll keep my fingers crossed for you." It means "I wish you good luck."
ⓒ I'm sorry, but can you please say that again?

(   ) – (   ) – (   )

8 Review - 2

ⓐ What does that mean?
ⓑ Excuse me, but can you please say that again?
ⓒ Oh. Why don't you buy some medicine? You can get medicine at the store over there.
ⓓ It means "I don't feel well." I think I have a cold.
ⓔ I feel under the weather.
ⓕ I said, "I feel under the weather."
ⓖ OK, I will.

(   ) – (   ) – ⓕ – (   ) – (   ) – ⓒ – (   )

STEP A

01 다음 대화의 빈칸에 들어갈 말로 알맞지 <u>않은</u> 것은?

> A: Don't make a long face.
> B: _____
> A: I said, "Don't make a long face."

① Sorry?　　　　　② Pardon?
③ Excuse me?　　　④ Are you sure?
⑤ Can you say that again?

[02~03] 대화의 빈칸에 들어갈 말로 알맞은 것을 고르시오.

02

> A: I have a tennis match tomorrow.
> B: Break a leg.
> A: _____
> B: It means "Good luck."

① I didn't mean it.
② What happened to you?
③ How did you hurt your leg?
④ I'm really sorry to hear that.
⑤ What is the meaning of that?

03

> A: Everything looks delicious.
> B: Yes. Would you like some of my spaghetti?
> A: No, thanks. Spaghetti is not my cup of tea.
> B: Not your cup of tea? What do you mean by that?
> A: It means "_____"
> B: Oh, I see. You don't like spaghetti.

① I'm not hungry.
② I can't find a cup.
③ I want a cup of tea.
④ I don't like something.
⑤ I don't mind whichever you like.

04 다음 대화의 밑줄 친 부분과 바꿔 쓸 수 있는 것은?

> A: Which bus do I take to get to the City Hall?
> B: You should take the bus number 117 or 212.
> A: <u>Can you please say that again?</u>
> B: Take the bus number 117 or 212.

① Could you go with me?
② May I ask you a question?
③ Can you help me, please?
④ Will you show me the way?
⑤ Could you repeat that, please?

05 자연스러운 대화가 되도록 (A)~(E)를 바르게 배열하시오.

> (A) Oh. Thanks a lot.
> (B) I said, "This juice is on me." It means "I'll pay for the juice."
> (C) You're welcome.
> (D) This juice is on me, Suho.
> (E) Excuse me? Can you say that again?

(　　) – (　　) – (　　) – (　　) – (　　)

[06~07] 다음 대화를 읽고, 물음에 답하시오.

> Girl: I feel under the weather.
> Boy: ①<u>Excuse me</u>, but can you please say that again?
> Girl: I said, ②<u>"How's the weather?"</u> It means "I don't feel well." ③<u>I think I have a cold.</u>
> Boy: Oh. Why don't you buy some medicine before you get on the plane? ④<u>You can get medicine at the store over there.</u>
> Girl: ⑤<u>I guess I should.</u>

06 위 대화의 밑줄 친 ①~⑤ 중 흐름상 <u>어색한</u> 것은?

①　　　②　　　③　　　④　　　⑤

07 위 대화에서 소년이 소녀에게 한 권유로 알맞은 것은?

① 휴식   ② 여행 취소   ③ 약 구입
④ 비행기 탑승   ⑤ 일기 예보 확인

[08~10] 다음 대화를 읽고, 물음에 답하시오.

> A: Thank you for everything, Jiho. I had a great time in Korea.
> B: (ⓐ) Please come visit me again, Lucy.
> A: I'd love to, but before I do, I'd like to invite you to visit me in London.
> B: (ⓑ) Anyway, it's too bad that you can't come to my soccer game tomorrow.
> A: (ⓒ) I'll keep my fingers crossed for you.
> B: (ⓓ)
> A: I said, "I'll keep my fingers crossed for you." It _____(A)_____ "I wish you good luck."
> B: Oh. Thanks. Have a nice trip.
> A: Thanks. (ⓔ)

08 위 대화의 ⓐ~ⓔ에 들어갈 말로 알맞지 <u>않은</u> 것은?

① ⓐ: My pleasure.
② ⓑ: Thanks.
③ ⓒ: I'm sorry that I can't stay longer.
④ ⓓ: How can you keep your fingers crossed?
⑤ ⓔ: I'll keep in touch.

09 위 대화의 빈칸 (A)에 알맞은 말을 한 단어로 쓰시오.

→ _____

10 위 대화를 통해 알 수 <u>없는</u> 것은?

① Lucy visited Jiho in Korea.
② Lucy lives in London.
③ Jiho will visit London next year.
④ Jiho has a soccer game tomorrow.
⑤ Lucy can't go to see Jiho's soccer game.

서술형

11 다음 대화의 흐름에 맞게 빈칸에 알맞은 말을 쓰시오.

> A: Can you carry the box for me?
> B: Sure. It's a piece of cake.
> A: Can you please say _____ _____?
> B: I _____, "It's a piece of cake." It _____ "It's easy."

12 다음 대화의 밑줄 친 우리말을 괄호 안의 단어를 사용하여 네 단어로 쓰시오.

> A: Don't make a long face.
> B: <u>그게 무슨 뜻이야?</u> (that)
> A: It means "Don't feel sad."

→ _____

13 다음 대화의 밑줄 친 ⓐ~ⓒ 중 흐름상 <u>어색한</u> 부분을 찾아 기호를 쓰고, 바르게 고쳐 문장을 다시 쓰시오.

> A: I'm really full. ⓐI pigged out.
> B: ⓑExcuse me, but what does that mean?
> A: I said, "I pigged out."
> B: ⓒWhat do you mean by that?
> A: It means "I ate a lot."
> B: Oh, I see.

( ) → _____

STEP
A

1 관계대명사의 계속적 용법

읽기 본문 The word *shampoo* comes from the Hindi word *chāmpo*, **which** means "to press."

shampoo라는 단어는 힌디어 단어인 chāmpo에서 왔는데, 그것은 '누르다'라는 의미이다.

대표 예문 This book is about King Sejong, **who** invented Hangeul. 이 책은 세종대왕에 관한 것인데, 그는 한글을 발명했다.

My friend Linda, **who** is a chef, lives in London. 내 친구 Linda는 요리사인데, 그녀는 런던에 산다.

This is Gimchi, **which** is a traditional Korean food. 이것은 김치인데, 한국의 전통 음식이다.

I am reading a book about Paris, **which** I visited two years ago.

나는 파리에 관한 책을 읽고 있는데, 나는 그곳을 2년 전에 방문했다.

(1) 형태: 선행사+콤마(,)+who(m)/which

(2) 의미와 쓰임: 계속적 용법으로 쓰이는 관계대명사 앞에는 콤마(,)를 쓰며, 관계대명사절은 선행사에 대한 부연 설명을 해 준다. 해석은 앞에서부터 차례로 하며, 계속적 용법의 관계대명사는 「접속사+대명사」로 바꿔 쓸 수 있다.

I like Jenny, **who** speaks French well.
(나는 Jenny를 좋아하는데, 그녀는 프랑스어를 잘한다.)
= I like Jenny, <u>and she</u> speaks French well.

관계대명사 that은 계속적 용법으로 사용되지 않으며, 계속적 용법으로 쓰인 목적격 관계대명사는 생략할 수 없다.

I bought a new laptop, **which** hasn't arrived yet.
(나는 새 노트북을 샀는데, 그것은 아직 도착하지 않았다.)
I bought a new laptop, <u>that</u> hasn't arrived yet. (×)
Erica gave me advice, **which** I didn't accept. 〈생략 불가〉
(Erica가 내게 충고를 해 주었는데, 나는 그것을 받아들이지 않았다.)

한 단계 | 더!

계속적 용법의 관계대명사 which는 앞 문장 전체를 선행사로 받아 부가적인 정보를 제공할 때에도 사용된다.

<u>He told a lie</u>, **which** made me angry. (그는 거짓말을 했고, 그것이 나를 화나게 했다.)

point
시험 포인트 ❶
선행사(사람, 동물/사물, 앞 문장 전체)에 맞는 관계대명사를 고르는 문제가 자주 출제되므로 선행사에 따른 관계대명사를 잘 익혀 두어야 한다.

point
시험 포인트 ❷
관계대명사의 용법 구분하기
• 계속적 용법: 관계대명사 앞에 콤마(,)를 쓰고, 관계대명사절이 선행사에 대한 부가적인 정보를 제공한다.
Her son, who lives in London, is a pianist. (그녀의 아들은 런던에 사는데, 피아노 연주자이다.)
• 한정적 용법: 관계대명사 앞에 콤마(,)를 쓰지 않고, 관계대명사절이 선행사를 수식한다.
Her son who lives in London is a pianist. (런던에 사는 그녀의 아들은 피아노 연주자이다.)

QUICK CHECK

1 다음 괄호 안에서 알맞은 것을 고르시오.

(1) I bought her a scarf, (who / which) has stripes.

(2) My friend Jim, (that / who) studied hard, passed the test.

(3) Susan is a cute baby, (whom / which) I'm taking care of.

2 다음 문장의 밑줄 친 부분을 바르게 고쳐 쓰시오.

(1) Tom lent me a book, <u>who</u> is about the Earth. → _____

(2) The woman, <u>whom</u> lives next door, is a lawyer. → _____

(3) I want to read *The Last Leaf*, <u>that</u> was written by O. Henry. → _____

2 가주어 It과 진주어 that절

읽기 본문 **It** is interesting **that** the idea of using the word *robot* didn't come from Karel Čapek himself.

robot이라는 단어를 사용하려는 생각이 Karel Čapek 자신에게서 나오지 않은 것은 흥미롭다.

대표 예문 **It** is interesting **that** some animals can use tools.

일부 동물들이 도구를 사용할 수 있다는 것은 흥미롭다.

It is strange **that** you are waiting for her.

네가 그녀를 기다리고 있는 것은 이상하다.

It is true **that** he was the first president of the club.

그가 그 동아리의 초대 회장이었다는 것은 사실이다.

It is not surprising **that** she spent all of her money on shopping.

그녀가 자신의 돈을 모두 쇼핑하는 데 썼다는 것은 놀랍지 않다.

(1) 형태: It ~ that+주어+동사

(2) 의미와 쓰임

접속사 that이 이끄는 명사절이 문장의 주어로 쓰인 경우에 that절을 문장의 뒤로 보내고, 주어 자리에 형식적인 주어 it을 써서 It ~ that ... 형태로 나타낼 수 있다. 이때 it은 가주어이고 that절이 진주어이며, 가주어 it은 '그것'이라고 해석하지 않는다.

That Mary baked this cake is surprising.

It is surprising **that** Mary baked this cake.
가주어   진주어
(Mary가 이 케이크를 구웠다는 것은 놀랍다.)

시험 포인트 ❶ **point**

문장에 쓰인 it의 쓰임을 확인하는 문제가 자주 출제되므로 it이 가주어, 비인칭 주어, 대명사 등 다양한 역할을 하는 것에 유의한다.

시험 포인트 ❷ **point**

It(가주어) ~ to부정사(진주어)
to부정사구가 문장의 주어로 쓰인 경우에도 진주어인 to부정사구를 문장의 뒤로 보내고 주어 자리에 가주어 it을 쓸 수 있다.
It's good to eat a lot of vegetables.
▶ 중 2 교과서 7과

한 단계 더!

강조의 It is/was ~ that ... 구문

It is/was와 that 사이에 강조하고자 하는 주어, 목적어, 부사(구) 등을 넣어 「It is/was+강조할 내용+that ~」으로 나타낼 수 있다.

It was Eric **that** drew the house. 〈주어 Eric 강조〉
(그 집을 그린 사람은 바로 Eric이었다.)

It was the house **that** Eric drew. 〈목적어 the house 강조〉
(Eric이 그린 것은 바로 그 집이었다.)

QUICK CHECK

1 다음 괄호 안에서 알맞은 것을 고르시오.

(1) It is strange (that / when) he lied to me.

(2) (It / What) is certain that Mike doesn't like swimming.

(3) It was impossible that (to attend / I could attend) the meeting in time.

2 다음 문장의 밑줄 친 부분을 바르게 고쳐 쓰시오.

(1) It is exciting <u>which</u> we can watch the game together. → _____

(2) It is important <u>you keep</u> your teeth clean. → _____

(3) <u>This is surprising</u> that he won the piano contest. → _____

Grammar
연습 문제

1 관계대명사의 계속적 용법

A 빈칸에 알맞은 관계대명사를 [보기]에서 골라 쓰시오. (단, 중복 사용 가능)

[보기]	who	which	that	whom

1 Tom loves Tteokbokki, _____ is his comfort food.

2 In the library, I met two girls, _____ are Eric's twin sisters.

3 Jim married Claire, _____ his parents really like.

4 Laura said she was very sick, _____ was not true.

B 주어진 두 문장을 계속적 용법의 관계대명사를 사용하여 한 문장으로 쓰시오.

1 He bought a new car. It was very expensive.

→ _____

2 This is Linda. I told you about her last week.

→ _____

3 That woman will teach us English. She is from London.

→ _____

4 Charlie became a teacher. That surprised his friends.

→ _____

C 다음 밑줄 친 부분에서 어법상 틀린 것을 찾아 바르게 고쳐 쓰시오.

1 I have a dog, that likes sweets too much. → _____

2 Mr. Clinton, which owns many companies, is very rich. → _____

3 We went to a new restaurant, where served great food. → _____

4 My teacher praised me, who made me feel great. → _____

D 주어진 우리말과 의미가 같도록 계속적 용법의 관계대명사와 괄호 안의 표현을 사용하여 문장을 쓰시오.

1 우리 아빠가 의자를 하나 만드셨는데, 그것은 다음 날 망가졌다. (my dad, a chair, broke, the next day)

→ _____

2 나는 루브르 박물관에 가고 싶은데, 그것은 파리에 있다. (visit, the Louvre, in Paris)

→ _____

3 나는 Amy로부터 그 책을 빌렸는데, 그녀는 그것을 여러 번 읽었다. (borrowed, from, has read, many times)

→ _____

2 가주어 It과 진주어 that절

A 다음 괄호 안에서 알맞은 것을 고르시오.

1 It is true (before / that) time is money.

2 (It / That) is certain that your baby is hungry.

3 It is good (that / what) he finally stopped smoking.

4 It is lucky (so that / that) we got tickets for the concert.

5 It is surprising (why / that) you spent all your money on shopping.

B 주어진 두 문장을 가주어 it을 사용하여 한 문장으로 쓰시오.

1 He is over ninety. Is it true?

→ _____

2 She became a comedian. That is amazing.

→ _____

3 Susan doesn't remember me. That is strange.

→ _____

C 주어진 우리말과 의미가 같도록 괄호 안의 단어를 바르게 배열하시오.

1 문어가 매우 똑똑한 것은 사실이다. (are, it, true, octopuses, smart, that, very, is)

→ _____

2 우리가 그것을 재활용할 수 있다는 것은 좋은 생각이다. (idea, recycle, it, can, we, that, a, is, it, good)

→ _____

3 네가 꿈을 가지고 있다는 것이 중요하다. (important, a, dream, it, have, that, is, you)

→ _____

D 주어진 우리말과 의미가 같도록 It ~ that 구문과 괄호 안의 표현을 사용하여 문장을 쓰시오.

1 그가 그 돈을 모두 잃었다는 것은 분명하다. (clear, has lost, all the money)

→ _____

2 네가 항상 늦는 것이 문제이다. (a problem, always, late)

→ _____

3 그녀가 고기를 전혀 먹지 않는다는 것은 사실이 아니다. (true, never, meat)

→ _____

4 일부 동물들이 도구를 사용할 수 있다는 것은 흥미롭다. (interesting, some, use tools)

→ _____

Grammar

실전 TEST

[01~02] 다음 빈칸에 들어갈 말로 알맞은 것을 고르시오.

01

> We stayed at a hotel, _____ had an amazing view.

① who ② that ③ what
④ which ⑤ where

02

> It is shocking _____ Mr. White will move to another school.

① who ② that ③ what
④ which ⑤ whether

03 다음 우리말과 의미가 같도록 할 때, 빈칸에 들어갈 말로 알맞은 것은?

> Smith 씨에게는 아들이 둘 있는데, 그들은 농구 선수 이다.
> → Mr. Smith has two sons, _____ basketball players.

① who is ② who are
③ that is ④ that are
⑤ they are

04 다음 우리말과 의미가 같도록 할 때, 빈칸에 들어갈 말이 순서대로 바르게 짝지어진 것은?

> Jane이 그 피자를 만들었다니 놀랍다.
> → _____ is surprising _____ Jane made the pizza.

① It – what ② It – that
③ This – what ④ This – that
⑤ That – which

05 다음 두 문장의 의미가 같도록 할 때, 빈칸에 들어갈 말로 알맞은 것은?

> My grandmother bought me a new jacket, which was too small for me.
> = My grandmother bought me a new jacket, _____ was too small for me.

① but it ② for it ③ that
④ and who ⑤ because it

한 단계 │ 더!

06 다음 빈칸에 들어갈 말이 순서대로 바르게 짝지어진 것은?

> • Mark, _____ I met yesterday, is kind and handsome.
> • I broke Mom's favorite vase, _____ made her upset.

① who – that ② that – that
③ whom – that ④ whom – which
⑤ that – which

[07~08] 다음 우리말을 영어로 바르게 옮긴 것을 고르시오.

07 Tom이 새 시계를 샀는데, 그것은 지금 작동하지 않는다.

① Tom bought a new watch, that is not working now.
② A new watch, that Tom bought, is not working now.
③ Tom bought a new watch, which is not working now.
④ Tom bought a new watch which was not working now.
⑤ A new watch which Tom bought was not working now.

08 Grace가 아직 도착하지 않은 것이 이상하다.

① Grace hasn't arrived yet is strange.
② That Grace hasn't arrived yet strange.
③ It is strange if Grace hasn't arrived yet.
④ Grace, who hasn't arrived yet, is strange.
⑤ It is strange that Grace hasn't arrived yet.

09 다음 중 밑줄 친 부분이 어법상 틀린 것은?

① I love my grandmother, <u>who</u> is over ninety.
② Do you know the boy <u>who</u> is playing tennis?
③ We visited the temple, <u>that</u> was built in 1500.
④ The T-shirt <u>that</u> Angela is wearing is very expensive.
⑤ Jake was late for school again, <u>which</u> made his teacher angry.

10 다음 두 문장을 한 문장으로 바꿔 쓸 때, 빈칸에 들어갈 말로 알맞은 것은?

My aunt Linda lives in Paris. She is a famous chef.
→ My aunt Linda, _____.

① that is a famous chef, lives in Paris
② that lives in Paris, is a famous chef
③ who is a famous chef, lives in Paris
④ lives in Paris, who is a famous chef
⑤ which is a famous chef, lives in Paris

11 다음 중 밑줄 친 It의 쓰임이 나머지와 다른 하나는?

① <u>It</u> is not easy to make good friends.
② <u>It</u> was so windy that we couldn't play outside.
③ <u>It</u> is necessary that we respect other people's opinions.
④ <u>It</u> is not surprising that Jimin got a perfect score on the test.
⑤ <u>It</u> is interesting that some monkeys floss their teeth with human hair.

12 다음 중 밑줄 친 that의 쓰임이 [보기]와 같은 것은?

[보기] It is impossible <u>that</u> we finish the project by tomorrow.

① It is the scarf <u>that</u> I told you about.
② Is <u>that</u> the cap you recently bought?
③ These are the cookies <u>that</u> I made last night.
④ Is it true <u>that</u> Justin will come back next month?
⑤ The *Mona Lisa* is the picture <u>that</u> was painted by Leonardo da Vinci.

한 단계 더!

13 다음 문장에서 어법상 **틀린** 부분을 바르게 고쳐 쓴 것은?

STEP A

> Jake came back home late last night, that made his parents worried.

① late → lately
② last night → at last night
③ that → which
④ made → was made
⑤ worried → worrying

14 다음 중 어법상 올바른 문장은?

① It's not true that Mark stole the bike.
② This bag, my grandma made, is very useful.
③ We went to the Science Park, that is downtown.
④ It is amazing which Henry can speak five languages.
⑤ I respect Albert Schweitzer, whom received the Nobel Peace Prize.

고난도 한 단계 더!

15 다음 중 어법상 **틀린** 문장의 개수는?

> ⓐ Ms. Parker, who is Christina's mom, is my English teacher.
> ⓑ It is exciting that we'll visit Paris together.
> ⓒ It is important which we keep exercising regularly.
> ⓓ Steve passed the test, that made his parents happy.

① 없음   ② 1개   ③ 2개
④ 3개   ⑤ 4개

서술형

[16~17] 주어진 두 문장을 한 문장으로 바꿔 쓸 때, 빈칸에 알맞은 말을 쓰시오.

한 단계 더!

16

> Jake won first prize in the dancing contest. That surprised us.

→ Jake won first prize in the dancing contest, _____ surprised us.

17

> We're going to be on TV this Saturday. Isn't that amazing?

→ Isn't _____ _____ _____ we're going to be on TV this Saturday?

18 다음 글의 빈칸 ⓐ와 ⓑ에 알맞은 말을 각각 한 단어로 쓰시오.

> Today I read a book about King Sejong. He created Hangeul, ___ⓐ___ is one of the most scientific writing systems in the world. It is true ___ⓑ___ he was very creative.

ⓐ _____   ⓑ _____

19 다음 우리말과 의미가 같도록 괄호 안의 표현을 어법에 맞게 사용하여 문장을 완성하시오.

> 이 피자는 우리 아빠가 만드셨는데, 정말 맛있다.

→ This pizza, _____.
(my dad, taste, really good)

20 다음 그림을 보고, [보기]에서 알맞은 표현을 골라 관계대명사를 사용하여 문장을 완성하시오.

[보기]
- my mom baked
- invented the light bulb
- is a traditional Korean food
- is studying photography in Rome

(1)  These cookies, _____
_____, are tasty.

(2)  I visited my uncle, _____
_____.

(3)  This book is about Edison,
_____.

(4)  This is Bibimbap, _____
_____.

21 주어진 문장을 괄호 안의 단어를 사용하여 [보기]와 같이 It 으로 시작하는 문장으로 바꿔 쓰시오.

[보기] Romeo loves Juliet. (true)
→ It is true that Romeo loves Juliet.

(1) We haven't heard from James. (strange)
→ _____

(2) Roy and Neil are twins. (surprising)
→ _____

(3) Anthony joined the dancing club. (interesting)
→ _____

22 다음 우리말과 의미가 같도록 관계대명사와 괄호 안의 표현을 사용하여 문장을 완성하시오.

(1) Scott은 반장인데, 나의 가장 친한 친구이다.
→ Scott, _____,
is my best friend. (class president)

(2) 그 도서관은 우리 집 근처에 있는데, 많은 책을 소장하고 있다.
→ The library, _____,
has a lot of books. (near my house)

(3) 나는 '해바라기'를 좋아하는데, Vincent van Gogh가 그렸다.
→ I like *Sunflowers*, _____
_____. (was painted)

(4) 나는 에펠탑에 관한 영화를 봤는데, 그것은 Gustave Eiffel이 디자인했다.
→ I saw a movie about the Eiffel Tower, _____
_____. (designed)

고난도
23 다음 중 어법상 틀린 문장 두 개를 찾아 그 기호를 쓰고, 바르게 고쳐 문장을 다시 쓰시오.

ⓐ It is clear that Peter broke the vase.
ⓑ Ted, who lives next door to me, is very kind.
ⓒ This is strange that my laptop doesn't work.
ⓓ Dad gave me a book, whom I lost right away.
ⓔ Mike went back to his country, which made me sad.

(1) (   ) → _____
(2) (   ) → _____

만점 노트

외국어에서 유래된 영어 단어

English Words of Foreign Origin

01 영어는 다른 문화나 언어에서 단어를 종종 빌려 왔다.

01 English has often borrowed words from other cultures or languages.
현재완료(have(has)+과거분사)
종종 (빈도부사) / borrow A from B: B로부터 A를 빌리다

02 여기 재미있는 이야기를 가진 몇 개의 예가 있다.

02 Here are some examples with interesting stories.
Here is(are)+주어: 여기 ~이 있다

샴푸

shampoo

03 shampoo라는 단어는 힌디어 단어인 chāmpo에서 왔는데, 그것은 '누르다'라는 의미이다.

03 The word *shampoo* comes from the Hindi word *chāmpo*①
계속적 용법의 관계대명사 / come from: ~에서 오다, 유래하다
which means "to press."
(= and it)

04 인도에서 그 단어는 머리 마사지를 가리키는 데 쓰였다.

04 In India, the word was used for a head massage.
= chāmpo / be used for: ~에 사용되다

05 인도에 있던 영국 무역상들이 머리 마사지를 곁들인 목욕을 경험하고, 18세기에 그것을 영국에 소개했다.

05 British traders in India experienced a bath with a head massage and
and로 연결된 병렬 구조 / 등위접속사
introduced it to Britain in the 18th century.
in the+서수+century: ~세기에

06 shampoo라는 단어의 의미는 그 단어가 1762년쯤 영어에 처음 들어온 이후 몇 번 바뀌었다.

06 The meaning of the word *shampoo* changed a few times after it first
명 뜻, 의미 / 몇 번 / 접 ~ 후에
entered English around 1762.
전 ~경에, ~ 무렵에

07 19세기에 shampoo는 '머리 감기'라는 현재의 의미를 갖게 되었다.

07 In the 19th century, *shampoo* got its present meaning of "washing the
형 현재의
hair."

08 그 후 얼마 지나지 않아, 그 단어는 머리에 사용하는 특별한 비누를 가리키는 데에도 쓰이기 시작했다.

08 Shortly after that, the word began to be also used for a special soap for
부 곧, 얼마 지나지 않아 / 수동태
전 ~ 후에 / = shampoo / to부정사의 명사적 용법
the hair.

로봇

robot

09 robot이라는 단어는 희곡 'R.U.R.'에서 왔는데, 그 희곡은 1920년에 체코의 작가 Karel Čapek이 썼다.

09 The word *robot* comes from the play R.U.R.①
명 희곡 / 선행사
which was written in 1920 by a Czech writer Karel Čapek.
수동태 / 계속적 용법의 관계대명사 (= and it) / 형 체코의, 체코 사람(말)의

10 그 희곡에서 로봇은 인간처럼 생긴 기계이다.

10 In the play, robots are machines [that look like humans].
선행사 / 주격 관계대명사 / look like+명사(구): ~처럼 보이다

11 그것은 인간을 위해 일하도록 설계되고, 공장에서 생산된다.

11 They are designed to work for humans and are produced in a factory.
= Robots / 동사 1 (수동태) / 동사 2 (수동태)

12 robot이라는 단어를 사용하려는 생각이 Karel Čapek 자신에게서 나온 게 아니었다는 것은 흥미롭다.

12 It is interesting [that the idea of using the word *robot* didn't come from
가주어 / 진주어 (명사절) / 동격의 of
Karel Čapek himself].
= Karel Čapek (강조 용법의 재귀대명사)

13 그는 원래 자신의 희곡에 등장하는 그 기계들을 '일'을 의미하는 라틴어 단어에서 온 labori라고 불렀다.

13 He originally called the machines in his play *labori* from the Latin word
call A B: A를 B라고 부르다 / A / B
for "work."

14 However, his brother suggested *roboti*, which means "slave workers" in
하지만, 그러나 　　　　　　　　계속적 용법의 관계대명사 (= and it)
Czech.

15 Karel Čapek liked the idea and decided to use the word *roboti*.
　　　　　　　　　　　　to부정사를 목적어로 취하는 동사
roboti라는 이름을 제안한 형의 생각　└to부정사의 명사적 용법

16 In 1938, the play was made into a science fiction show
= R.U.R. be made into: ~로 만들어지다
on television in Britain.

hurricane

17 The word *hurricane* comes from the Spanish word
huracán, which originates from the name of a Mayan god.
계속적 용법의 관계대명사　└= comes from　　　형 마야의
(= and it)

18 In the Mayan creation myth, Huracán is the weather god of wind, storm,
and fire, and he is one of the three gods [who created humans].
= Huracán　　　선행사　　　주격 관계대명사 (= that)

19 However, the first humans angered the gods, so Huracán caused a
　　　　　　　　anger 통 화나게 하다　= the three gods　　cause 통 야기하다
great flood.

20 The first Spanish contact with the Mayan civilization was in 1517.
　　　　　　　　　　　　　　　　　　　　　　동사
주어

21 Spanish explorers [who were passing through the Caribbean] experienced
선행사 (주어)　　주격 관계대명사　pass through: ~을 통과하다. 지나가다　동사 1
a hurricane and picked up the word for it from the people in the area.
등위접속사　동사 2　　　　　= a hurricane

22 In English, one of the early uses of *hurricane* was in a play by
one of the + 복수명사: ~ 중 하나 (단수 취급)　동사　형 희곡
Shakespeare in 1608.

hamburger

23 The word *hamburger* originally comes from
　　　　　　　　부 원래, 본래
Hamburg, Germany's second-largest city.
동격

24 *Hamburger* means "people or things from Hamburg" in German.
　　　　　　　　　　　　　　　　　　전 ~ 출신의

25 The origin of the first hamburger is not clear.
명 기원, 유래　　　　　　　　　　형 분명한

26 However, it is believed [that the hamburger was invented in a small town
가주어　　　　　명사절을 이끄는 접속사　　　수동태
in Texas, USA, sometime between 1885 and 1904].
도시명 (작은 단위), 국가명 (큰 단위)　between A and B: A와 B 사이에

27 A cook placed a Hamburg-style steak between two slices of bread, and
명 요리사　　　└call A B: A를 B라고 부르다　빵 두 조각 (물질명사의 수량 표현)
people started to call such food a hamburger.
└to부정사와 동명사를 모두 목적어로 취하는 동사
= a Hamburg-style steak between two slices of bread를 가리킴

14 하지만 그의 형이 roboti를 제안했는데, 그
것은 체코어로 '노예 근로자들'을 의미한다.

15 Karel Čapek은 그 아이디어가 마음에
들어 roboti라는 단어를 사용하기로 결정
했다.

16 1938년에 그 희곡은 영국 TV에서 공상
과학물로 만들어졌다.

허리케인

17 hurricane이라는 단어는 스페인어 단어
인 huracán에서 왔는데, 그것은 마야 신
의 이름에서 유래한다.

18 마야의 창조 신화에서 Huracán은 바람,
폭풍우, 그리고 불을 다스리는 날씨의 신
이며, 그는 인간을 창조한 세 명의 신들 중
한 명이다.

19 하지만 최초의 인간들이 그 신들을 화나게
했고, 그래서 Huracán은 거대한 홍수를
일으켰다.

20 스페인이 마야 문명과 처음 했던 접촉은
1517년이었다.

21 카리브제도를 통과해 지나가던 스페인 탐
험가들이 허리케인을 겪었고, 그 지역 사
람들로부터 그것을 가리키는 단어를 익히
게 되었다.

22 영어에서는 hurricane이 초기에 사용된
예 중 하나가 1608년에 셰익스피어가 쓴
희곡에서였다.

햄버거

23 hamburger라는 단어는 원래 독일에서
두 번째로 큰 도시인 함부르크에서 왔다.

24 hamburger는 독일어로 '함부르크 출신
의 사람 또는 사물'을 의미한다.

25 최초의 햄버거의 기원은 분명하지 않다.

26 하지만 햄버거는 1885년에서 1904년 사
이의 언젠가 미국의 텍사스에 있는 작은
마을에서 발명되었다고 여겨진다.

27 한 요리사가 빵 두 조각 사이에 함부르크
스타일의 스테이크를 넣었고, 사람들은 그
런 음식을 햄버거라고 부르기 시작했다.

Reading

빈칸 채우기

• 우리말과 의미가 같도록 교과서 본문의 문장을 완성하시오.

STEP A

01 English _____ often _____ words _____ other cultures or languages.

01 영어는 다른 문화나 언어에서 단어를 종종 빌려 왔다.

02 _____ _____ some examples with interesting stories.

02 여기 재미있는 이야기를 가진 몇 개의 예가 있다.

03 The word *shampoo* _____ _____ the Hindi word *chāmpo*, _____ means "to press."

03 shampoo라는 단어는 힌디어 단어인 chāmpo에서 왔는데, 그것은 '누르다'라는 의미이다.

04 In India, the word was _____ _____ a head massage.

04 인도에서 그 단어는 머리 마사지를 가리키는 데 쓰였다.

05 British traders in India experienced a bath with a head massage and _____ it _____ Britain _____ _____ 18th century.

05 인도에 있던 영국 무역상들은 머리 마사지를 곁들인 목욕을 경험하고, 18세기에 그것을 영국에 소개했다.

06 The meaning of the word *shampoo* changed a few times _____ it first _____ English _____ 1762.

06 shampoo라는 단어의 의미는 그 단어가 1762년쯤 영어에 처음 들어온 이후 몇 번 바뀌었다.

07 In the 19th century, *shampoo* got its _____ _____ _____ "washing the hair."

07 19세기에 shampoo는 '머리 감기'라는 현재의 의미를 갖게 되었다.

08 _____ after that, the word began to _____ also _____ _____ a special soap for the hair.

08 그 후 얼마 지나지 않아, 그 단어는 머리에 사용하는 특별한 비누를 가리키는 데에도 쓰이기 시작했다.

09 The word *robot* comes from the _____ *R.U.R.*, _____ _____ _____ in 1920 by a Czech writer Karel Čapek.

09 robot이라는 단어는 희곡 'R.U.R.'에서 왔는데, 그 희곡은 1920년에 체코의 작가 Karel Čapek이 썼다.

10 In the play, robots are machines that _____ _____ humans.

10 그 희곡에서 로봇은 인간처럼 생긴 기계이다.

11 They _____ _____ to work for humans and _____ _____ in a factory.

11 그것은 인간을 위해 일하도록 설계되고, 공장에서 생산된다.

12 _____ is interesting _____ the idea of _____ the word *robot* didn't come from Karel Čapek _____.

12 robot이라는 단어를 사용하려는 생각이 Karel Čapek 자신에게서 나온 게 아니었다는 것은 흥미롭다.

13 He _____ _____ the machines in his play *labori* from the Latin word for "work."

13 그는 원래 자신의 희곡에 등장하는 그 기계들을 '일'을 의미하는 라틴어 단어에서 온 labori라고 불렀다.

14 However, his brother suggested *roboti*, _____ _____ "slave workers" _____ Czech.

14 하지만 그의 형이 roboti를 제안했는데, 그것은 체코어로 '노예 근로자들'을 의미한다.

15 Karel Čapek liked the idea and _____ _____ use the word *roboti*.

16 In 1938, the play _____ _____ _____ a science fiction show on television in Britain.

17 The word *hurricane* comes from the Spanish word *huracán*, _____ _____ _____ the name of a Mayan god.

18 In the Mayan _____ myth, Huracán is the weather god of wind, storm, and fire, and he is _____ _____ _____ three gods who _____ humans.

19 However, the first humans _____ the gods, so Huracán _____ a great flood.

20 The first Spanish _____ _____ the Mayan _____ was in 1517.

21 Spanish explorers who were _____ _____ the Caribbean experienced a hurricane and _____ _____ the word for it from the people in the area.

22 In English, _____ _____ _____ early uses of *hurricane* was in a play by Shakespeare in 1608.

23 The word *hamburger* originally comes _____ Hamburg, Germany's _____-_____ city.

24 *Hamburger* means "people or things _____ Hamburg" _____ _____.

25 The _____ _____ the first hamburger is not clear.

26 However, _____ is believed _____ the hamburger was invented in a small town in Texas, USA, _____ _____ 1885 _____ 1904.

27 A cook placed a Hamburg-style steak between _____ _____ _____ bread, and people started to call _____ food a hamburger.

15 Karel Čapek은 그 아이디어가 마음에 들어 roboti라는 단어를 사용하기로 결정했다.

16 1938년에 그 희곡은 영국 TV에서 공상 과학물로 만들어졌다.

17 hurricane이라는 단어는 스페인어 단어인 huracán에서 왔는데, 그것은 마야 신의 이름에서 유래한다.

18 마야의 창조 신화에서 Huracán은 바람, 폭풍우, 그리고 불을 다스리는 날씨의 신이며, 그는 인간을 창조한 세 명의 신들 중 한 명이다.

19 하지만 최초의 인간들이 그 신들을 화나게 했고, 그래서 Huracán은 거대한 홍수를 일으켰다.

20 스페인이 마야 문명과 처음 했던 접촉은 1517년이었다.

21 카리브제도를 통과해 지나가던 스페인 탐험가들이 허리케인을 겪었고, 그 지역 사람들로부터 그것을 가리키는 단어를 익히게 되었다.

22 영어에서는 hurricane이 초기에 사용된 예 중 하나가 1608년에 셰익스피어가 쓴 희곡에서였다.

23 hamburger라는 단어는 원래 독일에서 두 번째로 큰 도시인 함부르크에서 왔다.

24 hamburger는 독일어로 '함부르크 출신의 사람 또는 사물'을 의미한다.

25 최초의 햄버거의 기원은 분명하지 않다.

26 하지만 햄버거는 1885년에서 1904년 사이의 언젠가 미국의 텍사스에 있는 작은 마을에서 발명되었다고 여겨진다.

27 한 요리사가 빵 두 조각 사이에 함부르크 스타일의 스테이크를 넣었고, 사람들은 그런 음식을 햄버거라고 부르기 시작했다.

01 English has often (borrowed / lent) words from other cultures or languages.

02 Here (is / are) some examples with interesting stories.

03 The word *shampoo* comes from the Hindi word *chāmpo*, (which / that) means "to press."

04 In India, the word was used (to / for) a head massage.

05 British traders in India experienced a bath with a head massage and (produced / introduced) it to Britain in the 18th century.

06 The (means / meaning) of the word *shampoo* changed a few times after it first entered English around 1762.

07 In the 19th century, *shampoo* got its present meaning of "(washing / massaging) the hair."

08 (Short after / Shortly after) that, the word began to be also used (of / for) a special soap for the hair.

09 The word *robot* comes from the play *R.U.R.*, which (wrote / was written) in 1920 (by / from) a Czech writer Karel Čapek.

10 In the play, robots are machines that (look / look like) humans.

11 They are designed to work for humans and (produce / are produced) in a factory.

12 It is interesting that the idea of (using / to use) the word *robot* didn't come from Karel Čapek (itself / himself).

13 He (original / originally) called the machines in his play *labori* from the Latin word for "work."

14 (However / Therefore), his brother suggested *roboti*, (which / who) means "slave workers" in Czech.

15 Karel Čapek liked the idea and decided (using / to use) the word *roboti*.

16 In 1938, the play (made / was made) into a science fiction show on television in Britain.

17 The word *hurricane* comes from the Spanish word *huracán*, which originates (for / from) the name of a Mayan god.

18 In the Mayan creation myth, Huracán is the weather god of wind, storm, and fire, and he is (one of / many of) the three gods who created humans.

19 However, the first humans (angry / angered) the gods, so Huracán caused a great flood.

20 The first Spanish (contact / creation) with the Mayan civilization (was / were) in 1517.

21 Spanish explorers who were passing (away / through) the Caribbean experienced a hurricane and picked up the word for it from the people in the area.

22 In English, one of the early (use / uses) of *hurricane* (was / were) in a play by Shakespeare in 1608.

23 The word *hamburger* originally comes (to / from) Hamburg, Germany's second-largest city.

24 *Hamburger* means "people or things from Hamburg" (in / from) German.

25 The origin of the first hamburger is not (clear / clearly).

26 However, it is believed that the hamburger (was invented / invented) in a small town in Texas, USA, sometime between 1885 and 1904.

27 A cook placed a Hamburg-style steak between two slices of bread, and people started to call (such a hamburger food / such food a hamburger).

Reading

틀린 문장 고치기

• 밑줄 친 부분이 내용이나 어법상 올바르면 ○에, 틀리면 ×에 동그라미 하고 틀린 부분을 바르게 고쳐 쓰시오.

STEP A

01 English has often borrowed words <u>to</u> other cultures or languages. ○ ×

02 <u>Here are some examples</u> with interesting stories. ○ ×

03 The word *shampoo* <u>comes to</u> the Hindi word *chāmpo*, which means "to press." ○ ×

04 In India, the word <u>was used to</u> a head massage. ○ ×

05 British traders in India experienced a bath with a head massage and <u>introduced it on</u> Britain in the 18th century. ○ ×

06 The meaning of the word *shampoo* changed a few times after it first entered English <u>around 1762</u>. ○ ×

07 In the 19th century, *shampoo* <u>got its present meaning</u> of "washing the hair." ○ ×

08 Shortly after that, the word began to be also used for a special soap for the <u>hands</u>. ○ ×

09 The word *robot* comes from the play *R.U.R.*, <u>which written</u> in 1920 by a Czech writer Karel Čapek. ○ ×

10 In the play, robots are machines <u>that</u> look like humans. ○ ×

11 They <u>designed</u> to work for humans and are produced in a factory. ○ ×

12 <u>It is interesting that</u> the idea of using the word *robot* didn't come from Karel Čapek himself. ○ ×

13 He originally called the machines in his play *labori* <u>from the Latin word</u> for "work." ○ ×

14 However, his brother suggested *roboti*, which means "slave workers" <u>for Czech</u>. ○ ×

15 Karel Čapek liked the idea and decided using the word *roboti*.   ○ | ✕

16 In 1938, the play was made into a science fiction show on television in Britain.   ○ | ✕

17 The word *hurricane* comes from the Spanish word *huracán*, who originates from the
    name of a Mayan god.   ○ | ✕

18 In the Mayan creation myth, Huracán is the weather god of wind, storm, and fire, and
    he is one of the three gods who created humans.   ○ | ✕

19 However, the first humans angered the gods, because Huracán caused a great flood.   ○ | ✕

20 The first Spanish contact with the Mayan civilization was in 1517.   ○ | ✕

21 Spanish explorers who were passing through the Caribbean experienced a hurricane
    and picked out the word for it from the people in the area.   ○ | ✕

22 In English, many of the early uses of *hurricane* was in a play by Shakespeare in 1608.   ○ | ✕

23 The word *hamburger* originally comes from Hamburg, German's second-largest city.   ○ | ✕

24 *Hamburger* means "people or things from Hamburg" in German.   ○ | ✕

25 The origin of the first hamburger is not clear.   ○ | ✕

26 However, it believed that the hamburger was invented in a small town in Texas, USA,
    sometime between 1885 and 1904.   ○ | ✕

27 A cook placed a Hamburg-style steak between two slices of bread, and people started
    to call such food a hamburger.   ○ | ✕

R Reading

배열로 문장 완성하기

01 영어는 다른 문화나 언어에서 단어를 종종 빌려 왔다.
(often borrowed / has / English / from other cultures / words / or languages)
>

02 여기 재미있는 이야기를 가진 몇 개의 예가 있다. (with / some examples / here / interesting stories / are)
>

03 shampoo라는 단어는 힌디어 단어인 chāmpo에서 왔는데, 그것은 '누르다'라는 의미이다.
(comes from / which means / the word / "to press" / *shampoo* / the Hindi word *chāmpo*)
>

04 인도에서, 그 단어는 머리 마사지를 가리키는 데 쓰였다. (was / a head massage / the word / used for / in India)
>

05 인도에 있던 영국 무역상들은 머리 마사지를 곁들인 목욕을 경험하고 18세기에 그것을 영국에 소개했다.
(in India / and introduced it / experienced / with a head massage / a bath / to Britain / in the 18th century / British traders)
>

06 shampoo라는 단어의 의미는 그 단어가 1762년쯤 영어에 처음 들어온 이후 몇 번 바뀌었다.
(*shampoo* / first entered / changed / it / English / a few times after / the meaning / around 1762 / of the word)
>

07 19세기에, shampoo는 '머리 감기'라는 현재의 의미를 갖게 되었다.
(got / present / "washing the hair" / in the 19th century / *shampoo* / meaning of / its)
>

08 그 후 얼마 지나지 않아, 그 단어는 머리에 사용하는 특별한 비누를 가리키는 데에도 쓰이기 시작했다.
(the word / a special soap / began to be / shortly / for the hair / also used for / after that)
>

09 robot이라는 단어는 희곡 'R.U.R.'에서 왔는데, 그 희곡은 1920년에 체코의 작가 Karel Čapek이 썼다.
(by a Czech writer / comes from / was written / the word *robot* / in 1920 / which / Karel Čapek / the play *R.U.R.*)
>

10 그 희곡에서, 로봇은 인간처럼 생긴 기계이다. (that / robots / humans / look like / in the play / are machines)
>

11 그것은 인간을 위해 일하도록 설계되고 공장에서 생산된다.
(to work / they / for humans / are produced / are designed / and / in a factory)
>

12 robot이라는 단어를 사용하려는 생각이 Karel Čapek 자신에게서 나온 게 아니었다는 것은 흥미롭다.
(the idea of / it is interesting / using the word / himself / *robot* / didn't come from / that / Karel Čapek)
>

13 그는 원래 자신의 희곡에 등장하는 그 기계들을 '일'을 의미하는 라틴어 단어에서 온 labori라고 불렀다.
(*labori* / he / from the Latin word / called the machines / originally / in his play / for "work")
>

14 하지만, 그의 형이 roboti를 제안했는데, 그것은 체코어로 '노예 근로자들'을 의미한다.
(which means / his brother / "slave workers" / in Czech / however / suggested *roboti*)
>

15 Karel Čapek은 그 아이디어가 마음에 들어 roboti라는 단어를 사용하기로 결정했다.
(use / the idea / decided to / the word *roboti* / and / Karel Čapek / liked)
>

16 1938년에, 그 희곡은 영국 TV에서 공상 과학물로 만들어졌다.
(in 1938 / on television / the play / a science fiction show / in Britain / was made into)
>

17 hurricane이라는 단어는 스페인어 단어인 huracán에서 왔는데, 그것은 마야 신의 이름에서 유래한다.
(a Mayan god / originates from / the word *hurricane* / the name of / the Spanish word *huracán* / comes from / which)
>

18 마야의 창조 신화에서, Huracán은 바람, 폭풍우, 그리고 불을 다스리는 날씨의 신이며, 그는 인간을 창조한 세 명의 신들 중 한 명이다.
(one of the three gods / the weather god of / Huracán is / and he is / who / wind, storm, and fire / in the Mayan creation myth / created humans)
>

19 하지만, 최초의 인간들이 그 신들을 화나게 했고, 그래서 Huracán은 거대한 홍수를 일으켰다.
(angered / Huracán / caused / so / a great flood / the gods / however / the first humans)
>

20 스페인이 마야 문명과 처음 했던 접촉은 1517년이었다.
(the Mayan civilization / the first Spanish / was / contact with / in 1517)
>

21 카리브제도를 통과해 지나가던 스페인 탐험가들이 허리케인을 겪었고 그 지역 사람들로부터 그것을 가리키는 단어를 익히게 되었다.
(passing through / the word for it / the Caribbean / from the people / were / experienced a hurricane / in the area / who / Spanish explorers / and picked up)
>

22 영어에서는, hurricane이 초기에 사용된 예 중 하나가 1608년에 셰익스피어가 쓴 희곡에서였다.
(was / one of the early / in a play / in English / by Shakespeare / uses of *hurricane* / in 1608)
>

23 hamburger라는 단어는 원래 독일에서 두 번째로 큰 도시인 함부르크에서 왔다.
(originally / Hamburg / comes from / the word *hamburger* / Germany's second-largest city)
>

24 hamburger는 독일어로 '함부르크 출신의 사람 또는 사물'을 의미한다.
("people or things from Hamburg" / means / in German / *Hamburger*)
>

25 최초의 햄버거의 기원은 분명하지 않다. (hamburger / the first / is / the origin of / not clear)
>

26 하지만, 햄버거는 1885년에서 1904년 사이의 언젠가 미국의 텍사스에 있는 작은 마을에서 발명되었다고 여겨진다.
(that the hamburger / however / it is believed / between 1885 and 1904 / sometime / was invented / in Texas, USA / in a small town)
>

27 한 요리사가 빵 두 조각 사이에 함부르크 스타일의 스테이크를 넣었고, 사람들은 그런 음식을 햄버거라고 부르기 시작했다.
(a Hamburg-style steak / a cook / between / to call / placed / such food / and people started / a hamburger / two slices of bread)
>

[01~03] 다음 글을 읽고, 물음에 답하시오.

The word *shampoo* comes from the Hindi word *chāmpo*, which means "to press." In India, the word was used ____ⓐ____ a head massage. British traders in India experienced a bath with a head massage and ___(A)___ it to Britain in the 18th century. The meaning of the word *shampoo* changed a few times after it first entered English around 1762. In the 19th century, *shampoo* got its present ___(B)___ of "washing the hair." Shortly after that, the word began to be also used ____ⓑ____ a special soap for the hair.

01 윗글의 빈칸 ⓐ와 ⓑ에 공통으로 들어갈 전치사로 알맞은 것은?

① to   ② of   ③ in
④ for   ⑤ from

02 윗글의 흐름상 빈칸 (A)와 (B)에 들어갈 알맞은 말이 바르게 짝지어진 것은?

① produced – origin
② produced – meaning
③ introduced – origin
④ introduced – meaning
⑤ created – meaning

03 윗글의 제목으로 가장 적절한 것은?

① How to Massage Your Head
② India: The Center of Trade
③ The Origin of the Word *Shampoo*
④ Various Effects of a Head Massage
⑤ The Relationship between Britain and India

[04~08] 다음 글을 읽고, 물음에 답하시오.

The word *robot* comes from the play *R.U.R.*, which was written in 1920 by a Czech writer Karel Čapek. In the play, robots are machines that look like humans. They are designed to work for humans and are produced in a factory.

(A)It is interesting that the idea of ____ⓐ____ the word *robot* didn't come from Karel Čapek himself. He originally called the machines in his play *labori* from the Latin word for "work." ____ⓑ____, his brother suggested *roboti*, (B)그것은 체코어로 '노예 근로자들'을 의미한다. Karel Čapek liked the idea and decided ____ⓒ____ the word *roboti*. In 1938, the play was made into a science fiction show on television in Britain.

04 윗글의 밑줄 친 (A)It과 쓰임이 같은 것은?

① It is definitely not my fault.
② It was very dark at that time.
③ It is the best gift that I've ever gotten.
④ It is going to snow a lot this weekend.
⑤ It is strange that you are still waiting for her.

05 윗글의 빈칸 ⓐ와 ⓒ에 들어갈 동사 use의 형태가 순서대로 바르게 짝지어진 것은?

① use – to use   ② using – using
③ using – to use   ④ to use – using
⑤ to use – to use

06 윗글의 빈칸 ⓑ에 들어갈 말로 알맞은 것은?

① Finally   ② However
③ Therefore   ④ In addition
⑤ For example

07 윗글의 밑줄 친 우리말 (B)를 영어로 바르게 옮긴 것은?

① it means "slave workers" in Czech
② that mean "slave workers" in Czech
③ that means "slave workers" in Czech
④ which mean "slave workers" in Czech
⑤ which means "slave workers" in Czech

08 윗글의 내용과 일치하지 <u>않는</u> 것은?

① robot이라는 단어는 희곡 'R.U.R.'에서 왔다.
② 체코의 작가 Karel Čapek이 희곡 'R.U.R.'을 썼다.
③ 희곡 'R.U.R.'에서 robot은 인간처럼 생긴 기계이다.
④ Karel Čapek이 robot이라는 단어를 생각해 냈다.
⑤ 1938년에 희곡 'R.U.R.'은 TV 프로그램으로 만들어졌다.

10 윗글의 빈칸 (A)와 (B)에 들어갈 말이 순서대로 바르게 짝 지어진 것은?

① that – who   ② that – that
③ which – who   ④ which – whom
⑤ who – whom

11 윗글을 읽고 답할 수 <u>없는</u> 질문은?

① What Spanish word does the word *hurricane* come from?
② Who is Huracán in the Mayan creation myth?
③ When was the first Spanish contact with the Mayan civilization?
④ What did the Spanish explorers experience when they were passing through the Caribbean?
⑤ Who used the word *hurricane* for the first time in English?

[09~11] 다음 글을 읽고, 물음에 답하시오.

The word *hurricane* ⓐ<u>comes from</u> the Spanish word *huracán*, ___(A)___ originates from the name of a Mayan god. In the Mayan creation myth, Huracán is the weather god of wind, storm, and fire, and he is one of the three gods who ⓑ<u>created</u> humans. However, the first humans angered the gods, so Huracán ⓒ<u>caused</u> a great flood.

The first Spanish contact with the Mayan civilization was in 1517. Spanish explorers ___(B)___ were passing through the Caribbean ⓓ<u>experienced</u> a hurricane and ⓔ<u>created</u> the word for it from the people in the area. In English, one of the early uses of *hurricane* was in a play by Shakespeare in 1608.

09 윗글의 밑줄 친 ⓐ~ⓔ 중 흐름상 <u>어색한</u> 것은?

① ⓐ   ② ⓑ   ③ ⓒ   ④ ⓓ   ⑤ ⓔ

[12~16] 다음 글을 읽고, 물음에 답하시오.

The word *hamburger* originally comes from Hamburg, Germany's second-largest city. *Hamburger* means "people or things from Hamburg" in German.

(A) A cook placed a Hamburg-style steak ___ⓐ___ two slices of bread, and people started to call such food a hamburger.

(B) The origin of the first hamburger is not ⓑ<u>clear</u>.

(C) However, it is believed that the hamburger was invented in a small town in Texas, USA, sometime ___ⓒ___ 1885 and 1904.

12 윗글의 흐름에 맞게 (A)~(C)를 바르게 배열한 것은?

① (A) – (C) – (B)   ② (B) – (A) – (C)
③ (B) – (C) – (A)   ④ (C) – (A) – (B)
⑤ (C) – (B) – (A)

13 윗글의 빈칸 ⓐ와 ⓒ에 공통으로 들어갈 말로 알맞은 것은?

① both ② either ③ around
④ between ⑤ such as

14 윗글의 밑줄 친 ⓑ**clear**와 의미가 같은 것은?

① Olivia has clear skin.
② The water in the lake was very clear.
③ The clear weather will continue for a while.
④ You should clear all the papers on the desk.
⑤ It's clear that Mark has done nothing wrong.

15 다음 영영풀이에 해당하는 단어를 윗글에서 찾아 쓰시오.

the beginning, cause, or source of something

→ _____

16 윗글의 내용과 일치하는 것은?

① 함부르크는 독일에서 가장 큰 도시이다.
② Hamburger는 독일에서 태어나거나 자란 사람을 가리키는 말이다.
③ 최초의 햄버거에 대한 기원은 기록으로 남아 있다.
④ 햄버거는 미국의 한 작은 마을에서 처음 발명되었다고 여겨진다.
⑤ 스테이크를 먹기 전에 내놓는 식전 빵을 햄버거라고 부르기 시작했다.

서술형

[17~18] 다음 글을 읽고, 물음에 답하시오.

The word *shampoo* comes from the Hindi word *chāmpo*, which means "to press." In India, the word was used for a head massage. British traders in India experienced a bath with a head massage and introduced it to Britain in the 18th century.

The meaning of the word *shampoo* changed a few times after it first entered English around 1762. In the 19th century, *shampoo* got its present meaning of "washing the hair." Shortly after that, the word began to be also used for a special soap for the hair.

17 윗글에서 shampoo라는 단어의 현재 의미 두 가지를 찾아 각각 영어로 쓰시오.

(1) _____ (3단어)
(2) _____ (6단어)

18 윗글의 내용과 일치하지 <u>않는</u> 문장을 골라 기호를 쓰고, 내용과 일치하도록 고쳐 문장을 다시 쓰시오.

ⓐ The word *shampoo* originates from a Hindi word that means "to press."
ⓑ The word *shampoo* first entered English in the 18th century.
ⓒ The meaning of the word *shampoo* never changed after it first entered English.

( ) → _____

_____

고난도

09 다음 중 밑줄 친 **present**의 의미가 [보기]와 같은 것을 모두 고르면?

> [보기] I don't have her present address.

① They presented a medal to the winner.
② This concert ticket is a present for you.
③ Jimmy is satisfied with his present job.
④ This is the present that I bought for my sister.
⑤ The present owner of the house is Ms. Baker.

10 다음 중 밑줄 친 부분의 우리말 뜻이 알맞지 않은 것은?

① He put a slice of tomato in my sandwich.
  (~ 한 조각)
② My classmates call me Walking Dictionary.
  (~라고 부른다)
③ Light and air pass through the window easily.
  (통과하여 지나간다)
④ Let's have lunch together sometime next week.
  (가끔씩)
⑤ We cross our fingers when we wish someone good luck. (교차한다)

고난도

11 다음 ⓐ~ⓓ의 영영풀이에 해당하는 단어가 아닌 것은?

> ⓐ to make somebody angry
> ⓑ happening or existing now
> ⓒ a liquid soap used for washing your hair
> ⓓ to tell someone you think he or she should do something

① present   ② anger   ③ suggest
④ produce   ⑤ shampoo

신유형

12 Choose the person who correctly uses the given word.

> traditional

① **Mike**: Traditional sun can make shadows.
② **Jane**: K-pop is traditional around the world.
③ **Tom**: Hanok is a traditional Korean house.
④ **Mina**: Nicole isn't traditional to other people.
⑤ **Giho**: The song is traditional in Korea these days.

13 다음 중 밑줄 친 부분의 쓰임이 의미상 어색한 것은?

① Jason introduced himself to us.
② He produced many artworks during his life.
③ I hope to go fishing with my family sometime.
④ Look up the contact of "recycling" in the dictionary.
⑤ During the 20th century, it became popular throughout Europe.

고난도

14 다음 빈칸에 들어갈 단어의 영영풀이로 알맞은 것은?

> Please _____ two sheets of paper and scissors on the table.

① to make or manufacture
② to put in a certain spot or position
③ to think that something is true or possible
④ a house or apartment where someone lives
⑤ where something is, or where something happens

15 다음 빈칸에 들어갈 말이 아닌 것은?

> ⓐ I'll take some _____ for a cold.
> ⓑ I _____ you should get some rest.
> ⓒ You need to _____ this button to open the door.
> ⓓ My shoulders hurt. Would you please _____ them?

① press   ② cause   ③ suggest
④ massage   ⑤ medicine

Listen and Talk

영작하기

• 주어진 우리말과 일치하도록 교과서 대화문을 쓰시오.

Listen and Talk A-1

G: _____

B: _____

G: _____

B: _____

해석   교과서 48쪽

G: 봐. 고양이와 개처럼 비가 내려.

B: 고양이와 개처럼 비가 내린다고? 그게 무슨 뜻이야?

G: '비가 많이 내려.'라는 뜻이야.

B: 아. 걱정 마. 내 배낭에 우산이 있어.

Listen and Talk A-2

G: _____

B: _____

G: _____

B: _____

G: _____

교과서 48쪽

G: 수호야. 이 주스는 내게 있어.

B: 뭐라고? 다시 한번 말해 줄래?

G: "이 주스는 내게 있어."라고 말했어. 그건 '내가 주스를 살게.'라는 뜻이야.

B: 아. 정말 고마워.

G: 천만에.

Listen and Talk A-3

B: _____

G: _____

B: _____

G: _____

B: _____

G: _____

교과서 48쪽

B: 모든 게 맛있어 보여.

G: 그래. 내 스파게티 좀 먹을래?

B: 아니, 괜찮아. 스파게티는 내 차 한 잔이 아니야.

G: 네 차 한 잔이 아니라고? 그게 무슨 뜻이야?

B: '나는 무언가를 좋아하지 않아.'라는 뜻이야.

G: 아. 알겠어. 넌 스파게티를 좋아하지 않는구나.

Listen and Talk A-4

G: _____

B: _____

G: _____

B: _____

G: _____

교과서 48쪽

G: 나는 날씨 아래에 있는 기분이야.

B: 미안하지만, 다시 한번 말해 줄래?

G: "나는 날씨 아래에 있는 기분이야."라고 말했어. 그건 '나는 몸이 좋지 않아.'라는 뜻이야. 나 감기에 걸린 것 같아.

B: 아. 비행기에 타기 전에 약을 좀 사지 그래? 저쪽에 있는 가게에서 약을 살 수 있어.

G: 그래야겠어.

Listen and Talk C

G: _____

B: _____

G: _____

B: _____

G: _____

B: _____

G: _____

B: _____

G: _____

Talk and Play

A: _____

B: _____

A: _____

B: _____

A: _____

Review - 1

G: _____

B: _____

G: _____

Review - 2

W: _____

M: _____

W: _____

M: _____

W: _____

M: _____

W: _____

해석

교과서 49쪽

G: 지호야, 모든 게 고마웠어. 한국에서 정말 좋은 시간을 보냈어.

B: 천만에. 다음에 다시 방문해 줘, Lucy.

G: 그러고 싶지만, 그 전에 네가 런던에 있는 나를 방문하도록 초대하고 싶어.

B: 고마워. 그런데, 내일 내 축구 경기에 네가 올 수 없어서 정말 안타깝다.

G: 나도 더 오래 머무를 수 없어서 유감이야. 너를 위해 내 손가락을 교차할게.

B: 미안하지만, 다시 한번 말해 줄래?

G: "너를 위해 내 손가락을 교차할게."라고 말했어. 그건 '행운을 빌게.'라는 뜻이야.

B: 아, 고마워. 즐거운 여행이 되길 바라.

G: 고마워, 연락할게.

교과서 50쪽

A: 고양이와 개처럼 비가 내려.

B: 다시 한번 말해 줄래?

A: "고양이와 개처럼 비가 내려."라고 말했어.

B: 그게 무슨 뜻이야?

A: '비가 많이 내려.'라는 뜻이야.

교과서 62쪽

G: 너를 위해 내 손가락을 교차할게.

B: 미안하지만, 다시 한번 말해 줄래?

G: "너를 위해 내 손가락을 교차할게."라고 했어. 그것은 '행운을 빌게.'라는 뜻이야.

교과서 62쪽

W: 나는 날씨 아래에 있는 기분이야.

M: 미안하지만, 다시 한번 말해 줄래?

W: "나는 날씨 아래에 있는 기분이야."라고 말했어.

M: 그게 무슨 뜻이야?

W: '나는 몸이 좋지 않아.'라는 뜻이야. 나 감기에 걸린 것 같아.

M: 아, 약을 좀 사는 게 어때? 저쪽에 있는 가게에서 약을 살 수 있어.

W: 그래, 그럴게.

01 다음 대화의 밑줄 친 ①~⑤ 중 흐름상 어색한 것은?

> A: Look. ① It's raining cats and dogs.
> B: ② Raining cats and dogs? ③ What does that mean?
> A: ④ It means "It's raining a lot."
> B: Oh. Don't worry. ⑤ I didn't bring my umbrella.

02 Which CANNOT replace the underlined sentence?

> A: We see eye to eye.
> B: Can you please say that again?
> A: I said, "We see eye to eye."
> B: What does that mean?
> A: It means "You and I agree."

① Excuse me?
② Pardon me?
③ I'm sorry to hear that.
④ Could you repeat that, please?
⑤ What did you say? I didn't hear you.

[03~04] 다음 대화를 읽고, 물음에 답하시오.

> Boy: Everything looks delicious. (①)
> Girl: Yes. Would you like some of my spaghetti? (②)
> Boy: No, thanks. Spaghetti is not my cup of tea. (③)
> Girl: Not your cup of tea? (④)
> Boy: It means "I don't like something." (⑤)
> Girl: Oh, I see. You don't like spaghetti.

03 위 대화의 ①~⑤ 중 다음 문장이 들어갈 위치로 알맞은 것은?

> What does that mean?

①　　　②　　　③　　　④　　　⑤

04 위 대화를 읽고 답할 수 있는 질문 두 개를 고르면?

① Does the girl like tea?
② What is the boy's favorite food?
③ What does the boy want to drink?
④ Does the boy want to eat some of the girl's spaghetti?
⑤ What does "not one's cup of tea" mean?

05 Which one is NOT a natural dialog?

① A: Don't make a long face.
　　B: Excuse me? Can you say that again?
② A: Break a leg? What does that mean?
　　B: I said, "Break a leg."
③ A: Could you repeat that, please?
　　B: Sure. Go straight one block and turn right.
④ A: Pardon me? I didn't hear you.
　　B: I said, "We pigged out." It means "We ate a lot."
⑤ A: I'm in hot water.
　　B: Can you please say that again?
　　A: I said, "I'm in hot water."

06 다음 대화의 흐름에 맞게 (A)~(E)를 바르게 배열하시오.

> A: I feel under the weather.
> B: Excuse me, but can you please say that again?
> (A) Oh. Why don't you buy some medicine? You can get medicine at the store over there.
> (B) I said, "I feel under the weather."
> (C) OK, I will.
> (D) What does that mean?
> (E) It means "I don't feel well." I think I have a cold.

(　　) - (　　) - (　　) - (　　) - (　　)

서술형

[07~08] 다음 대화를 읽고, 물음에 답하시오.

Amy: This juice is on me, Suho.
Suho: Excuse me? Can you say that again?
Amy: I said, "_____" It means "I'll pay for the juice."
Suho: Oh. Thanks a lot.
Amy: You're welcome.

07 위 대화의 빈칸에 알맞은 말을 다섯 단어의 완전한 문장으로 쓰시오.

→ _____

08 위 대화가 끝난 후 Amy가 할 일을 대화 속 표현을 사용하여 여섯 단어의 완전한 문장으로 쓰시오.

→ _____

09 다음 대화의 흐름상 빈칸에 알맞은 말을 [조건]에 맞게 쓰시오.

A: It's raining cats and dogs.
B: (1) _____
(can, say)
A: I said, "It's raining cats and dogs."
B: (2) _____
(that, mean)
A: It means "It's raining a lot."

[조건] 1. 괄호 안의 단어를 사용하여 의문문으로 쓸 것
2. (1)은 5단어, (2)는 4단어로 쓸 것

[10~12] 다음 대화를 읽고, 물음에 답하시오.

A: Thank you for everything, Jiho. I had a great time in Korea.
B: My pleasure. Please come visit me again, Lucy.
A: I'd love to, but before I do, I'd like to invite you to visit me in London.
B: Thanks. Anyway, it's too bad that you can't come to my soccer game tomorrow.
A: I'm sorry that I can't stay longer. I'll keep my fingers crossed for you.
B: Excuse me, but ⓐcan you say that again?
A: I said, "I'll keep my fingers crossed for you." It means "I wish you good luck."
B: Oh. Thanks. Have a nice trip.
A: Thanks. I'll keep in touch.

10 위 대화의 내용과 일치하도록 빈칸에 알맞은 말을 쓰시오.

The expression "I'll keep my fingers crossed for you" means "_____" You can say this when you wish someone _____.

11 위 대화의 밑줄 친 ⓐ와 바꿔 쓸 수 있는 말을 쓰시오.

→ _____

12 위 대화의 내용과 일치하도록 다음 질문에 대한 답을 완전한 영어 문장으로 쓰시오.

(1) Where does Lucy invite Jiho to visit her?
→ _____

(2) Why does Lucy say sorry to Jiho?
→ _____

Grammar

고득점 맞기

01 다음 빈칸에 들어갈 말이 순서대로 바르게 짝지어진 것은?

> • I saw Daniel, _____ was playing the guitar.
> • Nick appeared at the party, _____ made everyone happy.
> • This is Hanbok, _____ is the traditional clothing of Korea.

① that – which – that
② which – that – that
③ who – that – which
④ that – which – who
⑤ who – which – which

02 Which is correct for the blanks in common?

> • It is surprising _____ the island will disappear soon.
> • A participant is a person _____ takes part in an event.

① who   ② that   ③ what
④ whom   ⑤ which

03 다음 중 밑줄 친 who의 쓰임이 [보기]와 다른 것을 모두 고르면?

> [보기] Ron, who comes from Italy, is a vet.

① We found out who the man was.
② Rapunzel didn't know who was telling the truth.
③ Lisa is taking care of her sister, who is five years old.
④ Mr. Son, who is a Korean soccer player, is in England now.
⑤ My uncle, who works for a computer company, helped me fix my computer.

04 다음 우리말을 영어로 바르게 옮긴 것은?

> 우리가 더 큰 집이 필요하다는 것은 사실이다.

① We need a larger house is true.
② It is true that we need a larger house.
③ That we need a larger house it is true.
④ It is true which we need a larger house.
⑤ That is true what we need a larger house.

고
산도 한 단계 │ 더!
05 다음 중 빈칸에 that이 들어갈 수 없는 것은?

① It is true _____ fast food is not healthy.
② Don't believe everything _____ you read.
③ It was some money _____ Paul lent David.
④ I had an excellent idea, _____ was to paint on the walls.
⑤ There are some important facts _____ many people don't know.

고
산도
06 다음 두 문장을 한 문장으로 바르게 나타낸 것은?

> The old man is a famous actor. You saw him yesterday.

① The old man is a famous actor, you saw yesterday.
② The old man, that you saw yesterday, is a famous actor.
③ You saw the old man yesterday, that is a famous actor.
④ You saw him, the old man is a famous actor, yesterday.
⑤ The old man, whom you saw yesterday, is a famous actor.

한 단계 더!

07 Which underlined <u>It</u> has a different usage from the rest?

① <u>It</u> is dangerous to ride a bike here.
② <u>It</u> was so cold that we didn't go out.
③ <u>It</u> is important that the result isn't bad.
④ <u>It</u> is true that the Earth goes around the sun.
⑤ <u>It</u> is surprising that students who eat breakfast do better at school.

08 다음 중 빈칸에 들어갈 말이 같은 것끼리 바르게 짝지어진 것은?

ⓐ Nancy won first prize, _____ surprised everyone.
ⓑ She's a photographer, _____ usually takes pictures of stars.
ⓒ I'm annoyed with my neighbor, _____ sang loudly last night.
ⓓ Jason likes to walk along the Thames, _____ runs through London.

① ⓐ, ⓑ − ⓒ, ⓓ
② ⓐ − ⓑ, ⓒ, ⓓ
③ ⓐ, ⓒ − ⓑ, ⓓ
④ ⓐ, ⓓ − ⓑ, ⓒ
⑤ ⓐ, ⓑ, ⓒ − ⓓ

신유형

09 다음 중 어법상 <u>틀린</u> 문장끼리 바르게 짝지어진 것은?

ⓐ My dad bought a new car, which has five seats.
ⓑ It makes me sad that I have to leave the school.
ⓒ The musical, that I watched yesterday, was terrible.
ⓓ Is it true that he caught a thief at the convenience store?
ⓔ It isn't strange which the movie received the award for Best Picture.

① ⓐ, ⓒ
② ⓒ, ⓔ
③ ⓓ, ⓔ
④ ⓐ, ⓑ, ⓓ
⑤ ⓑ, ⓒ, ⓓ

서술형

[10~11] 다음 두 문장을 관계대명사를 이용하여 한 문장으로 바꿔 쓸 때, 빈칸에 알맞은 말을 쓰시오.

10
Sunflowers was painted by van Gogh. He is my favorite painter.

→ *Sunflowers* was painted by van Gogh, _____
_____.

11
The park is empty now. It used to be full of people.

→ The park, _____,
is empty now.

12 다음 우리말과 의미가 같도록 빈칸에 알맞은 말을 쓰시오.

그가 아프리카의 가난한 아이들을 위해 몇몇 학교를 설립했다는 것은 놀랍다.

→ _____ _____ amazing _____ he founded some schools for poor children in Africa.

13 다음 글의 밑줄 친 ⓐ~ⓔ 중 어법상 <u>틀린</u> 부분을 찾아 기호를 쓰고 바르게 고쳐 쓰시오.

Today I read a book about King Sejong, ⓐ<u>who</u> created Hangeul. Hangeul is one of ⓑ<u>the most scientific</u> writing ⓒ<u>systems</u> in the world. ⓓ<u>It</u> is true ⓔ<u>which</u> he was very creative.

( ) → _____

14 다음 빈칸에 알맞은 말을 [보기]에서 골라 [조건]에 맞게 쓰시오.

> [보기] · It upset her boss.
> · It disappointed his mom a lot.
> · She lives in Paris.

> [조건] 1. 앞의 내용과 자연스럽게 연결되는 문장을 고를 것
> 2. 계속적 용법의 관계대명사를 사용할 것

(1) She was late for the meeting, _____

_____.

(2) The package is from my aunt, _____

_____.

(3) He didn't do well on the math test, _____

_____.

STEP
B

15 다음 우리말과 의미가 같도록 [조건]에 맞게 문장을 쓰시오.

> [조건] 1. 가주어와 접속사 that을 사용할 것
> 2. 괄호 안의 표현을 사용할 것

(1) 내가 Jessica를 믿은 것은 어리석었다.
→ _____
(stupid, believed)

(2) 그 개가 그림을 그릴 수 있다는 것은 사실이 아니다.
→ _____
(true, draw a picture)

(3) 우리가 학교에서 역사를 배우는 것은 중요하다.
→ _____
(important, history, at school)

16 다음 글의 밑줄 친 ⓐ~ⓔ 중 어법상 틀린 것을 찾아 기호를 쓰고, 바르게 고쳐 문장을 다시 쓰시오.

> The word *sandwich* comes from John Montagu, ⓐthat was the 4th Earl of Sandwich. He enjoyed ⓑeating meat between two slices of bread because he ⓒcould play a card game while he was eating. People thought ⓓthat it was a great idea and began ⓔto call such food a sandwich after him.

( ) → _____

_____

17 다음 표에 주어진 내용과 [보기]의 단어를 사용하여 [예시]와 같이 문장을 쓰시오.

Fun Facts about Animals	Your Thought
[예시] Cows have best friends.	interesting
(1) Koalas sleep about 20 hours a day.	
(2) Dolphins have names for each other.	
(3) Some monkeys make snowballs for fun.	

> [보기] funny interesting amazing surprising

[예시] It is interesting that cows have best friends.

(1) _____

(2) _____

(3) _____

영작하기

• 주어진 우리말과 일치하도록 문장을 쓰시오.

01 _____

영어는 다른 문화나 언어에서 단어를 종종 빌려 왔다.

02 _____

여기 재미있는 이야기를 가진 몇 개의 예가 있다.

03 _____

shampoo라는 단어는 힌디어 단어인 chāmpo에서 왔는데, 그것은 '누르다'라는 의미이다.☆

04 _____

인도에서, 그 단어는 머리 마사지를 가리키는 데 쓰였다.

05 _____

인도에 있던 영국 무역상들이 머리 마사지를 곁들인 목욕을 경험하고 18세기에 그것을 영국에 소개했다.

06 _____

shampoo라는 단어의 의미는 그 단어가 1762년쯤 영어에 처음 들어온 이후 몇 번 바뀌었다.

07 _____

19세기에, shampoo는 '머리 감기'라는 현재의 의미를 갖게 되었다.

08 _____

그 후 얼마 지나지 않아, 그 단어는 머리에 사용하는 특별한 비누를 가리키는 데에도 쓰이기 시작했다.

09 _____

robot이라는 단어는 희곡 'R.U.R.'에서 왔는데, 그 희곡은 1920년에 체코의 작가 Karel Čapek이 썼다.☆

10 _____

그 희곡에서, 로봇은 인간처럼 생긴 기계이다.

11 _____

그것은 인간을 위해 일하도록 설계되고 공장에서 생산된다.

12 _____

robot이라는 단어를 사용하려는 생각이 Karel Čapek 자신에게서 나온 게 아니었다는 것은 흥미롭다.☆

13 _____

그는 원래 자신의 희곡에 등장하는 그 기계들을 '일'을 의미하는 라틴어 단어에서 온 labori라고 불렀다.

14 _____

하지만, 그의 형이 roboti를 제안했는데, 그것은 체코어로 '노예 근로자들'을 의미한다.☆

15 _____

Karel Čapek은 그 아이디어가 마음에 들어 roboti라는 단어를 사용하기로 결정했다.

16 _____

1938년에, 그 희곡은 영국 TV에서 공상 과학물로 만들어졌다.

17

hurricane이라는 단어는 스페인어 단어인 huracán에서 왔는데, 그것은 마야 신의 이름에서 유래한다.☆

18

마야의 창조 신화에서, Huracán은 바람, 폭풍우, 그리고 불을 다스리는 날씨의 신이며, 그는 인간을 창조한 세 명의 신들 중 한 명이다.

19

하지만, 최초의 인간들이 그 신들을 화나게 했고, 그래서 Huracán은 거대한 홍수를 일으켰다.

20

스페인이 마야 문명과 처음 했던 접촉은 1517년이었다.

21

카리브제도를 통과해 지나가던 스페인 탐험가들이 허리케인을 겪었고, 그 지역 사람들로부터 그것을 가리키는 단어를 익히게 되었다.

22

영어에서는, hurricane이 초기에 사용된 예 중 하나가 1608년에 셰익스피어가 쓴 희곡에서였다.

23

hamburger라는 단어는 원래 독일에서 두 번째로 큰 도시인 함부르크에서 왔다.

24

Hamburger는 독일어로 '함부르크 출신의 사람 또는 사물'을 의미한다.

25

최초의 햄버거의 기원은 분명하지 않다.

26

하지만, 햄버거는 1885년에서 1904년 사이의 언젠가 미국의 텍사스에 있는 작은 마을에서 발명되었다고 여겨진다.☆

27

한 요리사가 빵 두 조각 사이에 함부르크 스타일의 스테이크를 넣었고, 사람들은 그런 음식을 햄버거라고 부르기 시작했다.

Reading
고득점 맞기

[01~02] 다음 글을 읽고, 물음에 답하시오.

The word *shampoo* comes from the Hindi word *chāmpo*, which means "to press." In India, the word was used for a head massage. British traders in India experienced a bath with a head massage and introduced it to Britain in the 18th century. The meaning of the word *shampoo* changed a few times after it first entered English around 1762. In the 19th century, *shampoo* got ⓐits present meaning of "washing the hair." Shortly after that, the word began to be also used for a special soap for the hair.

01 윗글의 밑줄 친 ⓐits present meaning에 해당하는 것을 두 개 고르면?

① to press
② a head massage
③ washing the hair
④ a special soap for the hair
⑤ to take a bath with a head massage

02 According to the passage above, which is NOT true about the word *shampoo*? Choose two.

① It originates from the Hindi word *chāmpo*.
② British traders introduced it to India.
③ It entered English in the 18th century.
④ It got its meaning of "washing the hair" in the 19th century.
⑤ Its meaning didn't change after it first entered English.

[03~05] 다음 글을 읽고, 물음에 답하시오.

The word *robot* comes from the play *R.U.R.*, ____ⓐ____ was written in 1920 by a Czech writer Karel Čapek. In the play, robots are machines ____ⓑ____ look like humans. They are designed to work for humans and are produced in a factory. It is interesting that the idea of using the word *robot* didn't come from Karel Čapek himself. He originally called the machines in his play *labori* from the Latin word for "work." However, his brother suggested *roboti*, ____ⓒ____ means "slave workers" in Czech. Karel Čapek liked (A)the idea and decided to use the word *roboti*. In 1938, the play was made into a science fiction show on television in Britain.

03 윗글의 빈칸 ⓐ~ⓒ에 들어갈 알맞은 말이 순서대로 바르게 짝지어진 것은?

① that – who – which
② that – that – which
③ which – who – that
④ which – that – which
⑤ which – which – that

04 What does the underlined (A)the idea mean?

① 로봇이 일을 하는 것
② 공장에서 로봇을 생산하는 것
③ 로봇들을 labori라고 부르는 것
④ 'R.U.R.'을 공상 과학물로 만드는 것
⑤ 'R.U.R.'에 나오는 기계들을 roboti라고 부르는 것

05 윗글을 읽고 답할 수 없는 질문은?

① What do robots do in the play *R.U.R.*?
② What do robots in the play *R.U.R.* look like?
③ What did Karel Čapek's brother do for a living?
④ What does *roboti* mean in Czech?
⑤ What was the play *R.U.R.* made into on TV?

[06~09] 다음 글을 읽고, 물음에 답하시오.

The word *hurricane* comes from the Spanish word *huracán*, (A) that / which originates from the name of a Mayan god. (①) In the Mayan creation myth, Huracán is the weather god of wind, storm, and fire, and he is one of the three (B) god / gods who created humans. (②) The first Spanish contact with the Mayan civilization was in 1517. (③) Spanish explorers (C) who / which were passing through the Caribbean experienced a hurricane and picked up the word for it from the people in the area. (④) In English, one of the early uses of *hurricane* (D) was / were in a play by Shakespeare in 1608. (⑤)

06 윗글의 ①~⑤ 중 주어진 문장이 들어갈 위치로 알맞은 것은?

> However, the first humans angered the gods, so Huracán caused a great flood.

①   ②   ③   ④   ⑤

07 윗글 (A)~(D)의 각 네모 안에 주어진 말 중 어법상 알맞은 것끼리 짝지어진 것은?

	(A)		(B)		(C)		(D)
①	that	⋯	god	⋯	who	⋯	was
②	that	⋯	gods	⋯	which	⋯	were
③	which	⋯	gods	⋯	who	⋯	was
④	which	⋯	gods	⋯	which	⋯	was
⑤	which	⋯	god	⋯	who	⋯	were

08 다음 영영풀이에 해당하는 단어를 윗글에서 찾아 쓰시오.

> the action of communicating or meeting

→ _____

09 윗글의 내용과 일치하는 것을 <u>두 개</u> 고르면?

① The origin of the word *hurricane* is from the word *huracán*.
② Huracán is a human who was created by Mayan gods.
③ Huracán made the Mayan gods angry.
④ Spanish explorers made the first contact with the Mayan civilization in 1517.
⑤ Shakespeare never used the word *hurricane* in his plays.

[10~11] 다음 글을 읽고, 물음에 답하시오.

The word *hamburger* originally comes from Hamburg, ____ⓐ____'s second-largest city. *Hamburger* means "people or things from Hamburg" in ____ⓑ____. The origin of the first hamburger is not clear. However, ©(that, the, it, invented, was, believed, hamburger, is) in a small town in Texas, USA, sometime between 1885 and 1904. A cook placed a Hamburg-style steak between two slices of bread, and people started to call such food a hamburger.

10 윗글의 빈칸 ⓐ와 ⓑ에 들어갈 말이 순서대로 바르게 짝지어진 것은?

① German – German   ② Germany – German
③ German – Germany   ④ German – Germans
⑤ Germany – Germany

11 다음 우리말과 의미가 같도록 윗글의 괄호 ©의 단어들을 바르게 배열할 때, 네 번째로 올 단어로 알맞은 것은?

> 햄버거가 발명되었다고 여겨진다

① the   ② was   ③ that
④ invented   ⑤ believed

[12~13] 다음 글을 읽고, 물음에 답하시오.

The word *robot* comes from the play *R.U.R.*, which was written in 1920 by a Czech writer Karel Čapek. In the play, robots are machines that look like humans. They are designed to work for humans and are produced in a factory.

(A)robot이라는 단어를 사용하려는 생각이 Karel Čapek 자신에게서 나온 게 아니었다는 것은 흥미롭다. He originally called the machines in his play *labori* from the Latin word for "work." However, his brother suggested *roboti*, which means "slave workers" in Czech. Karel Čapek liked the idea and decided to use the word *roboti*. In 1938, the play was made into a science fiction show on television in Britain.

12 윗글의 밑줄 친 우리말 (A)와 의미가 같도록 다음 문장을 완성하시오.

→ _____ _____ interesting _____ the idea of using the word *robot* didn't come from Karel Čapek _____.

13 윗글의 내용과 일치하지 않는 것을 다음 ⓐ~ⓓ에서 **두 개** 찾아 기호를 쓰고, 윗글의 내용과 일치하도록 고쳐 문장을 다시 쓰시오. (단, 각각 한 단어만 바꿀 것)

> ⓐ Robots in the play *R.U.R.* are machines that work for humans.
> ⓑ At first, Karel Čapek called the machines in his play *roboti*.
> ⓒ *Roboti* means "work" in Czech.
> ⓓ The play *R.U.R.* was made into a TV show in Britain.

(1) (   ) → _____

(2) (   ) → _____

[14~15] 다음 글을 읽고, 물음에 답하시오.

The word *hurricane* comes from the Spanish word *huracán*, which originates from the name of a Mayan god. In the Mayan creation myth, Huracán is the weather god of wind, storm, and fire, and he is one of the three gods who created humans. However, the first humans angered the gods, so Huracán caused a great flood.

The first Spanish contact with the Mayan civilization was in 1517. Spanish explorers who were passing through the Caribbean experienced a hurricane and picked up the word for it from the people in the area. In English, one of the early uses of *hurricane* was in a play by Shakespeare in 1608.

14 Complete the title of the passage above according to the condition.

> [조건] 한 단어는 윗글에 사용된 단어를 알맞은 형태로 바꿔서 쓸 것

> The _____ of the Word _____

15 윗글의 내용과 일치하도록 다음 질문에 대한 답을 완전한 영어 문장으로 쓰시오.

(1) What does the Spanish word *huracán* come from?

→ _____

(2) Why did Huracán cause a great flood?

→ _____

(3) When was the word *hurricane* used by Shakespeare?

→ _____

서술형 100% TEST

01 다음 영영풀이에 해당하는 단어를 [보기]에서 골라 쓰시오.

> [보기] trader   play   contact   century

(1) _____ : a period of one hundred years
(2) _____ : a person who buys and sells things
(3) _____ : a story that actors perform in a theater
(4) _____ : the action of communicating or meeting

02 다음 우리말과 의미가 같도록 빈칸에 알맞은 말을 쓰시오.

(1) chef라는 단어는 프랑스어에서 유래한다.
→ The word *chef* _____ _____ French.

(2) 아이들은 주변 사람들로부터 말을 익힌다.
→ Kids _____ _____ words from people around them.

(3) 많은 자동차들이 새 터널을 통과해 지나간다.
→ A lot of cars _____ _____ the new tunnel.

03 다음 빈칸에 알맞은 단어를 [보기]에서 골라 쓰시오.

> [보기] slave   factory   civilization   meaning

(1) My grandfather works in a _____ that produces toys.

(2) We looked up the _____ of the word in the dictionary.

(3) _____ s were treated badly in the 18th century in the USA.

(4) The Romans were very important in the history of Western _____.

04 다음 대화의 밑줄 친 부분과 바꿔 쓸 수 있는 문장을 두 개 쓰시오.

> A: It's raining cats and dogs.
> B: Sorry?
> A: I said, "It's raining cats and dogs."

(1) _____
(2) _____

[05~06] 다음 그림을 보고, [조건]에 맞게 대화를 완성하시오.

> [조건] 1. (1)은 4단어로 쓸 것
> 2. (2)는 [보기]에서 알맞은 단어를 골라 쓸 것

> [보기]   agree   disagree   call   pay

05

A: I'll keep in touch.
B: Can you (1)_____?
A: I said, "I'll keep in touch." It means "I'll (2)_____ you or write you."

06

Interesting movie!

A: We see eye to eye.
B: Excuse me? (1)_____?
A: It means "We (2)_____ with each other."

[07~08] 다음 대화를 읽고, 물음에 답하시오.

> A: Thank you for everything, Jiho. I had a great time in Korea.
> B: My pleasure. Please come visit me again, Lucy.
> A: I'd love to, but before I do, I'd like to invite you to visit me in London.
> B: Thanks. Anyway, it's too bad that you can't come to my soccer game tomorrow.
> A: I'm sorry that I can't stay longer. I'll keep my fingers crossed for you.
> B: Excuse me, but can you please say that again?
> A: I said, "I'll keep my fingers crossed for you." It means "I wish you good luck."
> B: Oh. Thanks. Have a nice trip.
> A: Thanks. I'll keep in touch.

07 위 대화의 내용과 일치하도록 다음 문자 메시지를 완성하시오.

> Have a nice trip, Lucy.
>
> Lucy
> Thank you, Jiho. I really had a great time here. I'm sorry that I can't _____ _____
> _____ _____ _____ tomorrow. I'll _____ _____
> _____ for you. I'll keep _____ _____!

08 다음 ⓐ~ⓓ 중 위 대화의 내용과 일치하지 않는 것을 찾아 기호를 쓰고, 내용과 일치하도록 고쳐 문장을 다시 쓰시오.

> ⓐ Lucy enjoyed her time in Korea.
> ⓑ Lucy wants to invite Jiho to visit her in London.
> ⓒ Jiho has a soccer game tomorrow.
> ⓓ Jiho is wishing Lucy good luck.

( ) → _____

09 다음 문장을 괄호 안의 단어와 접속사 **that**을 사용하여 가주어 **It**으로 시작하는 문장으로 바꿔 쓰시오.

(1) He won first prize in the speech contest. (true)

→ _____

(2) We are going to the ski camp together. (exciting)

→ _____

(3) She spent all of her money on clothes. (surprising)

→ _____

(4) The little boy can play the guitar so well. (amazing)

→ _____

10 다음 두 문장을 계속적 용법의 관계대명사를 사용하여 한 문장으로 쓰시오.

(1) My aunt is very famous all around the world. She is a movie star.

→ _____

(2) I saw a documentary film. It was about the environment.

→ _____

(3) They are staying at a hotel. It has a nice view.

→ _____

(4) My best friend is Ryan. He is the leader of the school's soccer team.

→ _____

11 다음 글에서 어법상 **틀린** 부분 **두 군데**를 찾아 바르게 고쳐 쓰시오.

> Today I read a book about Antonio Gaudi. He built Güell Park, that is one of the most famous tourist attractions in Spain. It is true which he was very creative.

(1) _____ → _____

(2) _____ → _____

[12~14] 다음 글을 읽고, 물음에 답하시오.

> (A)The word *shampoo* comes from the Hindi word *chāmpo*, which means "to press." In India, the word was used for a head massage. British traders in India experienced a bath with a head massage and introduced it ____ⓐ____ Britain in the 18th century. The meaning of the word *shampoo* changed a few times after it first entered English around 1762. ____ⓑ____ the 19th century, *shampoo* got its present meaning of "washing the hair." Shortly after that, the word began to be also used ____ⓒ____ a special soap for the hair.

12 윗글의 밑줄 친 문장 (A)와 같은 뜻이 되도록 빈칸에 알맞은 말을 쓰시오.

> The word *shampoo* comes from the Hindi word *chāmpo*, _____ _____ means "to press."

13 윗글의 빈칸 ⓐ, ⓑ, ⓒ에 알맞은 전치사를 각각 쓰시오.

ⓐ _____ ⓑ _____ ⓒ _____

14 윗글의 내용과 일치하도록 다음 표를 영어로 써서 완성하시오.

the word *shampoo*	
(1) **Origin**	the _____ word _____
(2) **Present Meanings in English**	ⓐ _____
	ⓑ _____

[15~16] 다음 글을 읽고, 물음에 답하시오.

> The word *hamburger* originally comes from Hamburg, Germany's second-largest city. Hamburger means "people or things from Hamburg" in German. The origin of the first hamburger is not clear. However, it ⓐbelieve that the hamburger ⓑinvent in a small town in Texas, USA, sometime between 1885 and 1904. A cook placed a Hamburg-style steak between two slices of bread, and people started to call such food a hamburger.

15 다음 우리말을 참고하여 윗글의 밑줄 친 동사 ⓐ와 ⓑ를 올바른 형태로 쓰시오.

> 하지만 햄버거는 1885년에서 1904년 사이의 언젠가 미국의 텍사스에 있는 작은 마을에서 발명되었다고 여겨진다.

ⓐ _____

ⓑ _____

16 윗글의 내용과 일치하도록 다음 빈칸에 알맞은 말을 쓰시오.

> A hamburger is a food that has a _____ _____ of bread. The word *hamburger* originates from _____, _____ is the second-largest city in _____.

[17~18] 다음 글을 읽고, 물음에 답하시오.

The word *hurricane* comes from the Spanish word huracán, which originates from the name of a Mayan god. In the Mayan creation myth, Huracán is the weather god of wind, storm, and fire, and (A)그는 인간을 창조한 세 명의 신 중 하나이다. However, the first humans angered the gods, so Huracán caused a great flood.

The first Spanish contact with the Mayan civilization was in 1517. (B)카리브제도를 통과해 지나가고 있던 스페인 탐험가들이 허리케인을 겪었다 and picked up the word for it from the people in the area. In English, one of the early uses of hurricane was in a play by Shakespeare in 1608.

17 윗글의 밑줄 친 우리말 (A)와 (B)를 괄호 안의 단어와 관계대명사를 사용하여 영어로 쓰시오. (단, 필요시 단어의 형태를 바꿀 것)

(A) _____

(one, god, create, humans)

(B) _____

_____

(explorers, pass through, the Caribbean, experience, a)

18 윗글의 내용과 일치하도록 아래 문장에서 틀린 내용을 찾아 바르게 고쳐 쓰시오.

(1) The word *hurricane* originates from the name of a Spanish god.

_____ → _____

(2) Huracán caused a great flood because of the other two gods.

_____ → _____

(3) Shakespeare picked up the word *hurricane* in 1608.

_____ → _____

[19~20] 다음 글을 읽고, 물음에 답하시오.

The word *robot* comes from the play *R.U.R.*, which ⓐwas written in 1920 by a Czech writer Karel Čapek. In the play, robots are machines that ⓑlook like humans. They ⓒdesign to work for humans and are produced in a factory.

It is interesting that the idea of using the word *robot* didn't come from Karel Čapek himself. He originally called the machines in his play *labori* from the Latin word for "work." However, his brother suggested *roboti*, ⓓwhich means "slave workers" in Czech. Karel Čapek liked the idea and decided ⓔto use the word *roboti*. In 1938, the play was made into a science fiction show on television in Britain.

19 윗글의 밑줄 친 ⓐ~ⓔ 중 어법상 틀린 부분을 찾아 바르게 고치고 틀린 이유를 쓰시오.

(1) 틀린 부분: ( ) → _____

(2) 틀린 이유: _____

_____

20 윗글을 다음과 같이 요약할 때, 내용과 일치하지 않는 부분을 두 군데 찾아 바르게 고쳐 쓰시오.

The word *robot* comes from the play *R.U.R.* Robots in the play are machines that look similar to humans and work for humans. Karel Čapek first thought of using the word *roboti* for the machines, and it means "slave workers" in Czech. *R.U.R.* was made into a documentary film in 1938.

(1) _____ → _____

(2) _____ → _____

01 다음 중 짝지어진 단어의 관계가 나머지와 <u>다른</u> 하나는? 3점

① trade – trader
② cook – cooker
③ work – worker
④ invent – inventor
⑤ explore – explorer

02 다음 영영풀이에 해당하는 단어로 알맞은 것은? 2점

> the start of something

① god   ② origin   ③ myth
④ present   ⑤ civilization

03 다음 중 밑줄 친 단어의 쓰임이 <u>잘못된</u> 것은? 3점

① Kate's husband is <u>Italian</u>.
② The boy has a <u>British</u> accent.
③ <u>Chinese</u> people like the color red.
④ His soccer team's coach is from <u>German</u>.
⑤ My <u>Spanish</u> friends will visit me next year.

04 다음 대화의 빈칸에 들어갈 말로 알맞은 것은? 4점

> A: Where did you _____ the information?
> B: From this book.

① pick up   ② come from
③ look like   ④ pass through
⑤ originate from

[05~06] 다음 대화의 빈칸에 들어갈 말로 알맞은 것을 고르시오.
각 3점

05
> A: Look. It's raining cats and dogs.
> B: Raining cats and dogs? _____
> A: It means "It's raining a lot."

① What should we do?
② What does that mean?
③ Do you have cats and dogs?
④ Where are the cats and dogs?
⑤ How do you know its meaning?

06
> A: I feel under the weather.
> B: Excuse me, but can you please say that again?
> A: I said, "I feel under the weather." It means "_____" I think I have a cold.
> B: Oh. Why don't you buy some medicine before you get on the plane?

① I feel good.
② I don't feel well.
③ It's not raining now.
④ The weather is so nice.
⑤ I have an important appointment.

서술형 **1**
07 자연스러운 대화가 되도록 (A)~(D)를 바르게 배열하시오.
4점

> (A) Excuse me? Can you say that again?
> (B) Oh. Thanks a lot.
> (C) This juice is on me, Suho.
> (D) I said, "This juice is on me." It means "I'll pay for the juice."

(　　) – (　　) – (　　) – (　　)

[08~10] 다음 대화를 읽고, 물음에 답하시오.

> A: Thank you for everything, Jiho. I had a great time in Korea.
> B: ⓐMy pleasure. Please come visit me again, Lucy.
> A: ⓑI'd love to, but before I do, I'd like to invite you to visit me in London.
> B: Thanks. Anyway, it's too bad that you can't come to my soccer game tomorrow.
> A: I'm sorry that I can't stay longer. I'll keep my fingers crossed for you.
> B: Excuse me, but _____(A)_____?
> A: I said, "I'll keep my fingers crossed for you." It means "ⓒI wish you good luck."
> B: Oh. Thanks. ⓓHave a nice trip.
> A: Thanks. ⓔI'll keep in touch.

08 위 대화의 밑줄 친 ⓐ~ⓔ 중 우리말 뜻이 잘못된 것은?

3점

① ⓐ: 천만에.
② ⓑ: 그러고 싶어
③ ⓒ: 행운을 빌어.
④ ⓓ: 즐거운 여행이 되길 바라.
⑤ ⓔ: 건강히 잘 지낼게.

09 위 대화의 빈칸 (A)에 들어갈 말로 알맞지 <u>않은</u> 것은? 3점

① what did you say
② can you repeat that
③ can you say that again
④ what makes you think so
⑤ would you say that one more time

10 위 대화의 내용과 일치하는 것은?

4점

① Jiho is about to leave Korea.
② Lucy wants to visit London.
③ Lucy will watch Jiho play soccer tomorrow.
④ Lucy wishes Jiho good luck.
⑤ Lucy will go on a trip to Korea.

11 다음 두 문장을 한 문장으로 바꿔 쓸 때, 빈칸에 들어갈 말로 알맞은 것은?

3점

> I bought a nice jacket. It has many pockets.
> → I bought a nice jacket, _____ has many pockets.

① who
② what
③ that
④ which
⑤ where

12 다음 중 밑줄 친 **that**의 쓰임이 [보기]와 같은 것은? 4점

> [보기] It's strange <u>that</u> he doesn't eat much.

① The problem wasn't <u>that</u> difficult.
② Do you know who <u>that</u> person is?
③ This is something <u>that</u> everyone needs.
④ This is the robot <u>that</u> my brother made.
⑤ It is unbelievable <u>that</u> your dog can sing a song.

서술형 2
13 다음 두 문장의 의미가 같도록 빈칸에 알맞은 말을 쓰시오.

5점

> That we achieved our goal is important.
> = It _____.

[14~16] 다음 글을 읽고, 물음에 답하시오.

The word *shampoo* comes from the Hindi word *chāmpo*, ___ⓐ___ means "to press." In India, the word was used for a head massage. British traders in India experienced a bath with a head massage and introduced it to Britain in the 18th century.

(A) In the 19th century, *shampoo* got its present meaning of "washing the hair."

(B) The meaning of the word *shampoo* changed a few times after it first entered English around 1762.

(C) Shortly after that, the word began to be also used for a special soap for the hair.

14 윗글의 빈칸 ⓐ에 들어갈 말로 알맞은 것은? **3점**

① that   ② who   ③ what
④ which   ⑤ whose

15 윗글의 흐름에 맞게 (A)~(C)를 바르게 배열한 것은? **4점**

① (A) – (B) – (C)   ② (B) – (A) – (C)
③ (B) – (C) – (A)   ④ (C) – (A) – (B)
⑤ (C) – (B) – (A)

16 윗글의 내용과 일치하지 않는 것은? **3점**

① shampoo라는 단어의 유래에 관한 글이다.
② chāmpo는 '누르다'를 의미하는 힌디어 단어이다.
③ 영국 무역상들이 인도에서 머리 마사지를 경험했다.
④ shampoo라는 단어는 19세기에 영어에 처음 들어왔다.
⑤ shampoo는 오늘날 머리를 감을 때 쓰는 비누를 뜻하기도 한다.

[17~19] 다음 글을 읽고, 물음에 답하시오.

The word *robot* comes from the play *R.U.R.*, which was written in 1920 by a Czech writer Karel Čapek. In the play, robots are machines ___ⓐ___ look like humans. They are designed to work for humans and are produced in a factory.

(①) It is interesting ___ⓑ___ the idea of using the word *robot* didn't come from Karel Čapek himself. (②) He originally called the machines in his play *labori* from the Latin word for "work." (③) Karel Čapek liked the idea and decided to use the word *roboti*. (④) In 1938, the play was made into a science fiction show on television in Britain. (⑤)

서술형 3

17 윗글의 빈칸 ⓐ와 ⓑ에 공통으로 알맞은 말을 한 단어로 쓰시오. **5점**

→ _____

18 윗글의 ①~⑤ 중 주어진 문장이 들어갈 위치로 알맞은 것은? **3점**

However, his brother suggested *roboti*, which means "slave workers" in Czech.

①   ②   ③   ④   ⑤

서술형 4

19 주어진 두 단어에 관해 윗글의 내용과 일치하도록 다음 표를 완성하시오. **각 2점**

	labori	*roboti*
whose idea	(1)_____	Karel Čapek's brother
language	(2)_____	Czech
meaning	(3)_____	slave workers

[20~22] 다음 글을 읽고, 물음에 답하시오.

The word *hurricane* comes from the Spanish word *huracán*, which originates (A)[for / from] the name of a Mayan god. In the Mayan creation myth, ⓐHuracán is the weather god of wind, storm, and fire, and he is one of the three gods who created humans. However, the first humans angered the gods, so Huracán caused a great flood.

The first Spanish contact with the Mayan civilization was in 1517. Spanish explorers who were passing (B)[out / through] the Caribbean experienced a hurricane and picked (C)[up / with] the word for it from the people in the area. In English, one of the early uses of *hurricane* was in a play by Shakespeare in 1608.

20 윗글의 (A)~(C)의 각 네모 안에 주어진 말 중 내용상 올바른 것끼리 짝지어진 것은? **4점**

	(A)	(B)	(C)
①	for	… out	… up
②	for	… through	… with
③	from	… out	… up
④	from	… through	… up
⑤	from	… through	… with

21 윗글의 밑줄 친 ⓐHuracán에 관한 내용으로 알맞은 것은? **4점**

① He is from Spain.
② He was named after the word *hurricane*.
③ He is the god of water, earth, and fire.
④ He is one of the creators of humans.
⑤ He made the first humans angry.

서술형 5
22 다음 영영풀이에 해당하는 단어를 윗글에서 찾아 쓰시오. **5점**

a large amount of water that covers an area that is usually dry

→ _____

[23~24] 다음 글을 읽고, 물음에 답하시오.

ⓐThe word *hamburger* originally comes from Hamburg, Germany's second-largest city. *Hamburger* means "people or things from Hamburg" in German.

The origin of the first hamburger is not clear. However, it is believed that the hamburger was invented in a small town in Texas, USA, sometime between 1885 and 1904. A cook placed a Hamburg-style steak between two slices of bread, and people started to ⓑ그러한 음식을 햄버거라고 부른다.

서술형 6
23 윗글의 밑줄 친 문장 ⓐ와 의미가 통하도록 빈칸에 알맞은 말을 쓰시오. **5점**

→ The word *hamburger* originates from Hamburg, _____ _____ the second-largest city in Germany.

서술형 7
24 윗글의 밑줄 친 우리말 ⓑ와 의미가 같도록 [조건]에 맞게 영어로 쓰시오. **6점**

[조건] 1. call, such를 반드시 사용할 것
　　　2. 5단어로 쓸 것

→ _____

서술형 8
25 다음 문장을 가주어 It과 괄호 안의 단어를 사용한 문장으로 바꿔 쓰시오. **각 4점**

(1) They can't be here in time. (certain)
→ _____

(2) They still keep in touch with each other.
(amazing)
→ _____

01 다음 짝지어진 단어의 관계가 같도록 할 때 형태가 잘못된 것은? 2점

① China – Chinese
② Russia – Russian
③ Italy – Italish
④ Canada – Canadian
⑤ Spain – Spanish

02 다음 대화의 빈칸에 들어갈 말로 알맞은 것은? 2점

> A: Dave, where are you?
> B: Pass _____ the gate and turn left.
>   Then, you can see me.

① on
② into
③ from
④ under
⑤ through

03 다음 빈칸에 공통으로 들어갈 말로 알맞은 것은? 3점

> • Are you satisfied with your _____ job?
> • What would be a good wedding _____ for her?

① soap
② contact
③ century
④ meaning
⑤ present

04 다음 중 밑줄 친 단어의 우리말 뜻이 알맞지 않은 것은? 3점

① He was a famous tea trader. (무역상)
② The flood made us lose our houses. (홍수)
③ Press this button if you need help. (눌러라)
④ I want to suggest a different idea. (생산하다)
⑤ I don't make much contact with my old friends.
　　(연락)

05 다음 대화의 밑줄 친 부분과 바꿔 쓸 수 없는 것은? 3점

> A: Break a leg.
> B: Can you say that again?
> A: I said, "Break a leg."

① I'm sorry?
② Pardon me?
③ What did you say?
④ Do you know what I mean?
⑤ Can you repeat that, please?

06 다음 대화의 빈칸에 들어갈 말로 알맞은 것은? 3점

> A: Do you know what the expression "I feel under the weather" means?
> B: No. Can you tell me the meaning?
> A: It means "I don't feel well." You can say this when you are _____.

① healthy
② sick
③ happy
④ surprised
⑤ excited

고
난도
07 다음 중 짝지어진 대화가 어색한 것은? 4점

① A: This tea is on me.
　 B: Thanks.
② A: I'm in hot water.
　 B: What's the matter?
③ A: I pigged out.
　 B: I'm hungry, too. Let's have lunch.
④ A: It's raining cats and dogs.
　 B: Don't worry. I have an umbrella.
⑤ A: I think the test was a piece of cake.
　 B: Really? It wasn't easy for me.

[08~10] 다음 대화를 읽고, 물음에 답하시오.

> A: Thank you for everything, Jiho. I had a great time in Korea.
> B: My pleasure. Please come visit me again, Lucy.
> A: I'd love to, but before I do, I'd like to invite you to visit me in London.
> B: Thanks. Anyway, it's too bad that you can't come to my soccer game tomorrow. (①)
> A: I'm sorry that I can't stay longer. (②)
>   (A)
> B: Excuse me, but can you please say that again?
> A: I said, "I'll keep my fingers crossed for you." (③)
> B: Oh. Thanks. (④) Have a nice trip.
> A: Thanks. I'll keep in touch. (⑤)

`서술형 1`

08 위 대화의 빈칸 (A)에 들어갈 알맞은 말을 쓰시오.　**5점**

　→ _____

09 위 대화의 ①~⑤ 중 주어진 문장이 들어갈 위치로 알맞은 것은?　**3점**

> It means "I wish you good luck."

　①　　②　　③　　④　　⑤

10 위 대화를 읽고 알 수 <u>없는</u> 것은?　**3점**

① Lucy는 한국에서 즐거운 시간을 보냈다.
② Lucy는 한국을 떠날 것이다.
③ Lucy는 한국 방문이 처음이다.
④ 지호는 내일 축구 시합이 있다.
⑤ Lucy는 지호에게 행운을 빌어 주었다.

11 다음 빈칸에 들어갈 말이 순서대로 바르게 짝지어진 것은?　**3점**

> _____ is true _____ they got married last week.

① It – that　　② It – if　　③ It – which
④ That – that　⑤ That – which

12 다음 중 빈칸에 들어갈 알맞은 말이 나머지와 <u>다른</u> 하나는?　**4점**

① We had Bulgogi, _____ is my favorite food.
② Tom, _____ is a famous artist, is my best friend.
③ I missed the bus, _____ made me late for school again.
④ The movie *Frozen*, _____ I saw yesterday, is very interesting.
⑤ Linda wants to visit the Louvre, _____ has about four hundred thousand works of art.

13 다음 중 어법상 올바른 문장은?　**4점**

① It true that they lost the game.
② The coffee, that I made, is too strong.
③ It's impossible which we finish the work today.
④ Mr. Kang, whom I respect so much, is an animal doctor.
⑤ Isn't it amazing which he still remembers my name?

[14~16] 다음 글을 읽고, 물음에 답하시오.

> The word *shampoo* comes from the Hindi word *chāmpo*, ⓐwhich means "to press." In India, the word ⓑused for a head massage. ___(A)___ traders in India experienced a bath with a head massage and ⓒintroduced it to ___(B)___ in the 18th century.
>
> The meaning of the word *shampoo* changed a few times after it first entered English around 1762. In the 19th century, *shampoo* got its present meaning of "washing the hair." ⓓShortly after that, the word began ⓔto be also used for a special soap for the hair.

14 윗글의 밑줄 친 ⓐ~ⓔ 중 어법상 틀린 것은? **4점**

① ⓐ ② ⓑ ③ ⓒ ④ ⓓ ⑤ ⓔ

15 윗글의 빈칸 (A)와 (B)에 들어갈 말이 순서대로 바르게 짝지어진 것은? **3점**

① British – British ② Britain – British
③ British – Britain ④ Britain – Britain
⑤ British – English

서술형 2 곧 산도

16 윗글을 다음과 같이 요약할 때, 윗글의 내용과 일치하지 <u>않는</u> 부분을 찾아 바르게 고쳐 쓰시오. **6점**

> The word *shampoo* first entered English in the 18th century, and its meaning changed just once. Nowadays it means "a special soap for the hair" as well as "washing the hair."

_____ → _____

[17~19] 다음 글을 읽고, 물음에 답하시오.

> The word *robot* comes from the play *R.U.R.*, ___ⓐ___ was written in 1920 by a Czech writer Karel Čapek. In the play, robots are machines that look like humans. They are designed to work for humans and are produced in a factory.
>
> It is interesting that (A)the idea of using the word *robot* didn't come from Karel Čapek himself. He originally called the machines in his play *labori* from the Latin word for "work." However, his brother suggested *roboti*, ___ⓑ___ means "slave workers" in Czech. Karel Čapek liked (B)the idea and decided to use the word ___ⓒ___. In 1938, the play was made into a science fiction show on television in Britain.

서술형 3

17 윗글의 빈칸 ⓐ와 ⓑ에 공통으로 들어갈 말을 한 단어로 쓰시오. **4점**

→ _____

18 윗글의 빈칸 ⓒ에 들어갈 말로 알맞은 것은? **3점**

① *labori* ② *roboti* ③ *worker*
④ *slave* ⑤ *machine*

서술형 4

19 윗글의 밑줄 친 (A)와 (B)의 <u>the idea</u>가 가리키는 것을 각각 우리말로 쓰시오. **각 3점**

(A) _____

(B) _____

[20~22] 다음 글을 읽고, 물음에 답하시오.

The word *hurricane* comes from the Spanish word *huracán*, ___ⓐ___ originates from the name of a Mayan god. In the Mayan creation myth, Huracán is the weather god of wind, storm, and fire, and he is one of the three gods who created humans. However, the first humans angered the gods, so Huracán caused a great flood.

The first Spanish contact with the Mayan civilization was in 1517. Spanish explorers who were passing through the Caribbean experienced a hurricane and picked up the word for ⓑ<u>it</u> from the people in the area. In English, one of the early uses of *hurricane* was in a play by Shakespeare in 1608.

고난도

20 다음 중 빈칸에 알맞은 말이 윗글의 빈칸 ⓐ에 들어갈 말과 같은 것은? 5점

① Who is the man with _____ Ted is talking?
② I'm wondering _____ Kate will come to the party.
③ I bought a new computer, _____ hasn't arrived yet.
④ It is strange _____ Mom didn't wake me up this morning.
⑤ The new student, _____ is from Brazil, plays soccer very well.

서술형 5

21 윗글의 밑줄 친 ⓑ<u>it</u>이 가리키는 것을 본문에서 찾아 한 단어로 쓰시오. 4점

→ _____

22 윗글의 주제로 가장 알맞은 것은? 4점

① the Mayan creation myth
② how a hurricane happens
③ the origin of the word *hurricane*
④ the first use of the word *hurricane* in English
⑤ the first contact between Spain and the Mayan civilization

[23~24] 다음 글을 읽고, 물음에 답하시오.

The word *hamburger* originally comes from Hamburg, Germany's second-largest city. *Hamburger* means "people or things from Hamburg" in German.

The origin of the first hamburger is not clear. However, ⓐ<u>햄버거는 미국의 텍사스에 있는 작은 마을에서 발명되었다고 여겨진다</u>, sometime between 1885 and 1904. A cook placed a Hamburg-style steak between two slices of bread, and people started to call such food a hamburger.

서술형 6

23 윗글의 밑줄 친 우리말 ⓐ와 의미가 같도록 [보기]의 단어들을 바르게 배열하여 문장을 완성하시오. 5점

[보기]   was, believed, it, the hamburger,
is, invented, that

→ _____
in a small town in Texas, USA

24 윗글의 내용을 잘못 이해한 사람은? 4점

① 경민: hamburger라는 단어는 독일의 한 도시의 이름에서 유래되었어.
② 나래: 독일어로 Hamburger는 '독일 출신의 사람이나 사물'을 의미해.
③ 영수: 햄버거가 언제 어디에서 발명되었는지는 확실하지 않아.
④ 세희: 최초의 햄버거는 미국 텍사스의 한 요리사가 만들었다고 여겨져.
⑤ 승준: 빵 두 장 사이에 함부르크 스타일의 스테이크가 들어간 것을 일컬어 햄버거라고 해.

서술형 7

25 다음 문장에서 어법상 틀린 곳을 찾아 바르게 고쳐 문장을 다시 쓰시오. 각 5점

(1) My dog, that has long ears, is very smart.

→ _____

(2) That's impossible that we all join the party.

→ _____

01 다음 중 짝지어진 단어의 관계가 [보기]와 <u>다른</u> 것은? 3점

[보기] suggest – suggestion

① mix – mixture   ② create – creation
③ originate – original   ④ decide – decision
⑤ introduce – introduction

02 다음 중 단어의 영영풀이가 바르지 <u>않은</u> 것은? 3점

① **produce**: to make
② **clear**: easy to understand
③ **contact**: the act of meeting
④ **century**: one hundred years
⑤ **invent**: to change into something new

03 다음 중 빈칸 ⓐ~ⓔ에 들어갈 말로 알맞지 <u>않은</u> 것은? 3점

- Wash your hands with this ___ⓐ___ .
- A ___ⓑ___ typically has supernatural beings or events.
- His ___ⓒ___ will be made into a movie.
- The people tried to set the ___ⓓ___ free.
- Did British ___ⓔ___ in India introduce the word *shampoo* to Britain?

① ⓐ: soap   ② ⓑ: myth   ③ ⓒ: play
④ ⓓ: slaves   ⑤ ⓔ: trade

서술형1
04 다음 문장의 밑줄 친 ⓐ와 ⓑ를 각각 알맞은 형태로 쓰시오.
각 2점

- The word *tomato* came from the ⓐSpain word *tomate*.
- Many English words about law came from ⓑFrance words.

ⓐ _____   ⓑ _____

05 다음 대화의 ①~⑤ 중 주어진 문장이 들어갈 위치로 알맞은 것은? 3점

What does that mean?

A: Everything looks delicious. (①)
B: Yes. Would you like some of my spaghetti? (②)
A: No, thanks. (③) Spaghetti is not my cup of tea.
B: Not your cup of tea? (④)
A: It means "I don't like something." (⑤)

①   ②   ③   ④   ⑤

서술형2
06 다음 대화의 빈칸에 알맞은 말을 괄호 안의 단어를 사용하여 4단어로 쓰시오. 4점

A: This juice is on me, Suho.
B: _____? (mean)
A: It means "I'll pay for the juice."
B: Oh. Thanks a lot.

07 다음 대화의 밑줄 친 ①~⑤ 중 흐름상 <u>어색한</u> 것은? 4점

A: ①<u>Look.</u> It's raining cats and dogs.
B: ②<u>Excuse me, but can you repeat that?</u>
A: I said, ③<u>"Look at the cats and dogs."</u> ④<u>It means "It's raining a lot."</u>
B: Oh. Don't worry. ⑤<u>I have an umbrella in my backpack.</u>

①   ②   ③   ④   ⑤

[08~11] 다음 대화를 읽고, 물음에 답하시오.

> A: Thank you for everything, Jiho. I had a great time in Korea.
> B: My pleasure. Please come visit me again, Lucy.
> A: I'd love to, but before I ⓐdo, I'd like to invite you to visit me in London.
> B: Thanks. Anyway, it's too bad that you can't come to my soccer game tomorrow.
> A: I'm sorry that I can't stay longer. ⓑI'll keep my fingers crossed for you.
> B: Excuse me, but _____ⓒ_____?
> A: I said, "I'll keep my fingers crossed for you." It means "I wish you good luck."
> B: Oh. Thanks. Have a nice trip.
> A: Thanks. I'll keep in touch.

서술형 3

08 위 대화의 밑줄 친 ⓐdo가 가리키는 내용을 15자 이내의 우리말로 쓰시오. **4점**

→ _____

09 다음 중 위 대화의 밑줄 친 ⓑ와 의미가 같은 것은? **4점**

① Break a leg.
② I'm in hot water.
③ We see eye to eye.
④ Let's keep in touch.
⑤ Don't make a long face.

서술형 4

10 위 대화의 빈칸 ⓒ에 알맞은 말을 괄호 안의 단어를 사용하여 쓰시오. **5점**

→ _____

(can, say, again)

11 위 대화를 읽고 알 수 있는 것은? **3점**

① 두 사람의 나이
② Lucy가 하는 운동
③ Lucy가 한국에 머문 기간
④ Lucy가 지호를 초대하고자 한 곳
⑤ 지호가 대화를 끝내고 바로 할 일

12 다음 문장의 빈칸에 들어갈 말로 알맞은 것은? **3점**

> I called my aunt, _____ I once lived with.

① that　　　② whom　　　③ which
④ when　　　⑤ where

13 다음 중 밑줄 친 It(it)의 쓰임이 나머지와 다른 하나는? **4점**

① Is it true that he quit his job?
② It is said that apples are a perfect fruit.
③ It is a mistake that everyone can make.
④ It's necessary that you should go there first.
⑤ It was not easy for me to answer all the questions.

14 다음 중 어법상 틀린 문장의 개수는? **4점**

> ⓐ I visited a museum that is in London.
> ⓑ I'm eating Japchae, whom Mom made.
> ⓒ It's exciting to play soccer after school.
> ⓓ Jane passed the test, which pleased her parents.
> ⓔ It's clear which Hangeul is a very scientific writing system.

① 1개　　　② 2개　　　③ 3개
④ 4개　　　⑤ 5개

[15~17] 다음 글을 읽고, 물음에 답하시오.

The word *shampoo* comes from the Hindi word *chāmpo*, ⓐwhich means "to press." In India, the word was used for a head massage. British traders in India experienced a bath with a head massage and introduced it to Britain in the 18th century.

The meaning of the word *shampoo* changed a few times after it first entered English around 1762. In the 19th century, *shampoo* got its ⓑpresent meaning of "washing the hair." Shortly after that, the word began to be also used for a special soap for the hair.

서술형 **5**

15 윗글의 밑줄 친 ⓐwhich를 두 단어로 바꿔 쓰시오. **4점**

→ _____

16 윗글의 밑줄 친 ⓑpresent와 같은 의미로 쓰인 것은? **3점**

① Who will present first prize?
② She thanked me for the present.
③ I got this bag as my birthday present.
④ He is not happy with the present situation.
⑤ Many people were present at the meeting.

신유형

17 윗글의 내용과 일치하는 문장끼리 짝지어진 것은? **4점**

ⓐ The word *chāmpo* means "to press" in Hindi.
ⓑ The meaning of the word *shampoo* changed a few times before it first entered English.
ⓒ *Shampoo* started to mean "washing the hair" in the 19th century.
ⓓ Now *shampoo* is also used for a soap for the face.

① ⓐ, ⓑ   ② ⓐ, ⓒ   ③ ⓑ, ⓒ
④ ⓑ, ⓓ   ⑤ ⓒ, ⓓ

[18~20] 다음 글을 읽고, 물음에 답하시오.

The word *robot* comes from the play *R.U.R.*, ⓐthat was written in 1920 by a Czech writer Karel Čapek. In the play, robots are machines ⓑwhich look like humans. (A)They are designed to work for humans and are produced in a factory.

ⓒWhat is interesting that the idea of using the word *robot* didn't come from Karel Čapek ⓓhim. He originally called the machines in his play *labori* from the Latin word for "work." However, his brother suggested *roboti*, which means "slave workers" in Czech. Karel Čapek liked the idea and decided ⓔusing the word *roboti*. In 1938, the play was made into a science fiction show on television in Britain.

18 윗글의 밑줄 친 ⓐ~ⓔ 중 어법상 올바른 것은? **4점**

① ⓐ   ② ⓑ   ③ ⓒ   ④ ⓓ   ⑤ ⓔ

19 윗글의 밑줄 친 (A)They가 가리키는 것은? **3점**

① plays   ② robots   ③ words
④ humans   ⑤ factories

서술형 **6** 고난도

20 윗글의 내용과 일치하도록 다음 질문에 대한 답을 완성하시오. **5점**

Q. Did Karel Čapek think of the word *roboti* first?
→ No. _____
_____, and Karel Čapek accepted his suggestion.

[21~22] 다음 글을 읽고, 물음에 답하시오.

The word *hurricane* comes from the Spanish word *huracán*, _____(A)_____. In the Mayan creation ⓐmyth, Huracán is the weather god of wind, storm, and fire, and he is one of the three gods who created humans. However, the first humans ⓑpleased the gods, so Huracán caused a great flood.

The first Spanish ⓒcontact with the Mayan civilization was in 1517. Spanish explorers who were passing through the Caribbean experienced a hurricane and ⓓpicked up the word for it from the people in the area. In English, one of the ⓔearly uses of *hurricane* was in a play by Shakespeare in 1608.

서술형**7**

21 윗글의 빈칸 (A)에 알맞은 말을 괄호 안의 표현과 관계대명사를 사용하여 쓰시오. 5점

→ _____

(the name, from, a Mayan god, of, originates)

22 윗글의 밑줄 친 ⓐ~ⓔ 중 흐름상 어색한 것은? 4점

① ⓐ　　② ⓑ　　③ ⓒ　　④ ⓓ　　⑤ ⓔ

[23~24] 다음 글을 읽고, 물음에 답하시오.

The word *hamburger* originally comes from Hamburg, Germany's second-largest city. *Hamburger* means "people or things from Hamburg" in German.

The ___ⓐ___ of the first hamburger is not clear. However, it is believed that the hamburger was invented in a small town in Texas, USA, sometime between 1885 and 1904. A cook placed a Hamburg-style steak between two slices of bread, and people started to call such food a hamburger.

서술형**8** 고난도

23 윗글의 빈칸 ⓐ에 들어갈 말을 본문에서 사용된 단어를 알맞은 형태로 바꿔 쓰시오. 5점

→ _____

24 윗글을 다음과 같이 요약할 때, 밑줄 친 ①~⑤ 중 윗글의 내용과 일치하지 <u>않는</u> 것은? 4점

The ①German word *Hamburger* means "②people or things from Hamburg, ③a city in Germany." Today, the word is used for a food that has ④a Hamburg-style steak between two slices of bread. People believe that the hamburger was invented ⑤by a cook in Hamburg.

① 　　② 　　③ 　　④ 　　⑤

서술형**9**

25 주어진 문장과 같은 의미가 되도록 괄호 안의 지시대로 문장을 다시 쓰시오. 각 4점

(1)
We visited the Empire State Building, and it once was the tallest building in the world.

(계속적 용법의 관계대명사 사용)

→ _____

_____

(2)
Some monkeys floss their teeth with human hair, and that is surprising.

(가주어 It 사용)

→ _____

_____

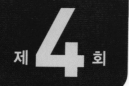
01 다음 빈칸에 공통으로 들어갈 말로 알맞은 것은? 2점

> · What is your _____ address?
> · My aunt sent me a nice birthday _____.

① recent ② present ③ creative
④ original ⑤ traditional

02 다음 빈칸에 들어갈 말이 순서대로 바르게 짝지어진 것은? 3점

> · A lot of English words originate _____ Latin.
> · These boxes are used _____ storing my old toys.
> · This ship will pass _____ the Suez Canal.

① about – of – away
② from – to – around
③ about – for – through
④ from – for – through
⑤ about – to – away

03 다음 대화의 빈칸에 들어갈 말로 알맞은 것은? 3점

> A: _____
> B: Excuse me, but can you repeat that, please?
> A: I said, "I feel under the weather." It means "I don't feel well." I think I have a cold.

① This food is on me.
② It's a piece of cake.
③ It's not my cup of tea.
④ I don't feel well.
⑤ I feel under the weather.

[서술형1]
04 다음 글의 각 네모 (A)~(C) 안에서 알맞은 말을 골라 쓰시오. 5점

> I'm planning to visit (A) Spain / Spanish this summer with my (B) Italy / Italian friend, Cara. I'm learning (C) Spain / Spanish to communicate with people there.

(A) _____ (B) _____ (C) _____

05 다음 대화의 빈칸 (A)~(C)에 알맞은 말을 [보기]에서 골라 순서대로 바르게 짝지은 것은? 3점

> A: Look. It's raining cats and dogs.
> B: _____(A)_____
> A: I said, "It's raining cats and dogs."
> B: _____(B)_____
> A: It means "It's raining a lot."
> B: Oh. _____(C)_____ I have an umbrella in my backpack.

[보기] ⓐ Don't worry.
　　　 ⓑ Pardon me?
　　　 ⓒ What is the meaning of that?

① ⓐ – ⓑ – ⓒ ② ⓑ – ⓐ – ⓒ ③ ⓑ – ⓒ – ⓐ
④ ⓒ – ⓐ – ⓑ ⑤ ⓒ – ⓑ – ⓐ

[서술형2] 고난도
06 다음 상황 설명을 읽고, Emily가 사서에게 할 말로 알맞은 말을 [조건]에 맞게 쓰시오. 5점

> Emily is looking for a science book in the library. She asks the librarian where she can find the book. The librarian tells her where the science section is, but she can't understand well.

[조건] say, please를 사용하여 6단어로 쓸 것

→ _____

[07~09] 다음 대화를 읽고, 물음에 답하시오.

> A: Thank you for everything, Jiho. I had a great time in Korea.
> B: ⓐ My pleasure. Please come visit me again, Lucy.
> A: I'd love to, but before I do, I'd like to invite you to visit me in London.
> B: Thanks. Anyway, it's too bad that you can't come to my soccer game tomorrow.
> A: ⓑ I'm sorry that I can't stay longer. I'll keep my fingers crossed for you.
> B: Excuse me, but ⓒ can you cross your fingers?
> A: I said, "I'll keep my fingers crossed for you." (A) 그건 '행운을 빌게.'라는 뜻이야.
> B: Oh. Thanks. ⓓ Have a nice trip.
> A: Thanks. ⓔ I'll keep in touch.

07 위 대화의 밑줄 친 ⓐ~ⓔ 중 흐름상 어색한 것은? **3점**

① ⓐ   ② ⓑ   ③ ⓒ   ④ ⓓ   ⑤ ⓔ

서술형 3

08 위 대화의 밑줄 친 우리말 (A)와 의미가 같도록 [조건]에 맞게 쓰시오. **5점**

[조건] wish, good luck을 사용하여 7단어로 쓸 것

→ _____

서술형 4

09 위 대화의 내용과 일치하도록 다음 질문에 대한 답을 완성하시오. **각 3점**

(1) Why does Lucy say sorry to Jiho?
→ Because she _____.

(2) What does Lucy say to wish Jiho good luck?
→ She says, "_____."

고난도

10 다음 우리말과 의미가 같도록 괄호 안의 단어들을 배열할 때, 4번째로 올 단어로 알맞은 것은? **4점**

> 우리가 유럽을 방문할 것이라니 신난다.
> (we'll, Europe, exciting, is, that, visit, it)

① is   ② that   ③ visit
④ Europe   ⑤ exciting

11 다음 빈칸에 들어갈 말이 순서대로 바르게 짝지어진 것은? **3점**

> • My brother broke my computer, _____ upset me.
> • Steve Jobs, _____ was the founder of Apple Inc., is my role model.

① who – which   ② that – who
③ which – that   ④ which – who
⑤ whose – which

고난도 신유형

12 다음 문장에서 어법상 틀린 부분을 찾아 틀린 이유를 설명하고 바르게 고친 사람은? **4점**

> Last night we watched an action movie, that was really exciting.

① 수호: Last night 앞에 전치사 At을 써야 해.
② 민지: 경험을 나타내므로 watched를 have watched로 고쳐야 해.
③ 지훈: that은 계속적 용법으로 쓸 수 없으므로 which로 고쳐야 해.
④ 수아: really가 exciting을 꾸며 주므로 real로 고쳐야 해.
⑤ 나리: 흥미진진한 감정을 느끼는 것이므로 exciting을 excited로 고쳐야 해.

[13~14] 주어진 문장을 [조건]에 맞게 바꿔 쓰시오. **각 5점**

서술형 5

13

> We did our best in the final match.

[조건] 1. 가주어 It과 important를 사용할 것
> 2. '우리가 결승전에서 최선을 다했다는 것이 중요해.' 라는 의미가 되도록 쓸 것

→ _____

서술형6 고난도

14

> My uncle is an actor. He lives in New York.

> [조건] 1. 관계대명사를 사용하여 두 문장을 연결할 것
>   2. '나의 삼촌은 뉴욕에 사는데, 영화배우이다.'라는 의미가 되도록 쓸 것

→ _____

서술형7

15 다음 글의 밑줄 친 ⓐ~ⓔ 중 어법상 틀린 부분을 두 개 찾아 바르게 고치시오.   각 3점

> I want to visit the Louvre, ⓐwhich ⓑhas about four hundred thousand works of art. There I want to see the *Mona Lisa*, ⓒwho Leonardo da Vinci painted. I also want to visit the Eiffel Tower, ⓓwhich ⓔdesigned by Gustave Eiffel.

(1) (   ) → _____

(2) (   ) → _____

[16~18] 다음 글을 읽고, 물음에 답하시오.

> The word ⓐ*shampoo* comes from the Hindi word *chāmpo*, which means "to press." ____ⓑ____ India, the word was used for a head massage. British traders in India experienced a bath with a head massage and (A)‾produced / introduced‾ it to Britain ____ⓒ____ the 18th century.
>
> The meaning of the word *shampoo* changed a few times (B)‾before / after‾ it first entered English around 1762. ____ⓓ____ the 19th century, *shampoo* got its present (C)‾meaning / means‾ of "washing the hair." Shortly after that, the word began to be also used for a special soap for the hair.

서술형8

16 윗글의 밑줄 친 ⓐ*shampoo*의 현재 의미 두 가지를 본문에서 찾아 우리말로 쓰시오.   각 2점

(1) _____

(2) _____

서술형9

17 윗글의 빈칸 ⓑ, ⓒ, ⓓ에 공통으로 들어갈 알맞은 말을 한 단어로 쓰시오.   3점

→ _____

18 윗글 (A)~(C)의 각 네모 안에 주어진 단어 중 문맥상 올바른 것끼리 짝지어진 것은?   3점

	(A)	(B)	(C)
①	produced	⋯ before	⋯ means
②	produced	⋯ after	⋯ meaning
③	introduced	⋯ before	⋯ means
④	introduced	⋯ after	⋯ meaning
⑤	introduced	⋯ before	⋯ meaning

[19~21] 다음 글을 읽고, 물음에 답하시오.

> The word *robot* comes from the play *R.U.R.*, ⓐ그리고 그 희곡은 1920년에 체코의 작가인 Karel Čapek이 썼다. In the play, robots are machines ____ⓑ____ look like humans. They are designed to work for humans and are produced in a factory.
>
> ____ⓒ____ is interesting that the idea of using the word *robot* didn't come from Karel Čapek himself.
> (A) Karel Čapek liked the idea and decided to use the word *roboti*.
> (B) However, his brother suggested *roboti*, ____ⓓ____ means "slave workers" in Czech.
> (C) He originally called the machines in his play *labori* from the Latin word for "work."
> In 1938, the play was made into a science fiction show on television in Britain.

서술형 10 고난도

19 윗글의 밑줄 친 우리말 ⓐ를 [조건]에 맞게 영어로 쓰시오. 5점

[조건] 1. 관계대명사와 수동태를 사용할 것
2. Karel Čapek으로 끝나도록 쓸 것

→ _____

20 윗글의 빈칸 ⓑ, ⓒ, ⓓ에 알맞은 말이 순서대로 바르게 짝 지어진 것은? 3점

① who – This – that
② who – It – which
③ that – It – that
④ that – It – which
⑤ that – This – that

21 윗글의 흐름에 맞게 (A)~(C)를 바르게 배열한 것은? 4점

① (A) – (B) – (C)
② (A) – (C) – (B)
③ (B) – (C) – (A)
④ (C) – (A) – (B)
⑤ (C) – (B) – (A)

[22~23] 다음 글을 읽고, 물음에 답하시오.

The word *hurricane* comes from the Spanish word *huracán*, which ⓐoriginates from the name of a Mayan god. In ⓑthe Mayan creation myth, Huracán is the weather god of wind, storm, and fire, and he is one of the three gods who created humans. However, the first humans ⓒangered the gods, so Huracán caused a great flood.

The first Spanish contact with the Mayan civilization was in 1517. Spanish explorers who ⓓwere passing through the Caribbean experienced a hurricane and ⓔpicked up the word for it from the people in the area. In English, one of the early uses of *hurricane* was in a play by Shakespeare in 1608.

22 윗글의 밑줄 친 ⓐ~ⓔ의 우리말 뜻이 알맞지 <u>않은</u> 것은? 3점

① ⓐ: ~에서 유래한다
② ⓑ: 마야의 창조 신화
③ ⓒ: 화나게 했다
④ ⓓ: ~을 통과하고 있었다
⑤ ⓔ: ~을 태우러 갔다

23 윗글의 내용과 일치하는 것은? 4점

① Huracán is the god of the sea in the Mayan creation myth.
② Huracán caused a great flood because of Spanish explorers.
③ Spanish explorers introduced the word *hurricane* to England.
④ The English word *hurricane* was first used by Spanish people.
⑤ Shakespeare used the English word *hurricane* in his play in 1608.

[24~25] 다음 글을 읽고, 물음에 답하시오.

(①) The word *hamburger* originally comes from Hamburg, Germany's second-largest city. (②) *Hamburger* means "people or things from Hamburg" in German. (③) However, it (A)<u>believe</u> that the hamburger (B)<u>invent</u> in a small town in Texas, USA, sometime between 1885 and 1904. (④) A cook placed a Hamburg-style steak between two slices of bread, and people started to call such food a hamburger. (⑤)

24 윗글의 ①~⑤ 중 주어진 문장이 들어갈 위치로 알맞은 것은? 3점

The origin of the first hamburger is not clear.

①   ②   ③   ④   ⑤

서술형 11

25 윗글의 밑줄 친 동사 (A)와 (B)를 각각 어법상 올바른 형태로 쓰시오. 각 3점

(A) _____   (B) _____

● 틀린 문항을 표시해 보세요.

● 부족한 영역을 점검하고 어떻게 더 학습할지 계획을 적어 보세요.

〈제1회〉 대표 기출로 내신 적중 모의고사 　　　총점 ＿＿＿＿ / 100

문항	영역	문항	영역	문항	영역
01	p.8(W)	10	p.15(L&T)	19	pp.30~31(R)
02	p.10(W)	11	p.22(G)	20	p.31(R)
03	p.10(W)	12	p.23(G)	21	p.31(R)
04	p.8(W)	13	p.23(G)	22	p.31(R)
05	p.14(L&T)	14	p.30(R)	23	p.31(R)
06	p.14(L&T)	15	p.30(R)	24	p.31(R)
07	p.14(L&T)	16	p.30(R)	25	p.23(G)
08	p.15(L&T)	17	pp.30~31(R)		
09	p.15(L&T)	18	pp.30~31(R)		

제1회 오답 공략	
부족한 영역	
학습 계획	

〈제2회〉 대표 기출로 내신 적중 모의고사 　　　총점 ＿＿＿＿ / 100

문항	영역	문항	영역	문항	영역
01	p.10(W)	10	p.15(L&T)	19	pp.30~31(R)
01	p.8(W)	11	p.23(G)	20	p.31(R)
03	p.10(W)	12	p.22(G)	21	p.31(R)
04	p.8(W)	13	pp.22~23(G)	22	p.31(R)
05	p.13(L&T)	14	p.30(R)	23	p.31(R)
06	p.14(L&T)	15	p.30(R)	24	p.31(R)
07	p.13(L&T)	16	p.30(R)	25	pp.22~23(G)
08	p.15(L&T)	17	pp.30~31(R)		
09	p.15(L&T)	18	pp.30~31(R)		

제2회 오답 공략	
부족한 영역	
학습 계획	

〈제3회〉 대표 기출로 내신 적중 모의고사 　　　총점 ＿＿＿＿ / 100

문항	영역	문항	영역	문항	영역
01	p.10(W)	10	p.15(L&T)	19	pp.30~31(R)
02	p.10(W)	11	p.15(L&T)	20	pp.30~31(R)
03	p.8(W)	12	p.22(G)	21	p.31(R)
04	p.10(W)	13	p.23(G)	22	p.31(R)
05	p.14(L&T)	14	pp.22~23(G)	23	p.31(R)
06	p.14(L&T)	15	p.30(R)	24	p.31(R)
07	p.14(L&T)	16	p.30(R)	25	pp.22~23(G)
08	p.15(L&T)	17	p.30(R)		
09	p.15(L&T)	18	pp.30~31(R)		

제3회 오답 공략	
부족한 영역	
학습 계획	

〈제4회〉 고난도로 내신 적중 모의고사 　　　총점 ＿＿＿＿ / 100

문항	영역	문항	영역	문항	영역
01	p.10(W)	10	p.23(G)	19	pp.30~31(R)
02	p.8(W)	11	pp.22~23(G)	20	pp.30~31(R)
03	p.14(L&T)	12	p.22(G)	21	pp.30~31(R)
04	p.10(W)	13	p.23(G)	22	p.31(R)
05	p.14(L&T)	14	p.22(G)	23	p.31(R)
06	p.13(L&T)	15	p.22(G)	24	p.31(R)
07	p.15(L&T)	16	p.30(R)	25	p.31(R)
08	p.15(L&T)	17	p.30(R)		
09	p.15(L&T)	18	p.30(R)		

제4회 오답 공략	
부족한 영역	
학습 계획	

Lesson 4

Be a Smart Spender

주요 학습 내용	의사소통 기능	교환 요청하기	I'd like to exchange this bag. (이 가방을 교환하고 싶어요.)
		환불 요청하기	I'd like to get a refund for this bag. (이 가방을 환불하고 싶어요.)
	언어 형식	현재완료 진행형	I think you've been spending too much. (나는 네가 돈을 너무 많이 써 오고 있다고 생각해.)
		의문사+to부정사	I don't know how to solve this problem. (나는 이 문제를 어떻게 해결해야 할지 모르겠어요.)

학습 단계 PREVIEW	STEP A	Words	Listen and Talk	Grammar	Reading	기타 지문
	STEP B	Words	Listen and Talk	Grammar	Reading	서술형 100% Test
	내신 적중 모의고사	제 1 회	제 2 회	제 3 회	제 4 회	

Words
만점 노트

Listen and Talk

□□ exchange☆	동 교환하다 명 교환
□□ gift	명 선물 (= present)
□□ possible	형 가능한
□□ price	명 가격, 값
□□ receipt☆	명 영수증
□□ receive	동 받다

□□ return	동 돌려주다, 반납하다
□□ be up to	~에 달려 있다
□□ change one's mind	마음(생각)을 바꾸다
□□ get a refund☆	환불하다
□□ look good on	~와 잘 어울리다
□□ take care of	~을 처리하다; ~을 돌보다

Talk and Play

| □□ comfortable | 형 편안한 |
| □□ work | 동 (기계 장치 등이) 작동하다 |

Reading

□□ allowance	명 용돈
□□ although	접 비록 ~일지라도
□□ balance	명 잔액; 균형
□□ budget☆	명 예산
□□ carry	동 가지고 다니다; 들고 있다, 나르다
□□ charity	명 자선 단체
□□ divide	동 나누다
□□ donate	동 기부하다, 기증하다
□□ effort	명 노력
□□ enough	형 필요한 만큼의, 충분한 부 충분히
□□ follow	동 따르다; 따라가다
□□ habit	명 습관, 버릇
□□ item	명 (하나의) 물품, 품목
□□ majority	명 대다수
□□ manage☆	동 관리하다, (합리적으로) 처리하다

□□ remaining	형 남아 있는, 남은
□□ result	명 결과
□□ save☆	동 (돈을) 저축하다, 모으다
□□ spend	동 (돈을) 쓰다; (시간을) 보내다
□□ survey	명 설문 조사
□□ tight☆	형 (여유가 없이) 빠듯한, 꽉 조이는
□□ weekly	형 매주의, 주 1회의
□□ divide A into B	A를 B로 나누다
□□ have difficulty -ing☆	~하는 데 어려움을 겪다
□□ make a list	목록을 만들다, 명단을 작성하다
□□ spend ~ on ...	...에 (돈을) 쓰다
□□ take effort	노력을 필요로 하다
□□ use up	다 써 버리다
□□ on sale	할인 중인
□□ on the spot	즉석에서, 즉각

Language in Use

□□ cheap	형 (값이) 싼
□□ correct	동 정정하다, 바로잡다
□□ couch	명 긴 의자, 소파
□□ expensive	형 (값이) 비싼

□□ false	형 틀린, 사실이 아닌
□□ half	형 절반의 명 절반
□□ loose	형 느슨한, 헐거워진
□□ fall asleep	잠들다

Review

| □□ coach | 명 코치, 감독 |
| □□ medium | 형 중간의 |

Words
연습 문제

A 다음 단어의 우리말 뜻을 쓰시오.

01 comfortable _____
02 allowance _____
03 budget _____
04 weekly _____
05 charity _____
06 receipt _____
07 divide _____
08 donate _____
09 effort _____
10 return _____
11 majority _____
12 tight _____
13 remaining _____
14 although _____
15 correct _____
16 expensive _____
17 couch _____
18 false _____
19 medium _____
20 enough _____

B 다음 우리말 뜻에 알맞은 영어 단어를 쓰시오.

01 (돈을) 쓰다; (시간을) 보내다 _____
02 교환(하다) _____
03 가능한 _____
04 따르다; 따라가다 _____
05 잔액; 균형 _____
06 (기계 장치 등이) 작동하다 _____
07 결과 _____
08 관리하다, 처리하다 _____
09 절반(의) _____
10 (돈을) 저축하다, 모으다 _____
11 선물 _____
12 가지고 다니다, 나르다 _____
13 가격, 값 _____
14 습관, 버릇 _____
15 (하나의) 물품, 품목 _____
16 (값이) 싼 _____
17 코치, 감독 _____
18 느슨한, 헐거워진 _____
19 설문 조사 _____
20 받다 _____

C 다음 영어 표현의 우리말 뜻을 쓰시오.

01 be up to _____
02 use up _____
03 on the spot _____
04 get a refund _____
05 look good on _____
06 have difficulty -ing _____
07 spend ~ on ... _____
08 take effort _____
09 divide A into B _____
10 take care of _____

D 다음 우리말 뜻에 알맞은 영어 표현을 쓰시오.

01 ~을 처리하다; ~을 돌보다 _____
02 목록을 만들다 _____
03 노력을 필요로 하다 _____
04 할인 중인 _____
05 잠들다 _____
06 A를 B로 나누다 _____
07 마음(생각)을 바꾸다 _____
08 즉석에서, 즉각 _____
09 ~와 잘 어울리다 _____
10 다 써 버리다 _____

Words Plus
만점 노트

영영풀이

☐☐	**allowance**	용돈	money that parents give a child regularly
☐☐	**although**	비록 ~일지라도	in spite of the fact that; even though
☐☐	**balance**	잔액	the amount of money you have in your bank account
☐☐	**budget**	예산	an amount of money that a person or company can spend
☐☐	**charity**	자선 단체	an organization that gives money or help to people who need it
☐☐	**coach**	코치, 감독	someone who trains a person or team of people in a particular sport
☐☐	**divide**	나누다	to separate something into parts or groups
☐☐	**donate**	기부하다	to give money to a group that needs help
☐☐	**effort**	노력	the hard work that you do when you are trying to achieve something
☐☐	**exchange**	교환하다	to give something to someone and receive something from that person
☐☐	**majority**	대다수	most of the people or things in a group
☐☐	**receipt**	영수증	a piece of paper that shows you have paid for something
☐☐	**receive**	받다	to get something after someone gives or sends it to you
☐☐	**refund**	환불	a sum of money which is returned to you
☐☐	**remaining**	남아 있는, 남은	still present when all the others are gone
☐☐	**spend**	(돈을) 쓰다	to use money to buy or pay for something
☐☐	**tight**	빠듯한	(of money or time) limited or restricted
☐☐	**weekly**	매주의, 주 1회의	once a week, or every week
☐☐	**on the spot**	즉석에서, 즉각	in the exact place where something is happening

단어의 의미 관계

● **유의어**
gift (선물) = present
receive (받다) = get
allowance (용돈) = pocket money

● **반의어**
easy (쉬운) ↔ difficult (어려운)
expensive (비싼) ↔ cheap (싼)
same (같은) ↔ different (다른)
smart (똑똑한) ↔ foolish (어리석은)
loose (헐거운, 느슨한) ↔ tight (빠듯한, 꽉 조이는)
true (사실인, 참인) ↔ false (사실이 아닌, 틀린)
majority (대다수) ↔ minority (소수)

● **명사 – 형용사**
week (주, 일주일) – weekly (매주의, 주 1회의)
month (달, 월) – monthly (매달의, 월 1회의)
day (하루, 날) – daily (매일 일어나는, 매일의)
majority (대다수) – major (대다수의)

다의어

● **balance** 1. 몡 잔액, 잔고   2. 몡 균형
1. I'll need to check my bank **balance**.
(나는 내 은행 잔액을 확인해야겠어.)
2. He lost his **balance** and fell down the stairs.
(그는 균형을 잃고 계단에서 굴러떨어졌다.)

● **save** 1. 통 (돈을) 저축하다, 모으다   2. 통 구하다
3. 통 저장하다
1. We're **saving** for a new car.
(우리는 새 차를 사려고 저축하고 있다.)
2. Wearing seat belts has **saved** many lives.
(안전벨트 착용은 많은 생명을 구했다.)
3. Where did you **save** the file? (그 파일을 어디에 저장했니?)

● **sale** 1. 몡 할인 판매, 세일   2. 몡 판매
1. The store is having a clearance **sale** these days.
(그 가게는 요즘 재고 정리 할인 판매를 하고 있다.)
2. The **sale** of this drug is prohibited by law.
(이 약품의 판매는 법으로 금지되어 있다.)

Words Plus

연습 문제

A 다음 영영풀이에 해당하는 단어를 [보기]에서 찾아 쓴 후, 우리말 뜻을 쓰시오.

[보기]	receipt	donate	tight	weekly	balance	effort	majority	divide

1 _____ : once a week, or every week : _____

2 _____ : (of money or time) limited or restricted : _____

3 _____ : most of the people or things in a group : _____

4 _____ : to give money to a group that needs help : _____

5 _____ : to separate something into parts or groups : _____

6 _____ : the amount of money you have in your bank account : _____

7 _____ : a piece of paper that shows you have paid for something : _____

8 _____ : hard work that you do when you are trying to achieve something : _____

B 다음 빈칸에 알맞은 단어를 [보기]에서 찾아 쓰시오.

[보기]	allowance	manage	charity	exchange	remaining

1 If you don't like the gift, you can _____ it.

2 He saved a lot of money to donate to a(n) _____.

3 Students usually get a(n) _____ from their parents.

4 I wonder if there are any _____ tickets for the concert.

5 Can you give me some advice on how to _____ my time better?

C 우리말과 의미가 같도록 빈칸에 알맞은 말을 쓰시오.

1 그 결정은 너에게 달려 있어. → The decision is _____ _____ you.

2 반을 세 모둠으로 나누세요. → _____ the class _____ three groups.

3 즉석에서 물건을 사면 안 돼. → You shouldn't buy things _____ _____ _____.

4 이 카메라는 환불하실 수 없습니다. → You can't _____ _____ _____ for this camera.

5 밀가루를 다 쓰지 마. 팬케이크 만드는 데 좀 필요해.

→ Don't _____ _____ all the flour. We need some for making pancakes.

D 다음 짝지어진 두 단어의 관계가 같도록 빈칸에 알맞은 단어를 쓰시오.

1 day : daily = week : _____

2 gift : present = get : _____

3 easy : difficult = loose : _____

4 smart : foolish = true : _____

5 same : different = expensive : _____

실전 TEST

01 다음 중 짝지어진 단어의 관계가 [보기]와 다른 것은?

> [보기]   same – different

① true – false   ② gift – present
③ tight – loose   ④ smart – foolish
⑤ expensive – cheap

02 다음 영영풀이에 해당하는 단어로 알맞은 것은?

> an amount of money that a person or company can spend

① balance   ② charity   ③ budget
④ receipt   ⑤ refund

03 다음 중 밑줄 친 부분의 우리말 의미가 알맞지 않은 것은?

① The decision <u>is up to</u> you.
　　　　(～에 달려 있다)
② I <u>made a list</u> of things to do today.
　　(목록을 작성했다)
③ <u>The majority of</u> people here prefer tea.
　　(중요한)
④ Learning a foreign language <u>takes effort</u>.
　　　　　　　　(노력을 필요로 하다)
⑤ He <u>used up</u> his weekly allowance in a day.
　　(다 써 버렸다)

04 다음 중 밑줄 친 부분의 쓰임이 의미상 어색한 것은?

① We have <u>weekly</u> meetings on Mondays.
② <u>Although</u> he is over 90, he is very weak.
③ It's not easy to <u>manage</u> time and money well.
④ The old lady donated all her money to <u>charity</u>.
⑤ You can check your bank <u>balance</u> on the Internet.

05 다음 두 문장의 빈칸에 공통으로 들어갈 말로 알맞은 것은?

> • All the items at this shop are _____ sale this week.
> • She couldn't give an answer _____ the spot.

① in   ② at   ③ on
④ for   ⑤ from

06 다음 우리말과 의미가 같도록 빈칸에 알맞은 말을 쓰시오.

> 이 손목시계를 환불하고 싶어요.

→ I'd like to _____ _____ _____ for this watch.

07 다음 중 밑줄 친 **save**의 의미가 같은 것끼리 짝지어진 것은?

> ⓐ He <u>saved</u> many lives from the fire.
> ⓑ What can we do to <u>save</u> the Earth?
> ⓒ I'll <u>save</u> money to buy a scarf for my mom.
> ⓓ She <u>saved</u> a little boy from falling into the water.

① ⓐ, ⓑ   ② ⓐ, ⓑ, ⓒ
③ ⓐ, ⓑ, ⓓ   ④ ⓑ, ⓒ
⑤ ⓑ, ⓒ, ⓓ

08 주어진 우리말과 의미가 같도록 괄호 안의 단어를 어법에 맞게 사용하여 문장을 완성하시오.

> 나는 지난 학기에 그의 강의를 이해하는 데 어려움을 겪었다.

→ I _____ _____ _____ his lecture last semester. (difficulty, understand)

Listen and Talk C

M: Hello. _____ _____ _____ _____?

G: Yes, please. I'd like to _____ _____ _____ for this cap.

M: Do you have the receipt?

G: No, I don't. I received it _____ _____ _____.

M: If you don't have the _____, then, it's not possible _____ _____ _____ _____.

G: I see. Then, _____ _____ _____ it for something else?

M: Yes, you can. What would you like to get?

G: I want to get this blue bag.

M: Let me see .... The _____ is _____ _____, so you can just take it.

G: Thank you.

M: 안녕하세요. 도와드릴까요?

G: 네. 이 모자를 환불하고 싶어요.

M: 영수증을 가지고 계신가요?

G: 아니요, 없어요. 선물로 받았거든요.

M: 영수증이 없으면, 환불은 불가능합니다.

G: 그렇군요. 그럼, 다른 것으로 교환할 수 있을까요?

M: 네, 가능합니다. 어떤 것으로 원하세요?

G: 이 파란색 가방으로 하고 싶어요.

M: 한번 볼게요 …. 가격이 같으니까 그것을 가져가셔도 됩니다.

G: 고맙습니다.

Review - 1

W: Hello. May I help you?

B: Yes, please. I'd _____ _____ _____ this baseball glove.

W: OK. Was there _____ _____ _____ it?

B: No, I just changed my mind. Can I have _____ _____ _____?

W: OK. Here's your money.

W: 안녕하세요. 도와드릴까요?

B: 네. 이 야구 글러브를 환불하고 싶어요.

W: 알겠습니다. 그것에 무슨 문제가 있었나요?

B: 아니요, 그냥 마음이 바뀌었어요. 돈을 돌려받을 수 있을까요?

W: 알겠습니다. 여기 있습니다.

Review - 2

M: Hello. Can I help you?

W: Yes, please. I'd like to exchange this yellow T-shirt. It's _____ _____ _____ _____.

M: Sure. What size _____ _____ _____ to exchange it for?

W: Medium size, please. Oh! Can I have it _____ _____?

M: OK. Here you are.

M: 안녕하세요. 도와드릴까요?

W: 네. 이 노란색 티셔츠를 교환하고 싶어요. 제게 너무 작아서요.

M: 네. 어떤 사이즈로 교환하고 싶으세요?

W: 중간 사이즈로 주세요. 아! 빨간색으로 바꿀 수 있을까요?

M: 알겠습니다. 여기 있어요.

Review - 3

M: Hello. May I help you?

G: Yes, please. Can I _____ _____ _____ _____ this hat?

M: I'm _____ you can't.

G: Then, _____ _____ _____ this hat _____ the gloves over there?

M: Yes, you can.

M: 안녕하세요. 도와드릴까요?

G: 네. 이 모자를 환불할 수 있나요?

M: 죄송하지만 안 됩니다.

G: 그러면 이 모자를 저쪽에 있는 장갑으로 교환할 수 있을까요?

M: 네, 가능합니다.

대화 순서 배열하기

1 Listen and Talk A-1

교과서 66쪽

ⓐ OK. Was there anything wrong with it?

ⓑ Hello. May I help you?

ⓒ OK. I'll take care of it right away.

ⓓ Yes, please. I'd like to get a refund for this watch.

ⓔ No, I just changed my mind. Can I get my money back?

(   ) – (   ) – ⓐ – (   ) – (   )

2 Listen and Talk A-2

교과서 66쪽

ⓐ Oh, then it's possible.

ⓑ Yes. I'd like to return this smartphone case.

ⓒ Here it is. I bought it three days ago.

ⓓ Let's see. Do you have the receipt with you?

ⓔ Hello. Do you need some help?

(   ) – (   ) – (   ) – (   ) – ⓐ

3 Listen and Talk A-3

교과서 66쪽

ⓐ No, I'm not. I'd like to exchange this T-shirt. It's too small.

ⓑ Here you are.

ⓒ Hello. Are you looking for anything special?

ⓓ Thank you.

ⓔ Large, please.

ⓕ Sure. What size would you like?

ⓒ – (   ) – (   ) – (   ) – (   ) – ⓓ

4 Listen and Talk A-4

교과서 66쪽

ⓐ Sure. What color would you like?

ⓑ Can I exchange this black umbrella for a different color?

ⓒ I'd like a yellow one, please.

ⓓ Hello. What can I do for you?

ⓔ OK. Here you are.

(   ) – (   ) – ⓐ – (   ) – (   )

5 Listen and Talk C

교과서 67쪽

A: Hello. May I help you?
ⓐ Let me see .... The price is the same, so you can just take it.
ⓑ I see. Then, can I exchange it for something else?
ⓒ I want to get this blue bag.
ⓓ Do you have the receipt?
ⓔ Yes, please. I'd like to get a refund for this cap.
ⓕ Yes, you can. What would you like to get?
ⓖ No, I don't. I received it as a gift.
ⓗ If you don't have the receipt, then, it's not possible to get a refund.
B: Thank you.

A – (   ) – (   ) – (   ) – (   ) – (   ) – ⓕ – (   ) – (   ) – B

6 Review - 1

교과서 80쪽

ⓐ OK. Was there anything wrong with it?
ⓑ Yes, please. I'd like to return this baseball glove.
ⓒ OK. Here's your money.
ⓓ No, I just changed my mind. Can I have my money back?
ⓔ Hello. May I help you?

(   ) – (   ) – ⓐ – (   ) – (   )

7 Review - 2

교과서 80쪽

ⓐ Sure. What size would you like to exchange it for?
ⓑ OK. Here you are.
ⓒ Hello. Can I help you?
ⓓ Medium size, please. Oh! Can I have it in red?
ⓔ Yes, please. I'd like to exchange this yellow T-shirt. It's too small for me.

(   ) – (   ) – (   ) – (   ) – ⓑ

8 Review - 3

교과서 80쪽

ⓐ Then, can I exchange this hat for the gloves over there?
ⓑ Hello. May I help you?
ⓒ Yes, you can.
ⓓ Yes, please. Can I get a refund for this hat?
ⓔ I'm afraid you can't.

(   ) – (   ) – ⓔ – (   ) – (   )

01 다음 대화의 밑줄 친 문장에 담긴 화자의 의도로 알맞은 것은?

> A: Excuse me. I'd like to exchange this red cup for a yellow one.
> B: OK. Is there anything wrong with it?
> A: I just don't like the color.
> B: I see.

① 가격 묻기　　② 교환 요청하기
③ 구입 희망하기　　④ 할인 요청하기
⑤ 환불 요청하기

02 다음 대화의 밑줄 친 문장과 같은 의미로 바꿔 쓸 수 있는 것은?

> A: Hello. May I help you?
> B: I'd like to return this bag. I changed my mind.

① I'd like to buy this bag.
② Can I exchange this bag?
③ Is it OK to borrow this bag?
④ Can I get a refund for this bag?
⑤ Can I get a discount for this bag?

03 자연스러운 대화가 되도록 (A)~(D)를 바르게 배열한 것은?

> A: Hello. What can I do for you?
> (A) I'd like a yellow one, please.
> (B) Sure. What color would you like?
> (C) Can I exchange this black umbrella for a different color?
> (D) OK. Here you are.

① (A) − (B) − (C) − (D)　② (B) − (A) − (C) − (D)
③ (C) − (A) − (D) − (B)　④ (C) − (B) − (A) − (D)
⑤ (D) − (B) − (C) − (A)

04 다음 중 짝지어진 대화가 <u>어색한</u> 것은?

① A: What can I do for you?
　B: I'd like to get a refund for this coat.
② A: How can I help you?
　B: I'd like to return this smartphone case.
③ A: What size would you like?
　B: Large, please.
④ A: Is there anything wrong with it?
　B: It doesn't work.
⑤ A: Can I exchange this for something else?
　B: Sure. Here's your money.

05 다음 대화의 빈칸에 들어갈 말로 알맞은 것은?

> A: Are you looking for anything special?
> B: No, I'm not. _____
> A: Sure. What size would you like?
> B: Large, please.

① I don't want to buy anything.
② This T-shirt is too colorful for me.
③ This T-shirt doesn't look good on me.
④ I'd like to get a refund for this T-shirt.
⑤ I'd like to exchange this T-shirt for a larger one.

06 다음 대화의 내용과 일치하는 것은?

> Woman: Hello. Do you need some help?
> Boy: Yes. I'd like to return this backpack.
> Woman: Let's see. Do you have the receipt with you?
> Boy: Here it is. I bought it three days ago.
> Woman: Oh, then it's possible.

① The boy doesn't have the receipt now.
② The boy is going to buy one more backpack.
③ The boy wants to get a refund for the backpack.
④ The woman says that the backpack cannot be returned.
⑤ The boy wants to exchange the backpack for another one.

[07~09] 다음 대화를 읽고, 물음에 답하시오.

Man: Hello. May I help you?

Girl: Yes, please. I'd like to get a refund for this cap.

Man: Do you have the receipt?

Girl: No, I don't. I received it as a gift. (①)

Man: If you don't have the receipt, then, it's not possible to get a refund. (②)

Girl: I see. Then, can I ___@___ it for something else? (③)

Man: Yes, you can. (④)

Girl: I want to get this blue bag. (⑤)

Man: Let me see .... The price is the same, so you can just take it.

Girl: Thank you.

07 위 대화의 빈칸 @에 들어갈 말로 알맞은 것은?

① fix   ② buy   ③ exchange
④ receive   ⑤ refund

08 위 대화의 ①~⑤ 중 주어진 문장이 들어갈 위치로 알맞은 것은?

> What would you like to get?

①   ②   ③   ④   ⑤

09 위 대화의 내용과 일치하지 않는 것은?

① 소녀는 가게에 모자를 교환하러 왔다.
② 소녀는 모자를 선물로 받았다.
③ 소녀는 모자의 영수증이 없다.
④ 모자의 가격과 파란색 가방의 가격은 같다.
⑤ 소녀는 모자를 파란색 가방으로 교환했다.

10 다음 그림을 보고, 괄호 안의 지시대로 대화를 완성하시오.

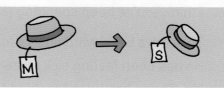

A: Hello. Do you need some help?

B: Yes. (1)_____
for a different size?   (교환 요청하기, 5단어)

A: Sure. (2)_____
_____ (원하는 사이즈 묻기, 5단어)

B: Small, please.

A: OK. Here you are.

[11~12] 다음 대화를 읽고, 물음에 답하시오.

Woman: Hello. May I help you?

Boy: Yes, please. @이 야구 글러브를 환불하고 싶어요.

Woman: OK. Was there anything wrong with it?

Boy: No, I just changed my mind. Can I have my money back?

Woman: OK. Here's your money.

11 위 대화의 밑줄 친 우리말 @를 괄호 안의 표현을 사용하여 영어로 쓰시오.

→ _____
(like, refund, this baseball glove)

12 위 대화의 내용과 일치하도록 다음 질문에 대한 답을 완전한 영어 문장으로 쓰시오.

> Q. Why does the boy want to return the baseball glove?

→ _____

G Grammar
핵심 노트

1 현재완료 진행형

읽기 본문 I think you**'ve been spending** too much.

나는 네가 (돈을) 너무 많이 써 오고 있다고 생각한다.

대표 예문 They **have been watching** TV for two hours.

그들은 2시간째 계속 TV를 보고 있다.

He **has been feeling** sick since yesterday.

그는 어제부터 계속 몸이 좋지 않다.

Ms. Carter **has been teaching** English here since 2010.

Carter 선생님은 2010년부터 이곳에서 영어를 가르치고 계신다.

(1) 형태: have(has) been+동사원형-ing

(2) 쓰임: 현재완료와 진행형이 결합되어 '~을 (계속) 해 오고 있다'라는 의미를 나타낸다. 과거의 어느 때에 시작된 동작이나 상태가 지금도 계속되고 있음을 나타내며, 주로 기간이나 시점을 나타내는 말이 for 또는 since와 함께 쓰인다.

I**'ve been saving** money for the last two months.
(나는 지난 두 달 동안 돈을 저축해 오고 있다.) ┈ for+동작·상태가 계속되는 기간

He **has been working** for this company since 2000.
(그는 2000년부터 이 회사에서 근무하고 있다.) ┈ since+시작 시점

(3) 부정문과 의문문: 부정문은 have(has) 뒤에 not을 써서 나타내고, 의문문은 have(has)를 문장 앞으로 보내어 「(의문사+)Have(Has)+주어+been+동사원형-ing ~?」의 형태로 쓴다.

Tom **hasn't been feeling** well recently. (Tom은 최근에 계속 몸이 안 좋다.)
How long **have** you **been waiting** for me? (얼마나 오랫동안 나를 기다리고 있었니?)

> **시험 포인트 ❶** **point**
> 현재완료 진행형 문장에서 기간이나 시작 시점을 나타낼 때는 「for+동작·상태가 계속되는 기간」, 「since+시작 시점」으로 쓰이는 것에 유의한다.

> **시험 포인트 ❷** **point**
> **현재완료 진행형 vs. 현재완료**
> 둘 다 과거에 시작된 일이 현재에도 영향을 줄 때 사용한다. 현재완료 진행형은 현재 시점에도 진행되는 상황이나 행동을 강조하는 반면, 현재완료는 현재 완료되었거나 현재까지 했던 경험 등 과거의 일이 현재에 미치는 결과도 나타낸다.
> · **현재완료:** have(has)+과거분사
>   I**'ve** never **seen** a blue sky. 〈경험〉
>   ▶ 중 2 교과서 7과

한 단계 더!

like, hate와 같이 감정을 나타내거나, know, have, own처럼 상태나 소유를 나타내는 동사는 진행형으로 쓰지 않는다. ┈ 소유 이외의 뜻일 때는 진행형 가능함

She **has known** Ron since she was a child. (○) (그녀는 어릴 적부터 Ron을 알고 지내 왔다.)
She has been knowing Ron since she was a child. (×)

QUICK CHECK

1 다음 괄호 안에서 알맞은 것을 고르시오.
(1) It has been (rained / raining) since last night.
(2) She (has / has been) cooking for three hours.
(3) (Have / Are) they been playing soccer all afternoon?

2 다음 문장의 밑줄 친 부분을 어법에 맞게 고쳐 쓰시오.
(1) She has being playing tennis since 2010. → _____
(2) He's been thought about changing his car for two months. → _____
(3) How long you have been writing the story? → _____

2 의문사+to부정사

읽기 본문 I don't know **how to solve** this problem.
　　└─ how+to부정사: 어떻게 ~해야 할지, ~하는 방법

나는 이 문제를 어떻게 해결해야 할지 모르겠다.

대표 예문 I don't know **what to do**.
　　└─ what+to부정사: 무엇을 ~해야 할지

나는 무엇을 해야 할지 모르겠다.

I asked him **where to go** shopping.
　　└─ where+to부정사: 어디에서(어디로) ~해야 할지

나는 그에게 어디로 쇼핑하러 가야 할지 물었다.

Can you tell me **when to turn** right?
　　└─ when+to부정사: 언제 ~해야 할지

내가 언제 우회전해야 하는지 말해 줄래?

I'd like to learn **how to play** the piano.

나는 피아노를 어떻게 치는지 배우고 싶다.

(1) 형태: 의문사+to부정사

what+to부정사	무엇을 ~해야 할지	when+to부정사	언제 ~해야 할지
where+to부정사	어디에서(어디로) ~해야 할지	how+to부정사	어떻게 ~해야 할지, ~하는 방법
who(m)+to부정사	누구를(누구에게) ~해야 할지	which+to부정사	어느 것을 ~해야 할지

시험 포인트 ❶ **point**

문맥에 맞는 「의문사+to부정사」를 고르는 문제가 주로 출제되므로, 각각의 의미와 쓰임의 차이를 잘 숙지해 두도록 한다.

(2) 쓰임: 문장 내에서 명사처럼 쓰여 주어, 목적어, 보어 역할을 할 수 있다.

I can't decide **what to wear** to the party.
(나는 그 파티에 무엇을 입어야 할지 결정하지 못하겠다.)

Could you tell me **how to get** to the post office?
(우체국에 어떻게 가야 하는지 말씀해 주시겠어요?)

I asked her **where to put** my bag. (나는 그녀에게 내 가방을 어디에 두어야 할지 물었다.)

시험 포인트 ❷ **point**

「의문사+to부정사」를 「의문사+주어+should +동사원형」으로 바꿔 쓰는 문제가 자주 출제되므로 형태를 잘 익혀 두도록 한다.

한 단계 │ 더!

「의문사+to부정사」는 「의문사+주어+should+동사원형」의 형태로 바꿔 쓸 수 있다.

He doesn't know **when to leave**. (그는 언제 떠나야 할지 모른다.)
= He doesn't know **when he should leave**.

QUICK CHECK

1 다음 괄호 안에서 알맞은 것을 고르시오.

(1) I can't decide (when / what) to see in Paris.

(2) He doesn't know (what / where) to take a taxi.

(3) The monkey knows (how / what) to use the net.

2 다음 두 문장의 의미가 같도록 빈칸에 알맞은 말을 쓰시오.

(1) I don't know where I should park my car.

= I don't know _____ _____ _____ my car.

(2) I'll explain what we should do later on.

= I'll explain _____ _____ _____ later on.

(3) They have finally decided when they should get married.

= They have finally decided _____ _____ _____ married.

Grammar
연습 문제

STEP A

1 현재완료 진행형

A 다음 두 문장을 한 문장으로 바꿔 쓸 때, 빈칸에 알맞은 말을 쓰시오.

1 It began to rain two days ago. It is still raining.
→ It _____ _____ _____ for two days.

2 I started to watch TV two hours ago. I am still watching it.
→ I _____ _____ _____ TV for two hours.

3 Tom started to study Spanish in May. He's still studying it.
→ Tom _____ _____ _____ Spanish since May.

B 다음 문장에서 어법상 **틀린** 부분을 찾아 바르게 고쳐 쓰시오.

1 She have been waiting for you all day.   _____ → _____

2 We have been talking about it since four hours.   _____ → _____

3 The chef not has been cooking since last year.   _____ → _____

4 We've been knowing each other since we were 10.   _____ → _____

C 주어진 우리말과 의미가 같도록 괄호 안의 표현을 어법에 맞게 사용하여 문장을 완성하시오.

1 3시간째 계속 눈이 오고 있다. (snow)
→ It _____ _____ _____ _____ three hours.

2 당신은 얼마나 오랫동안 이 회사에서 일해 왔나요? (work)
→ How long _____ _____ _____ _____ for this company?

3 나는 2019년부터 자원봉사를 해 오고 있다. (do volunteer work)
→ I _____ _____ _____ _____ _____ 2019.

D 주어진 우리말과 의미가 같도록 괄호 안의 표현을 어법에 맞게 사용하여 문장을 쓰시오.

1 내 여동생은 8살 때부터 피아노를 계속 연주해 오고 있다. (my sister, since)
→ _____

2 나는 최근에 내 미래에 관해 계속 생각해 오고 있다. (think about, future, recently)
→ _____

3 할아버지는 2시간째 정원에서 계속 일하고 계신다. (Grandpa, work, in the garden, for)
→ _____

2 의문사+to부정사

A 다음 빈칸에 알맞은 말을 [보기]에서 골라 쓰시오. (단, 중복 사용 불가)

[보기]	how to use	where to buy	what to do	when to turn off

1 They need to learn _____ the machine.

2 Just tell me _____ next, and I'll do that.

3 Please tell me _____ a nice present for my dad.

4 Mom didn't tell me _____ the oven, so I burned all the meat.

B 두 문장의 의미가 같도록 to부정사를 사용하여 문장을 완성하시오.

1 I'll ask her when I should call her.

= I'll ask her _____.

2 I don't know where I should put the bag.

= I don't know _____.

3 Andy wants to learn how he should cook spaghetti.

= Andy wants to learn _____.

4 Have you decided who you should go to the concert with?

= Have you decided _____?

C 괄호 안의 동사와 의문사를 사용하여 대화의 빈칸에 알맞은 말을 쓰시오.

1 A: I don't know _____ _____ _____ to the party. (wear)

B: Why don't you wear your blue shirt? It looks good on you.

2 A: Can you tell me _____ _____ _____ this machine? (start)

B: Sure. It's simple. Just press the green button, and it'll start.

3 A: Have you decided _____ _____ _____ in Seoul? (go)

B: Yes. I'll go to Gyeongbok Palace first.

D 주어진 우리말과 의미가 같도록 to부정사와 괄호 안의 표현을 사용하여 문장을 쓰시오.

1 나는 그에게 어디로 쇼핑하러 갈지 물었다. (asked, go shopping)

→ _____

2 나는 언제 그 약을 먹어야 하는지 모른다. (take, the medicine)

→ _____

3 문제는 내 컴퓨터를 어떻게 고치는가이다. (the problem, fix)

→ _____

Grammar
실전 TEST

01 다음 빈칸에 들어갈 말로 알맞은 것은?

> Mr. Brown _____ the house since this morning.

① paints
② is painted
③ will paint
④ has been painted
⑤ has been painting

[02~03] 주어진 우리말과 의미가 같도록 할 때, 빈칸에 들어갈 말로 알맞은 것을 고르시오.

02

> 그는 그 세탁기를 사용하는 방법을 전혀 몰랐다.
> → He didn't know _____ the washing machine at all.

① how to use
② what to use
③ how is used
④ how is using
⑤ what they should use

03

> 그들은 1시간째 계속 전화 통화를 하고 있다.
> → They _____ on the phone for an hour.

① talk
② talked
③ were talking
④ are talked
⑤ have been talking

04 다음 문장의 ①~⑤ 중 not이 들어갈 위치로 알맞은 것은?

> Tony (①) has (②) been (③) practicing (④) the guitar (⑤) since last week.

[05~06] 다음 대화의 빈칸에 들어갈 말로 알맞은 것을 고르시오.

05

> A: I don't know _____ for Eric.
> B: How about some flowers?
> A: That sounds good. He loves flowers.

① what to buy
② when to buy
③ where I can buy
④ why I should buy
⑤ how I should buy

06

> A: Did you find the information?
> B: Not yet. I _____ on the Internet for a week.

① search
② was searched
③ have searching
④ have been searching
⑤ have being searched

07 다음 빈칸에 들어갈 말이 순서대로 바르게 짝지어진 것은?

> • My cat has been sleeping on the couch _____ thirty minutes.
> • Jessica has been feeling tired _____ yesterday.

① for – since
② for – in
③ since – for
④ since – in
⑤ until – since

08 다음 중 밑줄 친 부분의 쓰임이 어색한 문장은?

① Can you tell me <u>when to turn</u> right?
② I don't know <u>where to go</u> on vacation.
③ I asked him <u>what to buy</u> a train ticket.
④ I'd like to learn <u>how to play</u> the guitar.
⑤ Jane couldn't decide <u>what to eat</u> for lunch.

09 다음 대화의 밑줄 친 우리말을 영어로 바르게 옮긴 것은?

> A: How long have you been studying math?
> B: <u>나는 2시간째 계속 공부하는 중이야.</u>

① I studied for two hours.
② I will study for two hours.
③ I have studied since 2 o'clock.
④ I was studying two hours ago.
⑤ I have been studying for two hours.

10 다음 빈칸 ⓐ~ⓒ에 들어갈 말이 순서대로 바르게 짝지어진 것은?

> • They asked Justin ___ⓐ___ to visit his house.
> • Can you show me ___ⓑ___ to play this board game?
> • I didn't know ___ⓒ___ to do to support them.

① when – how – what
② when – what – how
③ where – what – how
④ how – what – when
⑤ what – when – where

11 주어진 두 문장을 한 문장으로 바꿔 쓸 때, 빈칸에 들어갈 말이 순서대로 바르게 짝지어진 것은?

> Linda and Jane started reading books three hours ago. They are still reading books.
> → Linda and Jane _____ books _____ three hours.

① read – since
② have read – since
③ will be reading – until
④ have been read – for
⑤ have been reading – for

12 다음 중 어법상 틀린 문장은?

① Let me know where to go first.
② Ms. Kim didn't tell me when to call her.
③ I don't know when to take this medicine.
④ Do you know how to use the coffee machine?
⑤ I can't decide what to send a gift to my friend.

[13~14] 주어진 우리말과 의미가 같도록 괄호 안의 단어를 배열할 때, 4번째로 올 단어로 알맞은 것을 고르시오.

13 너는 그 기계를 어떻게 작동시키는지 아니?
(machine, know, do, start, to, you, how, the)

① to   ② start   ③ you
④ know   ⑤ how

14

Sarah는 지난달부터 그 스웨터를 짜고 있니?
(month, knitting, Sarah, since, has, the, last, been, sweater)

① has　　　② knitting　　　③ the
④ been　　　⑤ sweater

고난도 한 단계 │ 더!

15 다음 중 어법상 올바른 문장의 개수는?

ⓐ I asked the bus driver where to get off.
ⓑ The boys have been playing basketball all afternoon.
ⓒ I don't know how express my thanks to you.
ⓓ Katie has been knowing Ryan since she was five.
ⓔ He hasn't been playing the piano for two months.

① 1개　　② 2개　　③ 3개　　④ 4개　　⑤ 5개

16 다음 중 어법상 올바른 문장을 모두 고르면?

① What you have been doing all morning?
② She has been listening to music for an hour.
③ Did Jason have been baking cookies all afternoon?
④ Tony has been feeling sick since last Saturday.
⑤ Mr. Han doesn't have been teaching science since last year.

고난도 한 단계 │ 더!

17 다음 중 짝지어진 문장의 의미가 같지 않은 것은?

① Please tell us when we should leave for Busan.
= Please tell us when to leave for Busan.
② He began to write his novel in 2017, and he's still writing it.
= He has been writing his novel since 2017.
③ Emily doesn't know how she should get to the zoo.
= Emily doesn't know how to get to the zoo.
④ Lisa studied Korean five years ago, but she doesn't study it now.
= Lisa has been studying Korean for five years.
⑤ Kevin stopped using my laptop two hours ago, and he's still not using it.
= Kevin has not been using my laptop for two hours.

신유형

18 다음 ⓐ~ⓔ에서 어법상 틀린 부분을 바르게 고치지 않은 것은?

ⓐ We can't decide where put this table.
ⓑ Chris has been fixed the bike for two hours.
ⓒ Harry doesn't know when to bring to the party.
ⓓ Do you know how prevented yellow dust?
ⓔ Did your brother been playing online games all afternoon?

① ⓐ: put → to put
② ⓑ: fixed → fixing
③ ⓒ: when → what
④ ⓓ: prevented → preventing
⑤ ⓔ: Did → Has

한 단계 더!

19 다음 두 문장의 의미가 같도록 빈칸에 알맞은 말을 쓰시오.

> I don't know how to solve this problem.
> = I don't know _____ _____ _____
> _____ this problem.

[20~21] 다음 두 문장을 [조건]에 맞게 한 문장으로 바꿔 쓰시오.

[조건] 1. 현재완료 진행형으로 쓸 것
2. 괄호 안의 단어를 반드시 사용할 것

20

> I started waiting for Jenny an hour ago. I am still waiting for her. (for)

→ _____

21

> It started raining this morning. It is still raining. (since)

→ _____

22 다음 문장의 밑줄 친 ⓐ~ⓓ 중 어법상 틀린 부분을 찾아 기호를 쓰고, 바르게 고쳐 쓰시오.

> ⓐIf you ⓑhaven't decided ⓒwhen ⓓto go yet, why don't you visit New York?

( ) → _____

23 [보기]에서 알맞은 의문사를 골라 괄호 안의 동사와 함께 그림 속 인물이 하는 말을 완성하시오.

(1)  (2)

[보기]   who   how   what

(1) I want to play chess with my grandpa, but I don't know _____ _____ _____ it. (play)

(2) This is my first visit in Korea. I don't know _____ _____ _____ first. (eat)

24 다음 우리말과 의미가 같도록 괄호 안의 표현을 어법에 맞게 사용하여 현재완료 진행형 문장을 쓰시오.

(1) 그들은 2019년부터 새 도서관을 짓고 있다.
(build, a new library)

→ _____

(2) 너는 그 호텔에 2주 동안 머물고 있니?
(stay at, two weeks)

→ _____

(3) 내 개는 어제부터 아무것도 먹고 있지 않다.
(eat anything, yesterday)

→ _____

고난도

25 「의문사+to부정사」를 사용하여 대화의 빈칸에 알맞은 말을 쓰시오.

(1) A: Who are you going to the party with?
B: Well, I haven't decided _____ _____ _____ with yet.

(2) A: How can I use this vending machine?
B: I'll show you _____ _____ _____ it.

STEP
A

Dr. Money에게 물어보세요

Ask Dr. Money

10대들의 소비 습관

Teens' Spending Habits

01 당신은 돈에 관해 얼마나 현명한가?

01 How smart are you with your money?
「How+형용사/부사 ~?」 얼마나 ~한가요?

02 이것은 Green 중학교 학생 100명의 설문 조사 결과이다.

02 These are the results of a survey of 100 students at Green Middle
명 설문 조사
School.

03 우리는 먼저 학생들에게 "당신은 돈에 관해 현명한가?"라고 물었다.

「ask+간접목적어+직접목적어」 (간접목적어)에게 (직접목적어)를 물어보다
03 We first asked students "Are you smart with your money?"
수여동사   간접목적어   직접목적어

04 그래프 1이 보여 주듯이. 30%가 "예"라고 대답한 데 비해. 70%가 "아니요"라고 답했다.

of students 생략
04 As Graph 1 shows, 70% answered "No" while 30% answered "Yes."
접 ~하듯이   of students 생략   접 ~인 데 비해, ~하는 반면

05 그다음에 우리는 "아니요"라고 대답한 학생들에게 돈에 관한 그들의 가장 큰 걱정거리가 무엇인지 물었다.

관계대명사절
05 We then asked the students [who answered "No"] what their biggest
수여동사   간접목적어   직접목적어 (간접의문)
money worry is.
접속사 that 생략 (목적어 역할의 명사절을 이끌 때는 생략 가능)

06 그래프 2가 보여 주듯이. 28%가 돈을 모으는 데 어려움이 있다고 생각하는 것에 비해. 60%는 용돈이 충분하지 않다고 생각한다.

06 As Graph 2 shows, 60% think they don't have enough allowance while
접 ~하듯이   접 ~인 데 비해,
                                                    ~하는 반면
28% think they have difficulty saving money.
접속사 that 생략   have difficulty -ing: ~하는 데 어려움이 있다

07 마지막으로. 12%는 필요하지 않은 것에 돈을 소비한다고 말했다.

관계대명사절 (선행사 things 수식)
07 Lastly, 12% said they spent money on things [they didn't need].
접속사 that 생략 「spend+돈+on+명사(구)」 목적격 관계대명사 생략
~에 돈을 쓰다

그래프 1
당신은 돈에 관해 현명한가요?

그래프 2
돈에 관한 당신의 가장 큰 걱정거리는 무엇인가요?

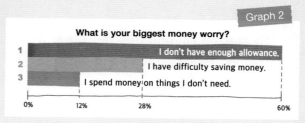

08 우리의 설문 조사는 대다수의 학생들이 자신들이 돈과 관련하여 현명하지 못하다고 생각한다는 것을 보여 준다.

08 Our survey shows that the majority of students think they are not smart
shows의 목적어로 쓰인   접속사 that 생략
with their money.
명사절을 이끄는 접속사 that

09 돈을 관리하는 것은 쉽지 않고, 현명한 소비자가 되는 것에는 노력이 필요하다.

09 Managing money is not easy, and becoming a smart spender takes
주어 (동명사구 – 단수 취급)
effort.

10 여러분은 돈과 관련된 걱정거리가 있나요?

(부정문·의문문에서) 어떤
10 Do you have any money worries?
worry 명 걱정

11 Dr. Money와 이야기해 봅시다.

11 Let's talk with Dr. Money.
전 ~와

12 I'm Jason. I get a <u>weekly</u> allowance, but I never have enough.
형 매주의, 간의, 주 1회의 (← week+-ly)

전 ~쯤에는, ~까지는 (시간을 나타내는 표현과 함께 사용)
13 <u>By</u> Thursday, all of my money <u>is</u> gone.
「all of+단수명사」는 단수 취급함

14 I don't know <u>how to solve</u> this problem.
「how+to부정사」 ~하는 방법, 어떻게 ~할지
(= how I should solve)

15 Hi, I'm Dr. Money. Let's <u>look at</u> your spending diary.
~을 보다

16 You <u>used up</u> <u>most of</u> your money at the beginning of the week.
~의 대부분

17 Here's my tip.

18 <u>Don't</u> <u>carry</u> around all of your weekly allowance.
~하지 마세요 (부정 명령문)

19 <u>Divide</u> the money <u>into</u> days.
divide A into B: A를 B로 나누다

관계대명사절
20 Then carry only the money [you need for each day].
선행사 ┃ 목적격 관계대명사 생략 ┗each+단수명사: 각각의 ~

21 Hello, Dr. Money. I'm Steve. I have difficulty saving money.

┌가기 위해 (목적을 나타내는 부사적 용법의 to부정사)
22 For example, I've been saving to go to my favorite singer's concert
예를 들면 ┃ 현재완료 진행형 (과거에 저축하기 시작하여 현재까지 저축 중)
<u>for</u> the last two months.
「for+기간」 ~ 동안

23 However, I still don't have <u>enough</u> money.
그러나, 하지만 부 아직도, 여전히 형 충분한

24 I don't know <u>what to do</u>.
「what+to부정사」 무엇을 ~해야 할지
(= what I should do)

25 Let's see. In the <u>last</u> <u>few</u> weeks, you <u>spent</u> 80% of your allowance <u>and</u>
지난 몇몇의 ┗━━ and로 연결된 병렬 구조 ━━
only <u>saved</u> 20%.

26 I think you've been spending too much.
접속사 that 생략 ┃ 현재완료 진행형 (과거부터 현재까지
계속 쓰고 있다는 의미를 나타냄)

27 To save money, you need to have a tighter budget.
to부정사의 부사적 용법 (목적)   to부정사의 명사적 용법 (need의 목적어 역할)

28 For example, you can follow the 50%-40%-10% rule.
앞 문장의 'to have a tighter budget'의 한 예┛

29 Save 50%, spend 40%, and donate the
명령문 (주어 없이 동사원형으로 시작)
remaining 10% to charity.

---

12 저는 Jason이에요. 저는 매주 용돈을 받지만, 늘 충분하지 않아요.

13 목요일쯤이면, 용돈이 모두 사라지고 없어요.

14 저는 이 문제를 어떻게 해결해야 할지 모르겠어요.

15 안녕하세요, 저는 Dr. Money입니다. 용돈 기입장을 한번 봅시다.

16 주초에 용돈의 대부분을 다 써 버렸군요.

17 여기 제 조언이 있어요.

18 일주일 용돈 전부를 가지고 다니지 마세요.

19 용돈을 요일별로 나누세요.

20 그리고 날마다 필요한 돈만 들고 다니세요.

21 안녕하세요, Dr. Money. 저는 Steve예요. 저는 돈을 모으는 데 어려움이 있어요.

22 예를 들면, 저는 좋아하는 가수의 콘서트에 가려고 지난 두 달 동안 저축해 오고 있어요.

23 하지만 여전히 돈이 충분하지 않아요.

24 저는 무엇을 해야 할지 모르겠어요.

25 어디 봅시다. 지난 몇 주간, 용돈의 80%를 쓰고 20%만을 저축했군요.

26 나는 당신이 돈을 너무 많이 써 오고 있다고 생각해요.

27 돈을 모으기 위해서는 더 빠듯한 예산을 세울 필요가 있어요.

28 예를 들어, 50%-40%-10% 규칙을 따를 수 있어요.

29 50%를 저축하고, 40%를 쓰고, 남은 10%를 자선 단체에 기부하세요.

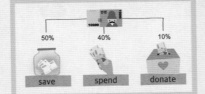

STEP
A

30 이 규칙을 따름으로써, 돈을 더 잘 관리할 수 있어요.

30 By following the rule, you can manage your money better.
며 더 잘 (well의 비교급)
by -ing: ~함으로써 (전치사의 목적어로 동사가 올 때는 동명사 형태로 사용)

31 그러면 그 티켓을 사기 위해서 돈을 더 빨리 모을 수 있답니다.

31 Then you can save money faster to buy the ticket.
더 빨리 (부사 fast의 비교급)

32 저는 민지예요. 저는 할인 판매하는 물건을 사는 것을 좋아해요.

32 I'm Minji. I like to buy things on sale.
Q to부정사와 동명사 모두 목적어로 취하는 동사
to부정사의 명사적 용법 (like의 목적어 역할)

33 어떤 물건이 할인 판매를 하면, 그것이 필요하지 않아도 사요.

33 If something's on sale, I buy it although I don't need it.
something on sale
접 (만약) ~라면   접 비록 ~일지라도, ~에도 불구하고

34 지난주에는 할인 판매하는 티셔츠 두 장을 샀지만 저는 이미 티셔츠가 많아요.

34 Last week, I bought two T-shirts on sale, but I already have many.
며 이미, 벌써   T-shirts 생략

35 자신에게 필요한 물건을 산다면, 할인 판매하는 물건을 사는 것은 좋습니다.

35 Buying things on sale is good if you buy things [you need].
주어 (동명사구는 단수 취급)   접 (만약) ~라면   관계대명사절
선행사   목적격 관계대명사 생략

36 당신의 경우, 문제는 필요하지도 않은 물건을 산다는 것이에요.

36 In your case, the problem is that you buy things [you don't even need].
in one's case: ~의 경우에   명사절을 이끄는   선행사   목적격 관계대명사 생략
접속사

37 여기 몇 가지 조언이 있어요.

37 Here's some advice.
셀 수 없는 명사이므로 단수 취급

38 무언가를 사기 전에 "이것이 정말 필요한가?"라고 스스로에게 물어보세요.

38 Before you buy something, ask yourself, "Do I really need this?"
접 ~하기 전에   재귀대명사 (생략할 수 없음)

39 또한, 쇼핑하러 가기 전에 쇼핑 목록을 만드세요.

39 Also, before you go shopping, make a shopping list.
접 ~하기 전에

40 물건들이 할인 판매 중이라고 해도 목록에 없는 물건들은 사지 마세요.

40 Don't buy items [that aren't on the list] even if they're on sale.
관계대명사절   = items that aren't on the list
선행사   주격 관계대명사 (= which)   ~라고 할지라도, ~에도 불구하고

41 그러면 즉석에서 물건을 사지 않을 거예요.

41 Then you won't buy things on the spot.

Reading

빈칸 채우기

• 우리말과 의미가 같도록 교과서 본문의 문장을 완성하시오.

01 _____ _____ _____ you with your money?

02 These are the _____ _____ a survey of 100 students at Green Middle School.

03 We first asked students "Are you _____ _____ your money?"

04 _____ Graph 1 shows, 70% answered "No" _____ 30% answered "Yes."

05 We then _____ the students _____ answered "No" _____ their biggest money worry is.

06 _____ Graph 2 shows, 60% think they don't have enough allowance _____ 28% think they _____ _____ _____ money.

07 Lastly, 12% said they _____ _____ _____ things they didn't need.

08 Our survey shows that the _____ _____ students think they are not smart with their money.

09 _____ money is not easy, and becoming a smart spender _____ _____.

10 Do you have _____ money worries?

11 Let's _____ _____ Dr. Money.

12 I'm Jason. I get a _____ allowance, but I never have enough.

13 _____ Thursday, all of my money _____ _____.

14 I don't know _____ _____ _____ this problem.

15 Hi, I'm Dr. Money. Let's _____ _____ your spending diary.

16 You _____ _____ most of your money at the beginning of the week.

17 Here's my _____.

18 Don't _____ _____ all of your weekly allowance.

19 _____ the money _____ days.

01 당신은 돈에 관해 얼마나 현명한가?

02 이것은 Green 중학교 학생 100명의 설문 조사 결과이다.

03 우리는 먼저 학생들에게 "당신은 돈에 관해 현명한가?"라고 물었다.

04 그래프 1이 보여 주듯이, 30%가 "예"라고 대답한 데 비해, 70%가 "아니요"라고 답했다.

05 그다음에 우리는 "아니요"라고 대답한 학생들에게 돈에 관한 그들의 가장 큰 걱정거리가 무엇인지 물었다.

06 그래프 2가 보여 주듯이, 28%가 돈을 모으는 데 어려움이 있다고 생각하는 것에 비해, 60%는 용돈이 충분하지 않다고 생각한다.

07 마지막으로, 12%는 필요하지 않은 것에 돈을 소비한다고 말했다.

08 우리의 설문 조사는 대다수의 학생들이 자신들이 돈과 관련하여 현명하지 못하다고 생각한다는 것을 보여 준다.

09 돈을 관리하는 것은 쉽지 않고, 현명한 소비자가 되는 것에는 노력이 필요하다.

10 여러분은 돈과 관련된 걱정거리가 있나요?

11 Dr. Money와 이야기해 봅시다.

12 저는 Jason이에요. 저는 매주 용돈을 받지만, 늘 충분하지 않아요.

13 목요일쯤이면, 용돈이 모두 사라지고 없어요.

14 저는 이 문제를 어떻게 해결해야 할지 모르겠어요.

15 안녕하세요, 저는 Dr. Money입니다. 용돈 기입장을 한번 봅시다.

16 주초에 용돈의 대부분을 다 써 버렸군요.

17 여기 제 조언이 있어요.

18 일주일 용돈 전부를 가지고 다니지 마세요.

19 용돈을 요일별로 나누세요.

20 그리고 날마다 필요한 돈만 들고 다니세요.

21 안녕하세요, Dr. Money. 저는 Steve예요. 저는 돈을 모으는 데 어려움이 있어요.

22 예를 들면, 저는 좋아하는 가수의 콘서트에 가려고 지난 두 달 동안 저축해 오고 있어요.

23 하지만 여전히 돈이 충분하지 않아요.

24 저는 무엇을 해야 할지 모르겠어요.

25 어디 봅시다. 지난 몇 주간, 용돈의 80%를 쓰고 20%만을 저축했군요.

26 나는 당신이 돈을 너무 많이 써 오고 있다고 생각해요.

27 돈을 모으기 위해서는 더 빠듯한 예산을 세울 필요가 있어요.

28 예를 들어, 50%-40%-10% 규칙을 따를 수 있어요.

29 50%를 저축하고, 40%를 쓰고, 남은 10%를 자선 단체에 기부하세요.

30 이 규칙을 따름으로써, 돈을 더 잘 관리할 수 있어요.

31 그러면 그 티켓을 사기 위해서 돈을 더 빨리 모을 수 있답니다.

32 저는 민지예요. 저는 할인 판매하는 물건을 사는 것을 좋아해요.

33 어떤 물건이 할인 판매를 하면, 그것이 필요하지 않아도 사요.

34 지난주에는 할인 판매하는 티셔츠 두 장을 샀지만 저는 이미 티셔츠가 많아요.

35 자신에게 필요한 물건을 산다면, 할인 판매하는 물건을 사는 것은 좋습니다.

36 당신의 경우, 문제는 필요하지도 않은 물건을 산다는 것이에요.

37 여기 몇 가지 조언이 있어요.

38 무언가를 사기 전에 "이것이 정말 필요한가?"라고 스스로에게 물어보세요.

39 또한, 쇼핑하러 가기 전에 쇼핑 목록을 만드세요.

40 물건들이 할인 판매 중이라고 해도 목록에 없는 물건들은 사지 마세요.

41 그러면 즉석에서 물건을 사지 않을 거예요.

---

20 Then carry only the money you _____ for _____ day.

21 Hello, Dr. Money. I'm Steve. I have _____ money.

22 For example, I've been _____ to go to my favorite singer's concert _____ the last two months.

23 However, I _____ don't have _____ money.

24 I don't know _____ _____.

25 Let's see. In the last few weeks, you _____ 80% of your _____ and only _____ 20%.

26 I think you've _____ _____ too much.

27 _____ _____ money, you need to have a _____ _____.

28 For example, you can _____ the 50%-40%-10% rule.

29 Save 50%, _____ 40%, and _____ the remaining 10% to charity.

30 _____ _____ the rule, you can manage your money better.

31 Then you can _____ money _____ to buy the ticket.

32 I'm Minji. I like to buy things _____ _____.

33 _____ something's on sale, I buy it _____ I don't need it.

34 Last week, I bought two T-shirts on sale, but I _____ have _____.

35 _____ things on sale is good _____ you buy things you need.

36 _____ _____ _____, the problem is that you buy things you don't even need.

37 Here's some _____.

38 Before you buy something, _____ _____, "Do I really need this?"

39 Also, before you go shopping, make a _____ _____.

40 Don't buy items that aren't on the list _____ _____ they're on sale.

41 Then you won't buy things _____ _____ _____.

Reading

바른 어휘·어법 고르기

01 How (smart are you / are you smart) with your money?

02 These are the (results / causes) of a survey of 100 students at Green Middle School.

03 We first asked students "Are you smart (of / with) your money?"

04 As Graph 1 shows, 70% answered "No" (if / while) 30% answered "Yes."

05 We then asked the students who answered "No" (what / that) their biggest money worry is.

06 (If / As) Graph 2 shows, 60% think they don't have enough allowance while 28% think they have (difficult / difficulty) saving money.

07 Lastly, 12% said they spent money (to / on) things they didn't need.

08 Our survey shows that the (major / majority) of students think they are not smart with their money.

09 Managing money is not easy, and becoming a smart spender takes (money / effort).

10 Do you have (any / what) money worries?

11 Let's (talking / talk) with Dr. Money.

12 I'm Jason. I get a (week / weekly) allowance, but I never have enough.

13 By Thursday, all of my money (is / are) gone.

14 I don't know how (solving / to solve) this problem.

15 Hi, I'm Dr. Money. Let's look at your (spent / spending) diary.

16 You (used to / used up) most of your money at the beginning of the week.

17 (Here's / Here're) my tip.

18 Don't carry around (every / all) of your weekly allowance.

19 Divide the money (into / onto) days.

20 Then carry only the money (needs you / you need) for each day.

[19~20] 다음 그래프를 보고, 그래프의 내용과 일치하도록 문장을 완성하시오.

19

Are you smart with your money?

No 70% Yes 30%

→ The graph shows that the majority of students think they _____.

20

What is your biggest money worry?

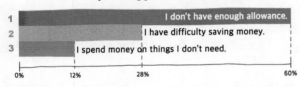

1 I don't have enough allowance.
2 I have difficulty saving money.
3 I spend money on things I don't need.

0% 12% 28% 60%

→ The graph shows that most of the students think they _____.

[21~22] 다음 글을 읽고, 물음에 답하시오.

Q: I'm Jason. I get a weekly allowance, but I never have enough. By Thursday, all of my money is gone. I don't know _____ⓐ_____ to solve this problem.

A: Hi, I'm Dr. Money. Let's look at your spending diary. You used up most of your money at the beginning of the week. Here's my tip. Don't carry around all of your weekly allowance. Divide the money into weeks. Then carry only the money you need for each day.

21 윗글의 흐름상 빈칸 ⓐ에 들어갈 알맞은 의문사를 쓰시오.

→ _____

22 윗글의 **Dr. Money**의 조언에서 문맥상 <u>어색한</u> 부분을 찾아 바르게 고쳐 쓰시오.

_____ → _____

23 다음 글의 밑줄 친 우리말 (A)와 (B)를 괄호 안에 제시된 조건에 맞게 영어로 쓰시오.

Hello, Dr. Money. I'm Steve. I have difficulty saving money. For example, (A)<u>나는 가기 위해 저축을 해 왔다</u> to my favorite singer's concert for the last two months. However, I still don't have enough money. I (B)<u>무엇을 해야 할지 모르겠다</u>.

(A) _____

(현재완료 진행형 사용)

(B) _____

(to부정사 사용)

24 다음 글을 읽고, 글쓴이가 불필요한 물건을 구매하는 "you"에게 조언하는 것 <u>두 가지</u>를 찾아 우리말로 쓰시오.

Buying things on sale is good if you buy things you need. In your case, the problem is that you buy things you don't even need. Here's some advice. Before you buy something, ask yourself, "Do I really need this?" Also, before you go shopping, make a shopping list. Don't buy items that aren't on the list even if they're on sale. Then you won't buy things on the spot.

(1) _____

(2) _____

more M 기타 지문
만점 노트

Listen and Talk D

A: I bought this red skirt last week. I like the skirt, but my sister says that the color doesn't ❶look good on me. ❷I wonder if I should exchange it for a different color.

B: ❸It's up to you but I think it's fine.

A: 나는 지난주에 이 빨간색 치마를 샀어. 나는 치마가 마음에 드는데, 내 여동생은 색이 나에게 어울리지 않는다고 해. 다른 색으로 치마를 교환해야 할까 싶어.

B: 네가 하고 싶은 대로 해. 하지만 내 생각에는 괜찮은 것 같아.

❶ look good on: ~와 잘 어울리다
❷ 「I wonder if+주어+동사 ~.」는 '나는 ~인지 아닌지 궁금하다.'라는 뜻으로, 걱정이나 불안, 확신이 없는 것을 표현할 때 사용한다. exchange A for B는 'A를 B로 바꾸다'라는 의미이다.
❸ It's up to you.는 '(치마를 교환할지는) 너에게 달려 있다'라는 의미로, 상대방에게 하고 싶은 대로 하라고 말하는 표현이다.

Around the World

• **Peru, Sol:** This paper money shows Machu Picchu, ❶which lies on top of the Andes in this country.

• **South Africa, Rand:** This paper money shows an elephant, which is ❷one of the big five animals of this country.

• **Australia, Dollar:** The man on this paper money is a native of this country.

세계의 다양한 화폐 알아보기
• 페루, Sol: 이 지폐에는 마추픽추가 있는데, 그것은 이 나라의 안데스산맥 정상에 있다.
• 남아프리카공화국, Rand: 이 지폐에는 코끼리가 있는데, 그것은 이 나라의 다섯 종류의 대형 동물 중 하나이다.
• 오스트레일리아, Dollar: 이 지폐에 있는 사람은 이 나라의 원주민이다.

❶ which 이하는 계속적 용법으로 쓰인 관계대명사절로, Machu Picchu를 부연 설명하고 있다.
❷ one of the+복수 명사: ~ 중의 하나

Think and Write

My money problem is ❶that I buy things on the spot. One time, I bought a smartphone case because it ❷looked nice. However, I found out that I already had three cases at home. I don't know ❸how to stop buying things on the spot.

돈과 관련된 내 문제점은 즉석에서 물건을 산다는 것이다. 한번은 스마트폰 케이스가 좋아 보여서 나는 그것을 샀다. 하지만 나는 집에 이미 세 개의 케이스가 있다는 것을 알게 되었다. 나는 즉석에서 물건을 사는 것을 어떻게 멈춰야 할지 모르겠다.

❶ that은 보어 역할을 하는 명사절을 이끄는 접속사이다.
❷ look+형용사: ~해 보이다
❸ 「how+to부정사」는 '어떻게 ~할지'를 의미하며, stop -ing는 '~하는 것을 멈추다'라는 뜻이다.

Review - 5

❶The Green Middle School Times' survey about teens' spending habits shows that the majority of students think they are not smart with their money. ❷Managing money is not easy, and ❸becoming a smart spender takes effort.

10대들의 소비 습관에 대한 The Green Middle School Times의 설문 조사는 대다수의 학생들이 자신들이 돈에 관해서 현명하지 않다고 생각한다는 것을 보여 준다. 돈을 관리하는 것은 쉽지 않고, 현명한 소비자가 되는 것에는 노력이 필요하다.

❶ 주어가 3인칭 단수(The Green Middle School Times' survey)인 현재시제 문장이므로 동사에 -s를 붙인다.
❷, ❸ 모두 주어로 쓰인 동명사구이므로 단수 취급한다.

more M 기타 지문

실전 TEST

[01~02] 다음 대화를 읽고, 물음에 답하시오.

> **A:** I bought this red skirt last week. I like the skirt, but my sister says that the color doesn't look good on me. I wonder if I should exchange it for _____ ⓐ _____.
> **B:** ⓑIt's up to you but I think it's fine.

01 위 대화의 흐름상 빈칸 ⓐ에 들어갈 말로 알맞은 것은?

① red pants　　　② a red skirt
③ a bigger one　　④ a smaller one
⑤ a different color

02 위 대화의 밑줄 친 ⓑ의 의미로 알맞은 것은?

① 네가 결정하기는 어렵다
② 네 여동생의 의견을 따르는 것이 낫다
③ 빨간색 치마가 네게 잘 어울리지 않는다
④ 치마의 교환 여부는 네 생각에 달려 있다
⑤ 빨간색 치마는 네가 입기에 따라 달라 보인다

03 다음 글의 빈칸 ⓐ와 ⓑ에 공통으로 들어갈 말로 알맞은 것은?

> • **Peru, Sol:** This paper money shows Machu Picchu, _____ ⓐ _____ lies on top of the Andes in this country.
> • **South Africa, Rand:** This paper money shows an elephant, _____ ⓑ _____ is one of the big five animals of this country.
> • **Australia, Dollar:** The man on this paper money is a native of this country.

① that　　② which　　③ who
④ how　　⑤ what

[04~06] 다음 글을 읽고, 물음에 답하시오.

> My money problem is ⓐthat I buy things on the spot. One time, I bought a smartphone case because it looked nice. However, I found out that I already had three cases at home. I don't know ⓑ사는 것을 어떻게 멈춰야 할지 things _____ ⓒ _____.

04 윗글의 밑줄 친 ⓐthat과 쓰임이 같은 것은?

① I can't wait that long.
② Give me that hammer.
③ The fact is that he is a liar.
④ This is my towel, and that is yours.
⑤ This is the song that my mom taught me.

05 윗글의 밑줄 친 우리말 ⓑ와 의미가 같도록 괄호 안의 동사를 어법에 맞게 사용하여 4단어로 쓰시오.

→ _____ (stop)

06 윗글의 빈칸 ⓒ에 알맞은 말을 본문에서 찾아 3단어로 쓰시오.

→ _____

07 다음 글의 빈칸 ⓐ~ⓒ에 들어갈 말이 순서대로 바르게 짝지어진 것은?

> The Green Middle School Times' survey about teens' spending habits _____ ⓐ _____ that the majority of students _____ ⓑ _____ they are not smart with their money. Managing money _____ ⓒ _____ not easy, and becoming a smart spender takes effort.

① show – think – is
② show – thinks – are
③ shows – think – are
④ shows – thinks – is
⑤ shows – think – is

Words
고득점 맞기

01 다음 영영풀이에 해당하는 단어가 순서대로 바르게 짝지어진 것은?

- to give money to a group that needs help
- a piece of paper that shows you have paid for something

① spend – effort   ② return – price

③ divide – item   ④ donate – receipt

⑤ receive – budget

02 다음 빈칸에 공통으로 들어갈 말로 알맞은 것은?

- Mary held my hand to keep her _____.
- I always check my bank _____ on the Internet.

① price   ② result   ③ balance

④ budget   ⑤ remaining

03 다음 짝지어진 두 단어의 관계가 같도록 빈칸에 알맞은 단어를 쓰시오.

week : weekly = day : _____

04 다음 빈칸에 들어갈 말이 순서대로 바르게 짝지어진 것은?

- I think these glasses would look good _____ you.
- Scientists divide volcanoes _____ three main groups.
- We've used _____ the toothpaste. We need to buy more.

① in – into – to   ② in – from – to

③ on – into – up   ④ at – from – up

⑤ on – from – for

05 다음 우리말과 의미가 같도록 빈칸에 알맞은 말을 쓰시오.

Jessica는 즉석에서 피아노를 연주하기 시작했다.

→ Jessica started to play the piano _____
_____ _____ .

06 다음 중 짝지어진 단어들의 관계가 서로 같지 <u>않은</u> 것은?

① tight : loose = easy : difficult

② smart : foolish = receive : get

③ majority : major = month : monthly

④ expensive : cheap = majority : minority

⑤ gift : present = allowance : pocket money

07 다음 중 밑줄 친 부분의 우리말 의미가 알맞지 <u>않은</u> 것은?

① All T-shirts are <u>on sale</u> at 50% off.
(할인 판매 중인)

② If you <u>change your mind</u>, call me tomorrow.
(네 마음을 바꾸다)

③ You cannot <u>get a refund</u> on the day of the concert. (교환하다)

④ Writing a good novel <u>takes much effort</u>.
(많은 노력을 필요로 한다)

⑤ You should <u>make a list</u> of what to pack for the trip. (목록을 만들다)

고난도 신유형
08 다음 영영풀이에 해당하는 단어가 <u>아닌</u> 것은?

ⓐ (of money or time) limited or restricted

ⓑ still present when all the others are gone

ⓒ an amount of money that a person or company can spend

ⓓ an organization that gives money or help to people who need it

① tight   ② charity   ③ refund

④ budget   ⑤ remaining

09 다음 중 밑줄 친 부분과 바꿔 쓸 수 있는 표현으로 알맞지 <u>않은</u> 것을 <u>모두</u> 고르면?

① Jerry likes to buy things <u>on sale</u>.
(= on the spot)
② I want to buy some <u>gifts</u> for my family.
(= presents)
③ They made new things with used <u>items</u>.
(= goods)
④ They tried hard, but the <u>result</u> wasn't good.
(= cause)
⑤ Did you <u>receive</u> the letter from Grandma?
(= get)

10 다음 빈칸 ⓐ~ⓓ의 어느 곳에도 들어갈 수 <u>없는</u> 단어는?

• Do you get a ____ⓐ____ allowance?
• You should not ____ⓑ____ all your money in one day.
• Don't forget that you need to ____ⓒ____ your time better.
• She donated some money to a ____ⓓ____ for children in need.

① spend   ② loose   ③ weekly
④ charity   ⑤ manage

11 다음 밑줄 친 단어의 영영풀이로 알맞은 것은?

She only had a <u>balance</u> of $20.

① most of the people or things in a group
② a sum of money which is returned to you
③ the amount of money you have in your bank account
④ the hard work that you do when you are trying to achieve something
⑤ an organization that gives money or help to people who need it

12 다음 영영풀이에 해당하는 단어를 빈칸에 쓰시오.

v. to give something to someone and receive something from that person

I bought these shoes last week, but I want to _____ them for bigger ones.

13 Which underlined word has the same meaning as in the example? Choose ALL.

[보기] We need to <u>save</u> 100 dollars for the trip.

① Dad advised me to <u>save</u> some money.
② There are various ways to <u>save</u> the Earth.
③ I'll <u>save</u> a lot more to buy a new cell phone.
④ The firefighter <u>saved</u> a little girl from the fire.
⑤ A life jacket <u>saved</u> my brother's life last year.

14 다음 대화의 빈칸에 들어갈 말로 알맞은 것은?

A: Do most boys in your class like soccer?
B: Of course. The _____ of them like it very much.

① survey   ② coach   ③ result
④ effort   ⑤ majority

15 다음 중 밑줄 친 부분의 쓰임이 <u>어색한</u> 것은?

① You can save money since the bag is <u>on sale</u>.
② If these shoes are small for you, wear <u>tighter</u> shoes.
③ I'm not going to give you any <u>allowance</u> for two weeks.
④ If you have <u>difficulty</u> hearing, go see a doctor right away.
⑤ The <u>survey</u> shows that 30% of the students prefer baseball to soccer.

Listen and Talk
영작하기

• 주어진 우리말과 일치하도록 교과서 대화문을 쓰시오.

STEP B

Listen and Talk A-1

W: _____
B: _____
W: _____
B: _____
W: _____

교과서 66쪽

해석

W: 안녕하세요. 도와드릴까요?
B: 네. 이 손목시계를 환불하고 싶어요.
W: 알겠습니다. 시계에 무슨 문제가 있었나요?
B: 아니요. 그냥 마음이 바뀌었어요. 돈을 돌려받을 수 있을까요?
W: 알겠습니다. 바로 처리해 드릴게요.

Listen and Talk A-2

W: _____
B: _____
W: _____
B: _____
W: _____

교과서 66쪽

W: 안녕하세요. 도와드릴까요?
B: 네. 이 스마트폰 케이스를 환불하고 싶어요.
W: 어디 봅시다. 영수증을 가지고 계신가요?
B: 여기 있어요. 3일 전에 샀어요.
W: 아. 그러면 가능합니다.

Listen and Talk A-3

W: _____
B: _____
W: _____
B: _____
W: _____
B: _____

교과서 66쪽

W: 안녕하세요. 특별히 찾는 것이 있으세요?
B: 아니요. 이 티셔츠를 교환하고 싶어요. 너무 작아서요.
W: 네. 어떤 사이즈를 원하세요?
B: 큰 사이즈로 주세요.
W: 여기 있습니다.
B: 고맙습니다.

Listen and Talk A-4

W: _____
B: _____
W: _____
B: _____
W: _____

교과서 66쪽

W: 안녕하세요. 무엇을 도와드릴까요?
B: 이 검은색 우산을 다른 색으로 교환할 수 있을까요?
W: 물론이에요. 어떤 색을 원하세요?
B: 저는 노란색을 원해요.
W: 알겠습니다. 여기 있어요.

Listen and Talk C

M: _____

G: _____

M: _____

G: _____

M: _____

G: _____

M: _____

G: _____

M: _____

G: _____

M: 안녕하세요. 도와드릴까요?

G: 네. 이 모자를 환불하고 싶어요.

M: 영수증을 가지고 계신가요?

G: 아니요, 없어요. 선물로 받았거든요.

M: 영수증이 없으면, 환불은 불가능합니다.

G: 그렇군요. 그럼, 다른 것으로 교환할 수 있을까요?

M: 네, 가능합니다. 어떤 것으로 원하세요?

G: 이 파란색 가방으로 하고 싶어요.

M: 한번 볼게요 …. 가격이 같으니까 그것을 가져가셔도 됩니다.

G: 고맙습니다.

Review - 1

W: _____

B: _____

W: _____

B: _____

W: _____

W: 안녕하세요. 도와드릴까요?

B: 네. 이 야구 글러브를 환불하고 싶어요.

W: 알겠습니다. 그것에 무슨 문제가 있었나요?

B: 아니요. 그냥 마음이 바뀌었어요. 돈을 돌려받을 수 있을까요?

W: 알겠습니다. 여기 있습니다.

Review - 2

M: _____

W: _____

M: _____

W: _____

M: _____

M: 안녕하세요. 도와드릴까요?

W: 네. 이 노란색 티셔츠를 교환하고 싶어요. 제게 너무 작아서요.

M: 네. 어떤 사이즈로 교환하고 싶으세요?

W: 중간 사이즈로 주세요. 아! 빨간색으로 바꿀 수 있을까요?

M: 알겠습니다. 여기 있어요.

Review - 3

M: _____

G: _____

M: _____

G: _____

M: _____

M: 안녕하세요. 도와드릴까요?

G: 네. 이 모자를 환불할 수 있나요?

M: 죄송하지만 안 됩니다.

G: 그러면 이 모자를 저쪽에 있는 장갑으로 교환할 수 있을까요?

M: 네, 가능합니다.

[12~13] 다음 글을 읽고, 물음에 답하시오.

> Q: I'm Jason. I get a weekly allowance, but I never have enough. By Thursday, all of my money is gone. ⓐ저는 이 문제를 어떻게 해결해야 할지 모르겠어요.
>
> A: Hi, I'm Dr. Money. Let's look at your spending diary. You used up most of your money at the beginning of the week. Here's my tip. Don't carry around all of your weekly allowance. Divide the money into days. Then carry only the money that you need for each day.

12 윗글의 밑줄 친 우리말 ⓐ를 [조건]에 맞게 영어로 쓰시오.

> [조건] 1. to부정사를 사용할 것
> 2. solve, problem을 사용하여 8단어로 쓸 것

→ _____

13 윗글의 내용과 일치하도록 다음 표를 완성하시오.

Jason's Problem	I use up most of my weekly allowance (1)_____ _____.
Dr. Money's Advice	• You should not (2)_____ _____. • You should (3)_____ _____.

14 다음 글의 흐름상 빈칸에 들어갈 Steve의 고민을 괄호 안의 단어들을 사용하여 4단어로 쓰시오.

> Hello, Dr. Money. I'm Steve. _____ For example, I've been saving to go to my favorite singer's concert for the last two months. However, I still don't have enough money. I don't know what to do.

→ I _____.

(difficulty, money)

[15~17] 다음 글을 읽고, 물음에 답하시오.

> Q: I'm Minji. I like to buy things on sale. If something's on sale, I buy it although I don't need it. Last week, I bought two T-shirts on sale, but I already have many.
>
> A: Buying things on sale is good if you buy things ⓐthat you need. In your case, the problem is ⓑthat you buy things ⓒthat you don't even need. Here's some advice. Before you buy something, ask yourself, "Do I really need this?" Also, before you go shopping, make a shopping list. Don't buy items ⓓthat aren't on the list even if they're on sale. Then you won't buy things on the spot.

15 윗글의 밑줄 친 ⓐ~ⓓ의 **that** 중 쓰임이 나머지와 다른 하나를 골라 기호를 쓰고, 이유를 쓰시오.

( ) → _____

_____

16 윗글의 내용과 일치하도록 다음 글의 빈칸에 알맞은 말을 쓰시오.

> Minji likes buying things _____ _____ even though she _____ _____ them. Dr. Money advises her to think about whether she _____ _____ it before she buys something.

17 윗글을 읽고 답할 수 있는 질문을 골라 기호를 쓰고, 완전한 영어 문장으로 답하시오.

> ⓐ How much did Minji spend last week?
> ⓑ Where did Minji buy the T-shirts?
> ⓒ What did Dr. Money advise Minji to make before she goes shopping?

( ) → _____

_____

01 다음 영영풀이에 해당하는 단어를 [보기]에서 골라 쓰시오.

[보기] allowance divide donate budget

(1) _____ : to separate something into parts or groups

(2) _____ : money that parents give a child regularly

(3) _____ : to give money to a group that needs help

(4) _____ : an amount of money that a person or company can spend

02 다음 빈칸에 공통으로 알맞은 단어를 쓰시오.

- Doctors tried their best to _____ her life.
- I'll _____ money to buy a new cell phone.
- I tried to take a short shower to _____ water.

→ _____

03 주어진 우리말과 의미가 같도록 [보기]의 단어를 하나씩 사용하여 각 문장의 빈칸에 알맞은 말을 쓰시오.

[보기] use look difficulty

(1) 검은색은 나에게 잘 어울리지 않는다.
→ Black doesn't _____ _____ _____ me.

(2) 그는 자신의 돈을 다 써 버리고 싶지 않았다.
→ He didn't want to _____ _____ all his money.

(3) 나는 Brown 선생님의 강의를 이해하는 데 어려움이 있다.
→ I _____ _____ _____ Mr. Brown's lecture.

04 다음 그림을 보고, 각 그림의 내용에 맞게 대화를 완성하시오.

(1) 
(2)

(1) A: I'd _____ _____ _____ this T-shirt. It's too small for me.
B: Sure. What _____ would you like?
A: Large, please.

(2) A: Hello. Can I help you?
B: Yes, please. _____ _____ _____ _____ _____ for this clock?
A: Let me see. If you have the receipt, you can get your money _____.

05 다음 대화의 밑줄 친 @와 바꿔 쓸 수 있는 말을 괄호 안의 지시대로 두 개의 표현으로 쓰시오.

A: Hello. Do you need some help?
B: Yes. @I'd like to return this smartphone case.
A: Let's see. Do you have the receipt with you?
B: Here it is. I bought it three days ago.
A: Oh, then it's possible.

(1) _____
(6단어의 의문문으로 쓸 것)

(2) _____
(like, refund를 사용하여 10단어로 쓸 것)

06 다음 대화에서 흐름상 어색한 부분을 찾아 문장 전체를 바르게 고쳐 쓰시오.

> A: Hello. May I help you?
> B: Yes, please. I'd like to buy this jacket. It's too big.
> A: Sure. What size would you like to exchange it for?
> B: Small size, please.
> A: OK. Here you are.

_____

→ _____

[07~08] 다음 대화를 읽고, 물음에 답하시오.

> Man: Hello. _____(A)_____
> Girl: Yes, please. I'd like to get a refund for this cap.
> Man: Do you have the receipt?
> Girl: No, I don't. _____(B)_____
> Man: If you don't have the receipt, then, it's not possible to get a refund.
> Girl: I see. Then, can I exchange it for something else?
> Man: Yes, you can. _____(C)_____
> Girl: I want to get this blue bag.
> Man: Let me see …. The price is the same, so you can just take it.
> Girl: Thank you.

07 위 대화의 빈칸 (A)~(C)에 들어갈 알맞은 말을 [보기]에서 골라 쓰시오.

> [보기] • What would you like to get?
> • May I help you?
> • I received it as a gift.

(A) _____

(B) _____

(C) _____

08 위 대화의 내용을 요약한 다음 글의 빈칸에 알맞은 말을 쓰시오.

> The girl went to the store to _____ a cap, but she couldn't get a _____ for it because she didn't have the _____. Instead, she _____ the cap for a _____ _____.

09 주어진 두 문장을 한 문장으로 바꿔 쓸 때, 빈칸에 알맞은 말을 쓰시오.

(1) The boys started running 30 minutes ago. They are still running.
→ The boys _____ _____ _____ _____ 30 minutes.

(2) Dad started fixing the table this morning. He is still fixing it now.
→ Dad _____ _____ _____ _____ _____ this morning.

(3) Junsu began to play online games at three o'clock. He is still playing them.
→ Junsu _____ _____ _____ _____ _____ _____ three o'clock.

10 다음 〈A〉와 〈B〉에서 각각 알맞은 말을 하나씩 골라 어법에 맞게 빈칸에 알맞은 말을 쓰시오. (단, 중복 사용 불가)

A	B
when	invite
what	leave
whom	say

(1) I don't know _____ _____ _____ to her.

(2) Let me know _____ _____ _____ for the airport.

(3) I asked him _____ _____ _____ to his birthday party.

11 다음 우리말과 의미가 같도록 괄호 안의 단어들을 바르게 배열하여 문장을 완성하시오.

> Joan은 작년부터 기타 연주하는 방법을 배우고 있다.
> (been, the guitar, to, last, learning, year, has, how, play, since)

→ Joan _____

_____ .

[12~13] 다음 글을 읽고, 물음에 답하시오.

Teens' Spending Habits

How smart are you with your money? These are the results of a survey of 100 students at Green Middle School.

We first asked students "Are you smart with your money?" As Graph 1 shows, 70% answered "No" while 30% answered "Yes." We then asked the students who answered "No" what their biggest money worry is. As Graph 2 shows, 60% think they don't have enough allowance while 28% think they have difficulty saving money. Lastly, 12% said they spent money on things they didn't need.

12 윗글의 내용과 일치하도록 다음 그래프의 (1)~(3)에 들어갈 내용을 완성하시오. (단, 현재시제로 쓸 것)

What is your biggest money worry?

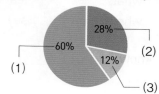

(1) I _____ .

(2) I _____ .

(3) I _____ .

13 윗글에 이어질 다음 글의 밑줄 친 ⓐ~ⓓ 중 문맥상 어색한 것을 찾아 기호를 쓰고, 바르게 고쳐 쓰시오.

> Our survey ⓐshows that the majority of students think they are ⓑsmart with their money. ⓒManaging money is not easy, and becoming a smart spender takes ⓓeffort.

( ) → _____

[14~15] 다음 글을 읽고, 물음에 답하시오.

> Q: I'm Jason. I get a weekly allowance, but ⓐI never have enough. By Thursday, all of my money is gone. (A)I don't know how I should solve this problem.
>
> A: Hi, I'm Dr. Money. Let's look at your spending diary. ⓑYou used up most of your money at the beginning of the week. Here's my tip. ⓒCarry around all of your weekly allowance. ⓓDivide the money into days. Then carry only the money you need for each day.

14 윗글의 밑줄 친 ⓐ~ⓓ 중 글의 흐름상 어색한 것을 찾아 기호를 쓰고, 글의 흐름에 맞게 고쳐 쓰시오.

( ) → _____

한 단계 더!

15 윗글의 밑줄 친 문장 (A)와 의미가 같도록 to부정사를 사용하여 바꿔 쓰시오.

→ _____

16 다음 글에서 어법상 틀린 부분을 모두 찾아 각각 바르게 고쳐 쓰시오.

> Hello, Dr. Money. I'm Steve. I have difficulty saving money. For example, I've been saving to go to my favorite singer's concert since the last two months. However, I still don't have enough money. I don't know to do what.

(1) _____ → _____

(2) _____ → _____

[17~18] 다음 글을 읽고, 물음에 답하시오.

> In the last few weeks, you spent 80% of your allowance and only saved 20%. I think you've been ⓐspend too much. ⓑSave money, you need to have a tighter budget. For example, you can follow the 50%-40%-10% rule. Save 50%, spend 40%, and donate the remaining 10% to charity. By ⓒfollow the rule, you can manage your money better. Then you can save money faster to buy the ticket.

17 윗글의 밑줄 친 동사 ⓐ~ⓒ를 어법상 올바른 형태로 각각 쓰시오.

ⓐ _____

ⓑ _____

ⓒ _____

18 다음 영영풀이에 해당하는 단어를 윗글에서 찾아 쓰시오.

> still present when all the others are gone

→ _____

[19~20] 다음 글을 읽고, 물음에 답하시오.

> **Q:** I'm Minji. I like to buy things on sale. If something's on sale, I buy it although I don't need it. Last week, I bought two T-shirts on sale, but I already have many.
>
> **A:** Buying things ___ⓐ___ is good if you buy things you need. In your case, the problem is that you buy things you don't even need. Here's some advice. Before you buy something, ask yourself, "Do I really need this?" Also, before you go shopping, make a shopping list. Don't buy items that aren't on the list even if they're on sale. Then you won't buy things on the spot.

19 윗글의 흐름상 빈칸 ⓐ에 들어갈 말로 알맞은 것을 본문에서 찾아 두 단어로 쓰시오.

→ _____

20 윗글의 내용과 일치하도록 민지의 고민 상담글을 완성하시오.

Dr. Money's Advice

Minji

I buy things on sale _____ I don't need them.

↳ **Reply:** Minji, you need to think about whether _____ _____ _____ them before you _____ them. Also, you should _____ _____ _____ _____ you go shopping.

01 다음 중 짝지어진 단어의 관계가 나머지와 <u>다른</u> 하나는? 3점

① loose – tight   ② smart – foolish
③ easy – different   ④ expensive – cheap
⑤ majority – minority

02 다음 영영풀이에 해당하는 단어로 알맞은 것은? 3점

> to use money to buy or pay for something

① solve   ② donate   ③ spend
④ divide   ⑤ manage

서술형 1

03 다음 빈칸에 공통으로 들어갈 말을 쓰시오. 3점

> • These coats are _____ sale for half price.
> • The teacher didn't correct my mistake _____ the spot.

→ _____

고난도

04 다음 빈칸 ⓐ~ⓔ에 들어갈 말로 알맞지 <u>않은</u> 것은? 4점

> • I often have ___ⓐ___ expressing myself.
> • It takes ___ⓑ___ to protect the environment.
> • I need bigger ones because these sneakers are too ___ⓒ___.
> • Don't buy items that aren't on the shopping list ___ⓓ___ they're cheap.
> • My brother ___ⓔ___ all of his allowance, so he doesn't have any money now.

① ⓐ: difficulty   ② ⓑ: effort
③ ⓒ: loose   ④ ⓓ: even if
⑤ ⓔ: used up

서술형 2

05 자연스러운 대화가 되도록 (A)~(D)를 바르게 배열하시오. 4점

> (A) Large, please.
> (B) Sure. What size would you like?
> (C) Hello. Are you looking for anything special?
> (D) No, I'm not. I'd like to exchange this T-shirt. It's too small.

(   ) – (   ) – (   ) – (   )

[06~07] 다음 대화를 읽고, 물음에 답하시오.

> A: Hello. Do you need some help?
> B: Yes. _____ⓐ_____
> A: Let's see. Do you have the receipt with you?
> B: Here it is. I bought it three days ago.
> A: Oh, then it's possible.

06 위 대화의 흐름상 빈칸 ⓐ에 들어갈 말로 알맞은 것은? 3점

① I'm just looking around.
② What color would you like?
③ I'll take care of it right away.
④ How much is this smartphone case?
⑤ I'd like to return this smartphone case.

07 위 대화 속 두 사람의 관계로 알맞은 것은? 3점

① mother – son
② friend – friend
③ doctor – patient
④ clerk – customer
⑤ teacher – student

[08~09] 다음 대화를 읽고, 물음에 답하시오.

Man: Hello. May I help you?

Girl: Yes, please. I'd like to get a refund for this cap.

Man: Do you have the receipt?

Girl: No, I don't. I received it as a gift.

Man: If you don't have the receipt, then, it's not possible to get a refund.

Girl: I see. Then, can I exchange ⓐit for something else?

Man: Yes, you can. What would you like to get?

Girl: I want to get this blue bag.

Man: Let me see …. The price is the same, so you can just take ⓑit.

Girl: Thank you.

---

08 위 대화의 밑줄 친 ⓐ와 ⓑ의 **it**이 가리키는 것이 순서대로 바르게 짝지어진 것은? 　3점

① gift – cap
② cap – gift
③ cap – blue bag
④ receipt – cap
⑤ receipt – blue bag

09 위 대화의 내용과 일치하지 <u>않는</u> 것은? 　4점

① The girl wanted to return a cap at first.
② The girl bought the cap for a present.
③ The girl couldn't get a refund because she didn't have the receipt with her.
④ The girl decided to exchange the cap for another item.
⑤ The price of the cap and the blue bag is the same.

서술형**3**

10 다음 두 문장의 의미가 같도록 빈칸에 알맞은 말을 쓰시오.　4점

I can't decide what I should wear to the ceremony.

= I can't decide _____ _____ _____ to the ceremony.

---

11 다음 중 밑줄 친 부분의 쓰임이 어법상 <u>틀린</u> 것은? 　3점

① The dog <u>has not been eating</u> well for six days.
② Dad <u>has been repairing</u> my bike since this morning.
③ I think I <u>have been spending</u> too much money last weekend.
④ He <u>has been teaching</u> English in our school since 2015.
⑤ The children <u>have been playing</u> basketball for over two hours.

서술형**4**

12 주어진 우리말과 의미가 같도록 괄호 안의 단어를 어법에 맞게 사용하여 문장을 완성하시오. 　각 4점

(1) 저녁 식사로 무엇을 요리해야 할지 알려 줘.
→ Please let me know _____ _____ _____ for dinner. (cook)

(2) 내 친구들과 나는 두 시간째 계속 영화를 보는 중이다.
→ My friends and I _____ _____ _____ a movie for two hours. (watch)

곡
산도 한 단계 **더!**

13 다음 중 어법상 올바른 문장끼리 짝지어진 것은? 　4점

ⓐ How long has he been sleeping?
ⓑ Can you tell me when should turn right?
ⓒ I've been having this bag for a long time.
ⓓ They have been baking cookies since two hours.
ⓔ Mr. Kim kindly explained how to solve the problem.

---

① ⓐ, ⓑ
② ⓐ, ⓒ, ⓔ
③ ⓐ, ⓔ
④ ⓑ, ⓒ, ⓓ
⑤ ⓑ, ⓓ, ⓔ

[14~16] 다음 글을 읽고, 물음에 답하시오.

How smart are you with your money? These are the results of a survey of 100 students at Green Middle School.

We first asked students "Are you smart with your money?" ____ⓐ____ Graph 1 shows, 70% answered "No" while 30% answered "Yes." We then asked the students ____ⓑ____ answered "No" what their biggest money worry is. As Graph 2 shows, 60% think they don't have enough allowance ____ⓒ____ 28% think they have difficulty saving money. Lastly, 12% said they spent money ____ⓓ____ things they didn't need.

Our survey shows that the majority of students think they _____(A)_____. Managing money is not easy, and ____ⓔ____ a smart spender takes effort.

14 윗글의 빈칸 ⓐ~ⓔ에 들어갈 말로 알맞지 <u>않은</u> 것은? 4점

① ⓐ: As   ② ⓑ: who   ③ ⓒ: because

④ ⓓ: on   ⑤ ⓔ: becoming

15 윗글의 흐름상 빈칸 (A)에 들어갈 말로 가장 알맞은 것은? 4점

① have enough allowance
② have smart spending habits
③ are not smart with their money
④ know how to manage money well
⑤ don't have difficulty saving money

16 윗글을 읽고 답할 수 <u>없는</u> 질문은? 4점

① How many students were surveyed?
② What was the question for Graph 1?
③ What percentage of students think they are smart with their money?
④ What is the biggest money worry of the largest percentage of students in Graph 2?
⑤ What percentage of students think they have enough money in Graph 2?

[17~19] 다음 글을 읽고, 물음에 답하시오.

Do you have any money worries? Let's talk with Dr. Money.

Q: I'm Jason. I get a weekly allowance, but I never have enough. By Thursday, all of my money is gone. I don't know how to solve this problem.

A: Hi, I'm Dr. Money. Let's look at your spending diary. You used up most of your money at the beginning of the week. Here's my tip. (A)⌈Carry / Don't carry⌋ around all of your weekly allowance. Divide the money into (B)⌈days / weeks⌋. Then carry only the money you need for each day.

서술형5

17 윗글 (A)와 (B)의 각 네모 안에 주어진 말 중 문맥상 알맞은 것을 쓰시오. 각 2점

(A) _____

(B) _____

서술형6

18 다음 영영풀이에 해당하는 단어를 윗글에서 찾아 쓰시오. 3점

> to separate something into parts or groups

→ _____

19 윗글의 내용을 잘못 이해한 사람은? 4점

① 혜미: Jason은 일주일에 한 번 용돈을 받아.
② 재민: Jason은 자신의 용돈이 충분하지 않다고 생각해.
③ 우석: Jason은 주말에 용돈을 한꺼번에 다 써.
④ 연희: Dr. Money는 Jason의 용돈 기입장을 보고 Jason의 문제점을 알아냈어.
⑤ 지나: Dr. Money는 하루에 필요한 돈만 들고 다니라고 Jason에게 조언하고 있어.

[20~22] 다음 글을 읽고, 물음에 답하시오.

> **Q:** Hello, Dr. Money. I'm Steve. I have difficulty ⓐsaving money. For example, I (A)저축해 오고 있다 to go to my favorite singer's concert for the last two months. However, I still don't have enough money. I don't know (B)무엇을 해야 할지.
>
> **A:** Let's see. In the last few weeks, you spent 80% of your allowance and only saved 20%. (①) I think you've been ⓑspending too much. (②) To save money, you need to have a tighter budget. (③) Save 50%, ⓒspend 40%, and donate the ⓓremaining 10% to charity. (④) By ⓔfollow the rule, you can manage your money better. (⑤) Then you can save money faster to buy the ticket.

20 윗글의 밑줄 친 ⓐ~ⓔ 중 어법상 틀린 것은? **4점**

① ⓐ   ② ⓑ   ③ ⓒ   ④ ⓓ   ⑤ ⓔ

서술형**7**

21 윗글의 밑줄 친 우리말 (A)와 (B)를 각각 3단어의 영어로 쓰시오. 각 **4점**

(A) _____

(B) _____

22 윗글의 ①~⑤ 중 주어진 문장이 들어갈 위치로 알맞은 것은? **3점**

> For example, you can follow the 50%-40%-10% rule.

①   ②   ③   ④   ⑤

23 다음 글의 제목으로 가장 알맞은 것은? **4점**

> I like to buy things on sale. If something's on sale, I buy it although I don't need it. Last week, I bought two T-shirts on sale, but I already have many.

① My Shopping List
② My Favorite T-shirt
③ My Spending Habit
④ My Tips for Shopping Wisely
⑤ Various Ways of Buying Things on Sale

[24~25] 민지에게 조언하는 **Dr. Money**의 다음 글을 읽고, 물음에 답하시오.

> **Dr. Money:** Buying things on sale is good ____ⓐ____ you buy things you need. In your case, the problem is that you buy things you don't even need. Here's some advice. Before you buy something, ask yourself, "Do I really need this?" Also, before you go shopping, make a shopping list. Don't buy items that aren't on the list ____ⓑ____ they're on sale. Then you won't buy things on the spot.

24 윗글의 빈칸 ⓐ와 ⓑ에 들어갈 말이 순서대로 바르게 짝지어진 것은? **4점**

① if – as   ② if – even if   ③ unless – if
④ though – if   ⑤ unless – even if

서술형**8** 실유형

25 다음 중 윗글의 내용과 일치하지 <u>않는</u> 것을 찾아 기호를 쓰고, 내용에 맞게 고쳐 쓰시오. **5점**

> ⓐ Minji's problem is that she buys things although she doesn't need them.
> ⓑ Before Minji buys something, she should ask herself if she really likes it.
> ⓒ Minji needs to make a shopping list before she goes shopping.
> ⓓ Minji should not buy items that are not on the shopping list.

(   ) _____ → _____

01 다음 중 짝지어진 단어의 관계가 [보기]와 같은 것은? 3점

> [보기]　　　　　gift – present

① false – true 　　　　② receive – get
③ tight – loose 　　　　④ week – weekly
⑤ major – majority

02 다음 중 단어의 영영풀이가 알맞지 <u>않은</u> 것은? 3점

① **tight**: (of money or time) limited or restricted
② **spend**: to use money to buy or pay for something
③ **remaining**: still present when all the others are gone
④ **exchange**: to separate something into parts or groups
⑤ **allowance**: money that parents give a child regularly

03 다음 빈칸에 공통으로 들어갈 단어로 알맞은 것은? 3점

> • Ticket _____s start at 8 o'clock.
> • I'm looking for a cap. Is this blue cap on _____?
> • The bag store is having a spring _____, so you can buy a bag cheaply there.

① price 　　　② refund 　　　③ sale
④ budget 　　　⑤ receipt

04 다음 빈칸에 들어갈 말이 순서대로 바르게 짝지어진 것은? 3점

> • He spent all his money _____ shopping.
> • Can you divide the cake _____ four pieces?

① to – into 　　　　② to – with
③ on – into 　　　　④ on – with
⑤ for – with

05 다음 대화의 빈칸에 들어갈 말로 가장 알맞은 것은? 3점

> A: Excuse me. _____
> B: Sure. What color would you like?
> A: I'd like a yellow one, please.
> B: OK. Here you are.

① I'd like to return this bag.
② How much is this yellow T-shirt?
③ What would you like to exchange it for?
④ Can I get a refund for these sunglasses?
⑤ Can I exchange this cap for a different color?

06 다음 대화의 빈칸 ⓐ와 ⓑ에 들어갈 말이 순서대로 바르게 짝지어진 것은? 4점

> A: Hello. May I help you?
> B: Yes, please. I'd like to _____ⓐ_____ this watch.
> A: OK. Was there _____ⓑ_____ with it?
> B: No, I just changed my mind. Can I get my money back?
> A: OK. I'll take care of it right away.

① return – something good
② exchange – anything new
③ exchange – anything wrong
④ get a refund for – anything new
⑤ get a refund for – anything wrong

[서술형 1] 고/난도

07 다음 대화의 밑줄 친 ⓐ~ⓓ 중 흐름상 어색한 부분을 찾아 기호를 쓰고, 바르게 고쳐 쓰시오. 5점

> A: Hello. ⓐAre you looking for anything special?
> B: No, I'm not. ⓑI'd like to get a refund for this T-shirt. It's too small.
> A: Sure. ⓒWhat size would you like?
> B: Large, please.
> A: ⓓHere you are.
> B: Thank you.

(　　) → _____

[08~09] 다음 대화를 읽고, 물음에 답하시오.

> Man: Hello. May I help you?
> (A) Do you have the receipt?
> (B) I see. Then, can I exchange it for something else?
> (C) If you don't have the receipt, then, it's not possible to get a refund.
> (D) No, I don't. I received it as a gift.
> (E) Yes, please. I'd like to get a refund for this cap.
> Man: Yes, you can. What would you like to get?
> Girl: I want to get this blue bag.
> Man: Let me see .... The price is the same, so you can just take it.
> Girl: Thank you.

서술형2 고난도

08 자연스러운 대화가 되도록 위 대화의 (A)~(E)를 바르게 배열하시오. **4점**

(   ) – (   ) – (   ) – (   ) – (   )

09 위 대화의 내용과 일치하도록 할 때, 다음 질문에 대한 응답으로 알맞은 것은? **4점**

> Q: What did the girl do at the store?
> A: _____

① She returned a cap.
② She bought a blue bag.
③ She bought a cap as a gift.
④ She got a refund for a blue bag.
⑤ She exchanged a cap for a blue bag.

서술형3

10 다음 문장에서 어법상 틀린 부분을 찾아 바르게 고쳐 쓰시오. **5점**

> Susan has been talking on the phone since an hour.

_____ → _____

11 다음 우리말을 영어로 바르게 옮긴 것은? **3점**

> 우리는 무엇부터 해야 할지 모르겠다.

① We don't know how to do first.
② We don't know what to do first.
③ We don't know how should do first.
④ We don't know what should do first.
⑤ We don't know what we should to do first.

12 다음 (A)~(C)의 각 네모 안에 주어진 말 중에서 어법상 올바른 것끼리 짝지어진 것은? **4점**

> • The problem is when (A)| calling / to call | him.
> • I don't know (B)| how should I / how I should | drive the car at all.
> • We (C)| have / have been | waiting for the bus for half an hour.

	(A)	(B)	(C)
①	calling	how should I	have
②	calling	how I should	have
③	calling	how I should	have been
④	to call	how I should	have been
⑤	to call	how should I	have been

서술형4

13 다음 그림을 보고, 각 그림의 내용에 맞게 대화를 완성하시오. **각 3점**

(1)    (2)

(1) A: Have you finished reading the book?
    B: I _____ _____ _____ the book since last week, but I haven't finished it yet.

(2) A: I don't know _____ _____ _____ today, Dad.
    B: It's very cold. You should wear this coat.

[14~15] 다음 글을 읽고, 물음에 답하시오.

(①) _____ ⓐ _____ smart are you with your money? (②) These are the results of a survey of 100 students at Green Middle School. (③) As Graph 1 shows, 70% answered "No" while 30% answered "Yes." (④) We then asked the students who answered "No" _____ ⓑ _____ their biggest money worry is. (⑤) As Graph 2 shows, 60% think they don't have enough allowance while 28% think they have difficulty saving money. Lastly, 12% said they spent money on things they didn't need.

14 윗글의 ①~⑤ 중 주어진 문장이 들어갈 위치로 알맞은 것은? 　　3점

We first asked students "Are you smart with your money?"

① 　　② 　　③ 　　④ 　　⑤

15 윗글의 빈칸 ⓐ와 ⓑ에 들어갈 말이 순서대로 바르게 짝지어진 것은? 　　3점

① How – how 　② How – that 　③ How – what
④ What – what 　⑤ What – that

[16~18] 다음 글을 읽고, 물음에 답하시오.

Do you have any money worries? Let's talk with Dr. Money.

Q: I'm Jason. I get a(n) ___(A)___ allowance, but I never have enough. By Thursday, all of my money ⓐare gone. I don't know ⓑhow to solve this problem.

A: Hi, I'm Dr. Money. Let's look at your spending diary. You ⓒused up most of your money at the beginning of the week. Here's my tip. Don't carry around all of your ___(B)___ allowance. Divide the money ⓓinto days. Then carry only the money you need for ⓔeach days.

서술형5
16 윗글의 빈칸 (A)와 (B)에 공통으로 들어갈 말로 다음 영영 풀이에 해당하는 한 단어를 쓰시오. 　　4점

once a week, or every week

→ _____

서술형6 　고난도
17 윗글의 밑줄 친 ⓐ~ⓔ 중 어법상 틀린 부분 두 군데를 찾아 기호를 쓰고, 바르게 고쳐 쓰시오. 　　각 4점

(1) (　) → _____
(2) (　) → _____

18 윗글의 내용과 일치하지 <u>않는</u> 것을 <u>모두</u> 고르면? 　　4점

① Jason thinks that his allowance is not enough.
② Jason usually spends most of his allowance at the beginning of the week.
③ Dr. Money is giving Jason advice on how to spend his allowance wisely.
④ Dr. Money advises Jason to keep a spending diary.
⑤ Dr. Money tells Jason not to carry around any of his allowance.

[19~22] 다음 글을 읽고, 물음에 답하시오.

Q: Hello, Dr. Money. I'm Steve. I have difficulty saving money. For example, I've been saving ⓐgo to my favorite singer's concert for the last two months. However, I still don't have enough money. I don't know what ⓑdo.

A: Let's see. In the last few weeks, you spent 80% of your allowance and only saved 20%. (A)<u>나는 당신이 너무 많이 써 오고 있다고 생각해요.</u> To save money, you need to ___(B)___. For example, you can follow the 50%-40%-10% rule. Save 50%, spend 40%, and donate the remaining 10% to charity. By following the rule, you can manage your money better. Then you can save money faster to buy the ticket.

19 윗글의 밑줄 친 ⓐ**go**와 ⓑ**do**의 어법상 올바른 형태가 바르게 짝지어진 것은?　　　　4점

① go – to do
② go – should do
③ to go – to do
④ to go – should do
⑤ going – should do

서술형**7**

20 윗글의 밑줄 친 우리말 (A)와 의미가 같도록 [조건]에 맞게 다음 문장을 완성하시오.　　　　5점

> [조건]　1. spend too much를 어법에 맞게 사용할 것
> 　　　　2. 현재완료 진행형으로 쓸 것

→ I think _____.

21 윗글의 흐름상 빈칸 (B)에 들어갈 말로 알맞은 것은?　　3점

① have a tighter budget
② buy the cheapest item
③ save all of your allowance
④ spend more money on yourself
⑤ write a spending diary every day

22 윗글을 읽고 답할 수 <u>없는</u> 질문은?　　4점

① What is Steve's money problem?
② Why has Steve been saving money for two months?
③ How much money has Steve saved so far?
④ What percentage of his allowance did Steve save in the last few weeks?
⑤ What is the 50%-40%-10% rule?

[23~25] 다음 글을 읽고, 물음에 답하시오.

> Q: I'm Minji. I like to buy things on sale. If something's on sale, I buy it ___ⓐ___ I don't need it. Last week, I bought two T-shirts on sale, but I already have many.
>
> A: Buying things on sale is good if you buy things you need. In your case, the problem is that you buy things you don't even need. Here's some advice. Before you buy something, ask yourself, "Do I really need this?" ___ⓑ___, before you go shopping, make a shopping list. Don't buy items _____ⓒ_____. Then you won't buy things on the spot.

23 윗글의 빈칸 ⓐ와 ⓑ에 들어갈 말이 순서대로 바르게 짝지어진 것은?　　3점

① unless – Also
② because – However
③ because – Also
④ although – However
⑤ although – Also

서술형**8**　고/난도

24 다음 주어진 표현을 바르게 배열하여 윗글의 빈칸 ⓒ에 들어갈 말을 쓰시오.　　5점

> even if, on sale, the list, aren't, that, on, they're

→ _____

25 윗글의 내용과 일치하는 것끼리 짝지어진 것은?　　4점

> ⓐ 민지는 할인 판매하는 물건을 사는 것을 좋아한다.
> ⓑ 민지는 필요한 물건들이 너무 많은 것이 고민이다.
> ⓒ 민지는 티셔츠가 부족해서 할인 판매 중인 티셔츠를 샀다.
> ⓓ Dr. Money는 사려는 물건이 정말 필요한지 스스로에게 물어보라고 민지에게 조언한다.

① ⓐ, ⓒ
② ⓐ, ⓓ
③ ⓑ, ⓒ
④ ⓑ, ⓓ
⑤ ⓒ, ⓓ

01 다음 영영풀이에 해당하는 단어로 알맞은 것은? 　2점

> most of the people or things in a group

① charity　　② budget　　③ habit
④ majority　　⑤ survey

서술형 **1**

02 다음 짝지어진 두 단어의 관계가 같도록 빈칸에 알맞은 말을 쓰시오. 　4점

> false : true = loose : _____

03 다음 중 밑줄 친 부분의 우리말 의미가 알맞지 <u>않은</u> 것은? 　3점

① They had difficulty <u>moving</u> the boxes.
　(옮기는 데 어려움이 있었다)
② Tony knows Seoul well <u>even if he's new here</u>.
　(그가 이곳이 처음이라면)
③ He gave us our worksheets back <u>on the spot</u>.
　(즉석에서)
④ Becoming a smart spender <u>takes a lot of effort</u>.
　(많은 노력을 필요로 한다)
⑤ Dad <u>used up</u> all the milk when he baked the cake. (다 써 버렸다)

04 다음 빈칸에 알맞은 말이 순서대로 바르게 짝지어진 것은? 　3점

> • The blue scarf looks good _____ you.
> • It's up _____ you what to do this weekend.
> • Who will take care _____ cleaning the garden?

① on – on – of　　② for – to – for
③ to – on – of　　④ on – to – for
⑤ on – to – of

05 다음 대화의 빈칸에 들어갈 말로 알맞은 것은? 　3점

> A: Hello. May I help you?
> B: Yes, please. I'd like to return this watch.
> A: OK. Was there anything wrong with it?
> B: No, I just changed my mind. _____
> A: OK. Here's your money.

① How much is the watch?
② Can I get my money back?
③ What would you like to get?
④ Do you have the receipt with you?
⑤ I'd like to exchange it for something else.

06 다음 중 짝지어진 대화가 <u>어색한</u> 것은? 　3점

① A: Is there anything wrong with it?
　B: No, I just don't like the color.
② A: Hello. May I help you?
　B: Yes, please. I'd like to get a refund for these shoes.
③ A: Do you have the receipt with you?
　B: Here it is. I bought it three days ago.
④ A: Hello. Are you looking for anything special?
　B: Yes, I am. I'm just looking around.
⑤ A: Can I exchange this cap for a different color?
　B: Sure. What color would you like?

서술형 **2**

07 다음 대화의 밑줄 친 우리말과 의미가 같도록 빈칸에 알맞은 단어를 써 넣어 문장을 완성하시오. 　4점

> A: Hello. May I help you?
> B: Yes, please. <u>이 배낭을 교환하고 싶어요.</u>
> A: Sure. What would you like to exchange it for?
> B: I'd like these sneakers.

→ I'd like _____ _____ _____ _____.

[08~09] 다음 대화를 읽고, 물음에 답하시오.

> Man: Hello. May I help you?
>
> Girl: Yes, please. ⓐI'd like to return this cap.
>
> Man: Do you have the receipt?
>
> Girl: No, I don't. I received it as a gift.
>
> Man: If you don't have the receipt, then, it's not possible to get a refund.
>
> Girl: I see. Then, can I exchange it for something else?
>
> Man: Yes, you can. What would you like to get?
>
> Girl: I want to get this blue bag.
>
> Man: Let me see .... The price is the same, so you can just take it.
>
> Girl: Thank you.

08 위 대화의 소녀가 교환한 것이 바르게 짝지어진 것은? 3점

서술형 3 고/난도

09 위 대화의 밑줄 친 문장 ⓐ와 바꿔 쓸 수 있는 말을 [조건]에 맞게 쓰시오. 5점

> [조건] 1. for를 사용할 것
>   2. 8단어의 의문문으로 쓸 것

→ _____

10 다음 중 빈칸에 to가 들어갈 수 <u>없는</u> 것은? 3점

① I don't know what _____ say next.

② I'll let you know when _____ get off.

③ Can you tell me where _____ put the vase?

④ I want to learn how I _____ become a smart spender.

⑤ She showed me how _____ read Hangeul.

11 다음 대화에서 어법상 <u>틀린</u> 부분을 바르게 고친 것은? 3점

> A: How long have you been lived in Beijing?
>
> B: I've been living here since 2015.

① How → What   ② lived → living

③ I've → I   ④ living → lived

⑤ since → for

서술형 4

12 다음 괄호 안의 단어를 어법에 맞게 사용하여 대화를 완성하시오. 4점

> A: Amy, can you tell me _____ _____ _____ this machine? (use)
>
> B: Sure. It's easy. Just press the green button.

13 다음 중 밑줄 친 부분이 어법상 <u>틀린</u> 것은? 3점

① I think you've been <u>spending</u> too much money.

② I don't know <u>where I should find</u> the map.

③ I <u>have been learning</u> to ski since last month.

④ I asked Alex <u>where to go</u> shopping tomorrow.

⑤ I <u>don't have been playing</u> computer games for two weeks.

서술형 5

14 다음 그림을 보고, [보기]에서 알맞은 단어를 골라 어법에 맞게 사용하여 문장을 완성하시오. (단, 중복 사용 가능) 각 4점

> [보기]   eat   make   sandwiches

(1) Kate's dad _____ _____ _____ _____ _____ one o'clock.

(2) Kate _____ _____ _____ _____ _____ an hour.

[15~16] 다음 글을 읽고, 물음에 답하시오.

How smart are you with your money? These are the results of a survey of 100 students at Green Middle School.

We first asked students "Are you smart with your money?" As Graph 1 shows, 70% answered "No" (A) if / while 30% answered "Yes." We then asked the students who answered "No" (B) what / that their biggest money worry is. As Graph 2 shows, 60% think they don't have enough allowance while 28% think they have difficulty (C) saved / saving money. Lastly, 12% said they spent money on things they didn't need.

Our survey shows that the majority of students think they are not smart with their money. Managing money is not easy, and becoming a smart spender takes effort.

15 윗글 (A)~(C)의 각 네모 안에 주어진 말 중에서 어법상 올바른 것끼리 짝지어진 것은? **3점**

	(A)	(B)	(C)
①	if	… what …	saved
②	if	… what …	saving
③	while	… that …	saved
④	while	… that …	saving
⑤	while	… what …	saving

서술형6 고난도

16 윗글의 내용과 일치하도록 다음 질문에 완전한 영어 문장으로 답하시오. 각 **4점**

(1) What percentage of students think they are smart with their money?

→ _____

_____

(2) What does the survey show about the majority of students?

→ _____

_____

[17~19] 다음 글을 읽고, 물음에 답하시오.

Do you have _____ⓐ_____? Let's talk with Dr. Money.

Q: I'm Jason. I get a weekly allowance, but I never have enough. By Thursday, all of my money ⓑare gone. I don't know ⓒhow solve this problem.

A: Hi, I'm Dr. Money. Let's look at your spending diary. You used up most of your money at the beginning of the week. Here's my tip. Don't carry around all of your weekly allowance. Divide the money into days. Then carry only the money you need for each day.

17 윗글의 흐름상 빈칸 ⓐ에 들어갈 말로 가장 알맞은 것은? **4점**

① a shopping list
② any money worries
③ any advice for shopping
④ any problem with your parents
⑤ difficulty keeping your spending diary

18 윗글의 밑줄 친 ⓑ와 ⓒ를 어법상 올바른 형태로 고친 것끼리 순서대로 바르게 짝지어진 것은? **4점**

① is gone – how solved
② is going – how to solve
③ is gone – how to solve
④ gone – how should solve
⑤ are going – how to solve

19 윗글에서 Dr. Money의 조언으로 언급되지 <u>않은</u> 것을 모두 고르면? **3점**

① 용돈을 많이 받지 마세요.
② 일주일 용돈 전부를 가지고 다니지 마세요.
③ 용돈을 요일별로 나누세요.
④ 날마다 필요한 돈만 들고 다니세요.
⑤ 용돈 기입장을 빠짐없이 기입하세요.

[20~22] 다음 글을 읽고, 물음에 답하시오.

> **Q:** Hello, Dr. Money. I'm Steve. I have difficulty saving money. For example, ⓐI've been saving to go to my favorite singer's concert since the last two months. However, I still don't have enough money. I don't know what I should do.
>
> **A:** Let's see. In the last few weeks, you spent 80% of your allowance and only saved 20%.
>
> **(A)** For example, you can follow the 50%-40%-10% rule. Save 50%, spend 40%, and donate the remaining 10% to charity.
>
> **(B)** I think you've been spending too much. You need to have a tighter budget in order to save money.
>
> **(C)** By following the rule, you can manage your money better. Then you can save money faster to buy the ticket.

서술형**8**

20 윗글의 밑줄 친 문장 ⓐ에서 어법상 틀린 부분을 찾아 바르게 고쳐 쓰시오. (단, 한 단어만 고쳐 쓸 것) 4점

_____ → _____

21 윗글의 흐름에 맞게 (A)~(C)를 바르게 배열한 것은? 3점

① (A) – (B) – (C)
② (B) – (A) – (C)
③ (B) – (C) – (A)
④ (C) – (A) – (B)
⑤ (C) – (B) – (A)

22 다음 중 윗글에 사용된 단어의 영영풀이가 <u>아닌</u> 것은? 5점

① still present when all the others are gone
② a sum of money which is returned to you
③ money that parents give a child regularly
④ an amount of money that a person or company can spend
⑤ an organization that gives money or help to people who need it

[23~24] 다음 글을 읽고, 물음에 답하시오.

> **Q:** I'm Minji. I like ⓐbuy things on sale. If something's on sale, I buy it ⓑdespite I don't need it. Last week, I bought two T-shirts on sale, but I already have ⓒmuch.
>
> **A:** It is good to buy things on sale ___(A)___ you buy things you need. In your case, the problem is ⓓthat you buy things you don't even need. Here's some advice. Before you buy something, ask yourself, "Do I really need this?" Also, before you go shopping, ⓔto make a shopping list. Don't buy items that aren't on the list even ___(B)___ they're on sale. Then you won't buy things on the spot.

23 윗글의 밑줄 친 ⓐ~ⓔ 중 어법상 올바른 것은? 3점

① ⓐ   ② ⓑ   ③ ⓒ   ④ ⓓ   ⑤ ⓔ

서술형**9**

24 윗글의 흐름상 빈칸 (A)와 (B)에 공통으로 알맞은 말을 쓰시오. 3점

→ _____

서술형**10** 한 단계 더!

25 Monica가 새로운 학교로 전학 가기 전에 알고 싶어 하는 것을 [조건]에 맞게 쓰시오. 각 4점

> (1) Which bus should I take?
> (2) Who should I have lunch with?
> (3) How should I introduce myself?

[조건] 1. to부정사를 사용할 것
　　　 2. want to know를 사용할 것

(1) Monica _____ .
(2) _____
(3) _____

● 틀린 문항을 표시해 보세요.

● 부족한 영역을 점검하고 어떻게 더 학습할지 계획을 적어 보세요.

〈제1회〉 대표 기출로 내신 적중 모의고사　　총점 _____ / 100

문항	영역	문항	영역	문항	영역
01	p.84(W)	10	p.97(G)	19	pp.104~105(R)
02	p.84(W)	11	p.96(G)	20	pp.105~106(R)
03	p.82(W)	12	pp.96~97(G)	21	pp.105~106(R)
04	p.82(W)	13	pp.96~97(G)	22	pp.105~106(R)
05	p.87(L&T)	14	p.104(R)	23	p.106(R)
06	p.88(L&T)	15	p.104(R)	24	p.106(R)
07	p.88(L&T)	16	p.104(R)	25	p.106(R)
08	p.89(L&T)	17	pp.104~105(R)		
09	p.89(L&T)	18	pp.104~105(R)		

제1회 오답 공략
부족한 영역
학습 계획

〈제2회〉 대표 기출로 내신 적중 모의고사　　총점 _____ / 100

문항	영역	문항	영역	문항	영역
01	p.84(W)	10	p.96(G)	19	pp.105~106(R)
01	p.84(W)	11	p.97(G)	20	pp.105~106(R)
03	p.84(W)	12	pp.96~97(G)	21	pp.105~106(R)
04	p.82(W)	13	pp.96~97(G)	22	pp.105~106(R)
05	p.87(L&T)	14	p.104(R)	23	p.106(R)
06	p.88(L&T)	15	p.104(R)	24	p.106(R)
07	p.88(L&T)	16	pp.104~105(R)	25	p.106(R)
08	p.89(L&T)	17	pp.104~105(R)		
09	p.89(L&T)	18	pp.104~105(R)		

제2회 오답 공략
부족한 영역
학습 계획

〈제3회〉 대표 기출로 내신 적중 모의고사　　총점 _____ / 100

문항	영역	문항	영역	문항	영역
01	p.84(W)	10	p.97(G)	19	pp.104~105(R)
02	p.84(W)	11	p.96(G)	20	pp.105~106(R)
03	p.82(W)	12	p.97(G)	21	pp.105~106(R)
04	p.82(W)	13	pp.96~97(G)	22	pp.105~106(R)
05	p.87(L&T)	14	p.96(G)	23	p.106(R)
06	p.87(L&T)	15	p.104(R)	24	p.106(R)
07	p.87(L&T)	16	p.104(R)	25	p.96(G)
08	p.89(L&T)	17	pp.104~105(R)		
09	p.89(L&T)	18	pp.104~105(R)		

제3회 오답 공략
부족한 영역
학습 계획

〈제4회〉 고난도로 내신 적중 모의고사　　총점 _____ / 100

문항	영역	문항	영역	문항	영역
01	p.84(W)	10	p.96(G)	19	p.105(R)
02	p.82(W)	11	p.97(G)	20	pp.105~106(R)
03	p.82(W)	12	pp.96~97(G)	21	pp.105~106(R)
04	p.88(L&T)	13	p.96(G)	22	pp.105~106(R)
05	p.87(L&T)	14	p.97(G)	23	p.106(R)
06	p.88(L&T)	15	p.104(R)	24	p.106(R)
07	p.89(L&T)	16	p.104(R)	25	p.97(G)
08	p.89(L&T)	17	p.105(R)		
09	p.89(L&T)	18	p.105(R)		

제4회 오답 공략
부족한 영역
학습 계획

The Team Behind the Team

주요 학습 내용			
의사소통 기능	빈도 묻고 말하기		A: How often do you exercise? (너는 얼마나 자주 운동을 하니?) B: I exercise once a week. (나는 일주일에 한 번 운동을 해.)
	제안이나 권유하기		I suggest you exercise more often. (네가 더 자주 운동할 것을 제안해.)
언어 형식	현재분사		Pacers usually have flags or balloons **showing** their finish time. (페이서들은 보통 자신들의 완주 시간을 나타내는 깃발이나 풍선을 가지고 있다.)
	as ~ as		They are **as** important **as** the players. (그들은 선수들만큼 중요하다.)

Words

만점 노트

Listen and Talk

□□ join	동 가입하다, 함께하다	□□ suggest☆	동 제안하다, 추천하다
□□ light	형 가벼운	□□ twice☆	부 두 번
□□ limit	명 제한, 한도	□□ weekday	명 평일 (cf. weekend 주말)
□□ often☆	부 자주; 흔히, 보통	□□ do stretching exercises	스트레칭을 하다
□□ once☆	부 한 번; (과거) 언젠가	□□ sign up	(강좌에) 등록하다
□□ register	동 등록하다	□□ take lessons	수업을 받다, 강습을 받다

Reading

□□ achieve	동 달성하다, 성취하다	□□ perfect	형 완벽한
□□ attention☆	명 주목, 관심	□□ pit	명 (자동차 경주의) 피트
□□ breathe	동 숨 쉬다 (명 breath)	□□ race	명 경주, 달리기 (시합)
□□ crew	명 (함께 일하는) 팀, 조	□□ several	형 몇몇의
□□ eastern	형 동쪽의	□□ support☆	동 지원하다; 지지하다
□□ especially	부 특히	□□ target	명 목표, 목표로 하는 대상
□□ experienced	형 경험이 풍부한, 능숙한	□□ therefore	부 그러므로
□□ flag	명 기, 깃발	□□ tribe	명 종족, 부족
□□ harmony	명 조화, 화합	□□ trophy	명 트로피
□□ hide	동 숨기다, 감추다 (-hid-hidden)	□□ depending on	~에 따라
□□ hidden☆	형 숨겨진	□□ in short	요컨대, 요약하면
□□ hire	동 고용하다	□□ keep track of☆	(계속해서) ~을 파악하다
□□ invisible☆	형 보이지 않는, 볼 수 없는 (↔ visible)	□□ lead A to B	A를 B로 이끌다
□□ pacer	명 페이서, 보조를 맞춰 걷는 사람	□□ on one's own☆	혼자서, 혼자 힘으로
□□ particular	형 특정한	□□ wear out☆	(낡아서) 닳다, 해지다

Language in Use

□□ direct	형 직접적인 (↔ indirect)	□□ possible	형 가능한 (↔ impossible)
□□ formal	형 격식을 차린 (↔ informal)	□□ stool	명 (팔걸이·등받이 없는) 의자
□□ patient	형 참을성 있는 (↔ impatient)	□□ suit	명 정장
□□ polite	형 정중한 (↔ impolite)	□□ give a speech	연설하다

Think and Write & Team Project

□□ cheer	동 응원하다, 힘을 북돋우다	□□ spirit	명 정신
□□ fit	형 건강한	□□ most of all	무엇보다도
□□ recommend	동 추천하다 (명 recommendation)	□□ play a role	역할을 맡다, 한몫을 하다

Review

| □□ allow | 동 허락하다 | □□ hold | 동 잡고 있다, 들고 있다 (-held-held) |

Words

연습 문제

A 다음 단어의 우리말 뜻을 쓰시오.

01 suggest _____
02 invisible _____
03 eastern _____
04 hire _____
05 achieve _____
06 attention _____
07 formal _____
08 breathe _____
09 several _____
10 crew _____
11 support _____
12 polite _____
13 pacer _____
14 allow _____
15 particular _____
16 therefore _____
17 tribe _____
18 experienced _____
19 especially _____
20 hide _____

B 다음 우리말 뜻에 알맞은 영어 단어를 쓰시오.

01 두 번 _____
02 평일 _____
03 직접적인 _____
04 기, 깃발 _____
05 가능한 _____
06 조화, 화합 _____
07 한 번; (과거) 언젠가 _____
08 완벽한 _____
09 참을성 있는 _____
10 응원하다, 힘을 북돋우다 _____
11 등록하다 _____
12 경주, 달리기 (시합) _____
13 목표(로 하는 대상) _____
14 (자동차 경주의) 피트 _____
15 정신 _____
16 제한, 한도 _____
17 트로피 _____
18 가입하다, 함께하다 _____
19 추천하다 _____
20 숨겨진 _____

C 다음 영어 표현의 우리말 뜻을 쓰시오.

01 in short _____
02 sign up _____
03 wear out _____
04 on one's own _____
05 keep track of _____
06 give a speech _____
07 take lessons _____
08 most of all _____
09 play a role _____
10 depending on _____

D 다음 우리말 뜻에 알맞은 영어 표현을 쓰시오.

01 (낡아서) 닳다, 해지다 _____
02 무엇보다도 _____
03 A를 B로 이끌다 _____
04 ~에 따라 _____
05 스트레칭을 하다 _____
06 요컨대, 요약하면 _____
07 혼자서, 혼자 힘으로 _____
08 (강좌에) 등록하다 _____
09 연설하다 _____
10 (계속해서) ~을 파악하다 _____

Words Plus
만점 노트

STEP
A

영영풀이

☐☐	**achieve**	달성하다, 성취하다	to succeed in doing or getting something you want
☐☐	**attention**	주목, 관심	the act of watching or listening to something carefully
☐☐	**breathe**	숨 쉬다	to take air into your body and let it out again
☐☐	**crew**	(함께 일하는) 팀, 조	a group of people with particular skills who work together
☐☐	**hide**	숨기다	to put something in a place where no one can see it
☐☐	**hire**	고용하다	to employ or pay someone to do a particular job
☐☐	**invisible**	(눈에) 보이지 않는, 볼 수 없는	not able to be seen
☐☐	**pacer**	페이서, 보조를 맞춰 걷는 사람	a runner who sets the pace for others in a race
☐☐	**particular**	특정한	relating to a specific person, thing, or place
☐☐	**pit**	(자동차 경주의) 피트	the area beside a race track where cars are repaired or get more gas during a race
☐☐	**register**	등록하다	to put someone's or something's name on an official list
☐☐	**several**	몇몇의	some, but not many
☐☐	**support**	돕다, 지원하다	to help someone, often when they are having problems
☐☐	**target**	목표	the aim or result that you try to achieve
☐☐	**tribe**	종족, 부족	a group of people who have their own language and ways of living
☐☐	**trophy**	트로피	a metal cup or other object that someone gets for winning a game or race
☐☐	**depending on**	～에 따라	determined by conditions or circumstances that follow
☐☐	**keep track of**	(계속해서) ～을 파악하다	to pay attention to someone or something so that you know where they are or what is happening to them
☐☐	**on one's own**	혼자서, 혼자 힘으로	for oneself or by oneself

단어의 의미 관계

● **유의어**
particular (특정한) = specific
target (목표) = goal

● **반의어**
direct (직접적인) ↔ indirect (간접적인)
patient (참을성 있는) ↔ impatient (못 견디는)
polite (정중한) ↔ impolite (무례한)
visible ((눈에) 보이는) ↔ invisible (보이지 않는)

● **동사 – 명사**
breathe (숨 쉬다) – breath (입김, 숨)
recommend (추천하다) – recommendation (추천)
register (등록하다) – registration (등록)
suggest (제안(추천)하다) – suggestion (제안, 추천)

다의어

● **target** 1. 몡 목표   2. 몡 과녁
1. You have to set your **target** first. (너는 먼저 목표를 설정해야 해.)
2. The player missed the **target**. (그 선수는 과녁을 못 맞혔다.)

● **support** 1. 동 지원하다; 지지하다   2. 몡 지원; 지지
1. They **support** marathon runners.
(그들은 마라톤 선수들을 돕는다.)
2. He asked us for **support**. (그는 우리에게 지원을 요청했다.)

● **once** 1. 뿐 한 번   2. 뿐 (과거) 언젠가, 한때
3. 쩝 ～하자마자, 일단 ～하면
1. We eat out **once** a week. (우리는 일주일에 한 번 외식한다.)
2. Did you know that Dan was **once** a police officer?
(Dan이 한때 경찰이었던 것 알았니?)
3. **Once** you get there, you'll love it.
(그곳에 도착하자마자 너는 그곳을 좋아하게 될 거야.)

Words Plus
연습 문제

A 다음 영영풀이에 해당하는 단어를 [보기]에서 찾아 쓴 후, 우리말 뜻을 쓰시오.

[보기] tribe   several   hire   breathe   target   support   invisible   particular

1 _____ : not able to be seen : _____
2 _____ : some, but not many : _____
3 _____ : the aim or result that you try to achieve : _____
4 _____ : relating to a specific person, thing, or place : _____
5 _____ : to take air into your body and let it out again : _____
6 _____ : to employ or pay someone to do a particular job : _____
7 _____ : to help someone, often when they are having problems : _____
8 _____ : a group of people who have their own language and ways of living : _____

B 다음 빈칸에 알맞은 단어를 [보기]에서 찾아 쓰시오.

[보기]   hide   attention   register   harmony   suggest

1 I'd like to _____ for a cooking class.
2 He pretended to be sick to get _____.
3 The dog was digging a hole to _____ a bone.
4 The students worked together in perfect _____.
5 Ms. Kim _____(e)d that we should read books every day.

C 우리말과 의미가 같도록 빈칸에 알맞은 말을 쓰시오.

1 내 장화가 닳기 시작하고 있다. → My boots are beginning to _____ _____.
2 할아버지께서 그 집을 혼자 힘으로 지으셨다. → Grandpa built the house _____ _____ _____.
3 그녀는 요가 수업에 등록하기로 결정했다. → She has decided to _____ _____ for a yoga class.
4 요리 시간은 오븐에 따라 약간 달라질 수 있다.
  → Cooking time may vary slightly, _____ _____ your oven.
5 요컨대, 대다수의 학생들이 자신들이 돈에 관해 현명하지 않다고 생각한다.
  → _____ _____, the majority of students think they are not smart with their money.

D 다음 짝지어진 두 단어의 관계가 같도록 빈칸에 알맞은 단어를 쓰시오.

1 target : goal = specific : _____
2 direct : indirect = polite : _____
3 patient : impatient = visible : _____
4 suggest : suggestion = _____ : registration
5 recommend : recommendation = _____ : breath

[07~09] 다음 대화를 읽고, 물음에 답하시오.

Woman: Hello. Welcome to Sports World. May I help you?
Boy: Yes, I came to register for a swimming class.
Woman: Is this your first time taking swimming lessons?
Boy: Yes, it is. (①) I don't know ___ⓐ___ to swim at all.
Woman: I see. (②) How often do you want to take classes?
Boy: (③) I'd like to take classes on weekdays and not on weekends.
Woman: Then, I suggest that you take the Beginner 2 class. This class meets on Tuesdays and Thursdays. (④)
Boy: That sounds good. (⑤) I'd like to sign up for that class. ___ⓑ___ big is the class?
Woman: The class has a limit of 10 people.
Boy: That's perfect.

07 위 대화의 ①~⑤ 중 주어진 문장이 들어갈 위치로 알맞은 것은?

> I want to take classes twice a week.

①   ②   ③   ④   ⑤

08 위 대화의 빈칸 ⓐ와 ⓑ에 공통으로 들어갈 말로 알맞은 것은?

① why(Why)
② how(How)
③ what(What)
④ when(When)
⑤ where(Where)

09 위 대화의 내용과 일치하지 않는 것은?

① 두 사람은 수영 수업 등록에 대해 이야기하고 있다.
② 소년은 이전에 수영 강습을 받아 본 적이 없다.
③ 소년은 주말에 수업을 듣고 싶어 한다.
④ 초급 2반의 수업은 화요일과 목요일에 있다.
⑤ 초급 2반의 수강 제한 인원은 10명이다.

서술형

10 다음 Andy와 Brian의 운동 일정표를 보고, 대화를 완성하시오.

	Mon.	Tue.	Wed.	Thu.	Fri.	Sat.	Sun.
Andy	√		√		√		
Brian				√			

Andy: I exercise _____. How about you? How often do you exercise?
Brian: _____
Andy: I suggest you exercise more often.
Brian: OK. I'll try.

11 다음 대화의 밑줄 친 우리말과 의미가 같도록 괄호 안의 표현을 바르게 배열하여 문장을 쓰시오.

A: How often do you take bowling lessons?
B: Twice a week. I'm just a beginner. I heard you're very good.
A: Well, I love bowling. Hmm. Your bowling ball looks heavy for you. 더 가벼운 공을 쓰는 걸 권해.
B: OK. I'll look for a lighter one, then.

→ _____
(I, lighter, you, suggest, use, a, ball)

고
산도
12 다음 대화의 밑줄 친 ⓐ~ⓓ 중 흐름상 어색한 것을 찾아 기호를 쓰고, 바르게 고쳐 쓰시오. (단, 한 단어만 바꿀 것)

A: ⓐHow often do you play basketball?
B: I play basketball twice a week, but I want to ⓑplay more often.
A: Then, I suggest you ⓒjoin my soccer club. We play four times a week.
B: ⓓThat sounds great! It'll be fun to play basketball with you.

( ) → _____

1 현재분사

> 읽기 본문 Pacers usually have flags or balloons **showing** their finish time.
> <u>앞의 명사 수식</u>
>
> 페이서들은 보통 자신들의 완주 시간을 나타내는 깃발이나 풍선들을 가지고 있다.
>
> 대표 예문 The girl **waiting** at the bus stop is my sister.
> 버스 정류장에서 기다리고 있는 소녀는 내 여동생이다.
>
> The bird **singing** in the tree is very big.
> 나무에서 노래하고 있는 새는 매우 크다.
>
> There are many students **studying** in the library.
> 도서관에서 공부하고 있는 학생들이 많다.
>
> The woman **wearing** glasses is my teacher.
> 안경을 쓰고 있는 여자는 우리 선생님이다.

(1) 형태: 동사원형-ing

(2) 의미와 쓰임: 현재분사는 명사의 앞이나 뒤에서 명사를 수식하는 형용사 역할을 한다.

Look at the **sleeping** <u>child</u>. (자고 있는 아이를 봐.)

I know <u>the man</u> **standing** by the gate. (나는 문 옆에 서 있는 남자를 안다.)

현재분사가 단독으로 명사를 수식할 때는 명사 앞에 쓰이고, 뒤따르는 어구가 있을 때는 명사 뒤에 쓰인다. 현재분사가 명사 뒤에 오는 경우, 명사와 현재분사 사이에 「주격 관계대명사＋be동사」가 생략되었다고 볼 수 있다.

Don't go near the **boiling** <u>water</u>. (끓는 물 근처에 가지 마라.)

Do you know the <u>girl</u> (who(that) is) **talking** with Peter?
(너는 Peter와 이야기하고 있는 여자아이를 아니?)

한 단계 더!

- 현재분사는 보어의 역할을 할 수 있으며, 능동·진행의 의미를 나타낸다.

  He was **running**. (그는 뛰고 있었다.) 〈주격보어〉

  I saw Jane **dancing**. (나는 Jane이 춤추고 있는 것을 보았다.) 〈목적격보어〉

- 수식하는 명사와 분사의 관계가 수동일 때는 과거분사를 쓴다.

  There is a **broken** <u>vase</u> on the floor. (바닥에 깨진 꽃병이 있다.)

  I received <u>a letter</u> **written** in English. (나는 영어로 쓰여진 편지를 받았다.)

QUICK CHECK

1 다음 괄호 안에서 알맞은 것을 고르시오.

(1) Look at the stars (shone / shining) in the sky.

(2) He lives in a house (built / building) ten years ago.

(3) The boys (danced / dancing) in the room are my brothers.

2 다음 빈칸에 괄호 안의 동사를 알맞은 형태로 쓰시오.

(1) Look at the _____ birds. (fly)

(2) The girl _____ glasses is my classmate. (wear)

(3) A man _____ a large bag got off the bus. (carry)

2 as ~ as ...

읽기 본문	They are **as** important **as** the players. <u>as＋형용사의 원급＋as</u>	그들은 선수들만큼 중요하다.
대표 예문	Jason can run **as** fast **as** Mike. <u>as＋부사의 원급＋as</u>	Jason은 Mike만큼 빠르게 달릴 수 있다.
	I am **as** hungry **as** you.	나는 너만큼 배고프다.
	Canada is **as** large **as** the USA.	캐나다는 미국만큼 크다.
	Today is **as** windy **as** yesterday.	오늘은 어제만큼 바람이 분다.

(1) 형태: as＋형용사/부사의 원급＋as

(2) 의미와 쓰임

'…만큼 ～한/하게'라는 뜻으로, 비교하는 두 대상의 정도나 상태가 같음을 나타내는 표현이다.

My bag is **as** heavy **as** yours. (내 가방은 네 가방만큼 무겁다.)

This smartphone is **as** expensive **as** yours.
(이 스마트폰은 네 것만큼 비싸다.)

I don't play tennis **as** often **as** you. (나는 너만큼 테니스를 자주 치지 않는다.)

point

시험 포인트 ❶

as ~ as …는 정도가 같은 두 대상을 비교하는 것이므로 as와 as 사이에 형용사나 부사의 원급 형태가 바르게 들어가 있는지 확인하는 문제가 주로 출제된다. 문맥에 따라 형용사를 써야 하는지 또는 부사를 써야 하는지 구분하는 문제도 출제되므로, 문맥상 적절한 품사를 쓸 수 있도록 한다.

point

시험 포인트 ❷

not as ~ as … 구문과 의미가 같은 비교급 문장을 고르는 문제도 자주 출제되므로, 문맥에 맞는 비교급 구문으로 바꾸는 연습을 하도록 한다.
「A ~ not as(so)＋형용사/부사의 원급＋as B」 = 「B ~ 비교급＋than A」

한 단계 더!

「as＋형용사/부사의 원급＋as」의 부정형은 「not as(so)＋형용사/부사의 원급＋as」의 형태로 쓰며 '…만큼 ～하지 않은/않게'라는 뜻을 나타낸다. 이는 「비교급＋than」의 구문으로 바꿔 쓸 수 있다.

Jim is **not as(so)** tall **as** Bob. (Jim은 Bob만큼 키가 크지 않다.)
= Bob is taller than Jim. (Bob은 Jim보다 키가 더 크다.)
= Jim is shorter than Bob. (Jim은 Bob보다 키가 더 작다.)

QUICK CHECK

1 다음 괄호 안에서 알맞은 것을 고르시오.

(1) I can't run as fast (as / than) you.

(2) My mom is as (old / older) as my dad.

(3) Jenny speaks French as (well / good) as Andrew.

2 다음 밑줄 친 부분을 어법에 맞게 고쳐 쓰시오.

(1) Rita was as <u>busiest</u> as Lucy. → _____

(2) The book is as old <u>than</u> the CD. → _____

(3) This city is as large <u>not</u> as Seoul. → _____

연습 문제

1 현재분사

A 다음 밑줄 친 부분을 어법에 맞게 고쳐 쓰시오.

1 The cry boy was looking for his father. → _____

2 There were many students studied in the library. → _____

3 The man work in the garden is my grandfather. → _____

4 The students talking to Mr. Kim is from Canada. → _____

5 The shoes making in this factory are very expensive. → _____

B 다음 빈칸에 알맞은 말을 [보기]에서 골라 어법에 맞게 쓰시오. (단, 중복 사용 불가)

[보기]	play	show	drive	cover

1 The woman _____ the car is Ms. Baker.

2 The girls _____ badminton are my good friends.

3 They climbed up the mountain _____ with snow.

4 I need a map _____ the nearest bus stops and subway stations.

C 다음 문장의 밑줄 친 부분의 쓰임으로 알맞은 것을 고르시오.

1 My job is teaching English. (현재분사 / 동명사)

2 I saw you holding his hand. (현재분사 / 동명사)

3 They waved at the passing train. (현재분사 / 동명사)

4 We met a girl carrying a basket full of vegetables. (현재분사 / 동명사)

D 주어진 우리말과 의미가 같도록 괄호 안의 표현을 어법에 맞게 사용하여 문장을 쓰시오.

1 떨어지고 있는 잎들을 봐. (look at, the, fall, leaves)

→ _____

2 나는 깨진 안경을 버렸다. (throw away, the, break, glasses)

→ _____

3 Jane이 우리에게 충격적인 이야기를 하나 해 주었다. (tell us, shock, story)

→ _____

4 그 지루한 영화는 나를 졸리게 했다. (bore, movie, make me, sleepy)

→ _____

2 | as ~ as ...

A 주어진 두 문장의 내용과 같도록 as ~ as ...와 괄호 안의 단어를 어법에 맞게 사용하여 문장을 완성하시오.

1 Sophia is 160 cm tall. Helen is 160 cm tall, too.

→ Sophia is _____ Helen. (tall)

2 The red bag is $50. The blue bag is $70.

→ The red bag is _____ the blue one. (expensive)

3 Jinsu has lived here for 20 years. Sora has lived here for 20 years, too.

→ Jinsu _____ Sora. (long)

4 Nick gets up at 6 o'clock. Amy gets up at 7 o'clock.

→ Amy _____ Nick. (early)

B 다음 문장에서 어법상 <u>틀린</u> 부분을 찾아 바르게 고쳐 쓰시오.

1 Is this exam as more difficult as the last exam?   _____ → _____

2 He drove as careful as his sister.   _____ → _____

3 Monkeys are as fast not as tigers.   _____ → _____

C 다음 두 문장의 의미가 같도록 빈칸에 알맞은 말을 쓰시오.

1 Today is not as cold as yesterday.

= Yesterday was _____ than today.

2 Minji's brother is more diligent than Minji.

= Minji is _____ as her brother.

3 Yuri didn't work as much as Tom.

= Tom _____ than Yuri.

D 주어진 우리말과 의미가 같도록 as ~ as ...와 괄호 안의 표현을 사용하여 문장을 쓰시오.

1 이 책은 내 노트북만큼 무겁다. (heavy, laptop)

→ _____

2 오늘은 어제만큼 바람이 분다. (today, windy, yesterday)

→ _____

3 배드민턴은 스카이다이빙만큼 위험하지 않다. (badminton, dangerous, skydiving)

→ _____

4 치어리더들은 선수들만큼 열심히 일했다. (the cheerleaders, hard, the players)

→ _____

01 다음 빈칸에 들어갈 **wait**의 형태로 알맞은 것은?

> The girl _____ at the bus stop is my sister.

① wait　　　　② waits
③ waiting　　　④ waited
⑤ is waiting

02 다음 빈칸에 들어갈 **heavy**의 형태로 알맞은 것은?

> My suitcase is as _____ as yours.

① heavy　　　　② heavier
③ heaviest　　　④ more heavy
⑤ most heavy

03 다음 문장의 ①~⑤ 중 **reading**이 들어갈 위치로 알맞은 것은?

> The (①) boy (②) a book (③) under the tree (④) is (⑤) Dave.

①　　　②　　　③　　　④　　　⑤

한 단계 더!

04 다음 글의 빈칸에 들어갈 말로 알맞은 것은?

> Dan and Ryan are my cousins. Dan is _____ Ryan. Dan is 15 years old, and Ryan is 16 years.

① old as　　　　② as old as
③ as old so　　　④ not as old as
⑤ not old as

05 다음 문장의 밑줄 친 ①~⑤ 중 생략할 수 있는 것은?

> The player ①who is ②running in ③the race ④looks ⑤injured.

①　　　②　　　③　　　④　　　⑤

06 다음 두 문장을 한 문장으로 바꿔 쓸 때, 빈칸에 들어갈 말로 알맞은 것은?

> The woman is my homeroom teacher. She is wearing glasses.
> → The woman _____ glasses is my homeroom teacher.

① wears　　② worn　　③ is worn
④ wearing　　⑤ is wearing

한 단계 더!

07 다음 빈칸에 들어갈 말이 순서대로 바르게 짝지어진 것은?

> This bridge is not as long as that bridge.
> = This bridge is _____ than that one.
> = That bridge is _____ than this one.

① shorter – longer　　② longer – shorter
③ long – shorter　　　④ shorter – long
⑤ short – longer

08 다음 중 밑줄 친 부분의 쓰임이 나머지와 다른 하나는?

① Collecting old coins is my hobby.
② Who is the girl wearing a blue cap?
③ The chef cooking over there is my father.
④ Look at the old lady carrying a large bag.
⑤ There are many students eating lunch in the cafeteria.

09 곤단도 한 단계 더!

다음 두 문장의 의미가 같도록 할 때, 빈칸에 들어갈 말로 알맞은 것은?

> Suji is not as good at English as Minho.
> = Minho speaks English _____ than Suji.

① well   ② good   ③ better
④ worse   ⑤ best

10 실유형

다음 문장에서 어법상 **틀린** 부분을 찾아 바르게 고쳐 쓴 것은?

> Staying healthy is as more important as making money.

① Staying → Stay
② is → are
③ as → so
④ more important → important
⑤ making → make

11 곤단도

다음 중 빈칸 ⓐ~ⓔ에 들어갈 말로 알맞은 것은?

> • The cat ____ⓐ____ on the sofa is so cute.
> • The woman ____ⓑ____ cookies is my aunt.
> • Do you know the man ____ⓒ____ on the phone over there?
> • Turn down the volume not to wake up the ____ⓓ____ baby.
> • Do you know the man ____ⓔ____ sunglasses?

① ⓐ: sit   ② ⓑ: is baking
③ ⓒ: talks   ④ ⓓ: slept
⑤ ⓔ: who is wearing

12 다음 빈칸에 들어갈 말로 알맞은 것을 <u>모두</u> 고르면?

> Look at the birds _____ in the tree.

① sing   ② sung
③ singing   ④ are singing
⑤ that are singing

[13~14] 다음 그림의 내용에 맞는 문장을 <u>모두</u> 고르시오.

13

① Tom is as tall as Jane.
② Tom is taller than Jane.
③ Tom is as taller as Jane.
④ Tom is not so tall as Jane.
⑤ Tom is the same height as Jane.

14 한 단계 더!

① The green hat is cheaper than the red one.
② The red hat is as expensive as the green one.
③ The red hat is not as expensive as the green one.
④ The green hat is not so expensive as the red one.
⑤ The green hat is more expensive than the red one.

15 다음 중 어법상 <u>틀린</u> 부분을 바르게 고쳐 쓴 것은?

ⓐ The boy takes pictures is my cousin.
ⓑ The train is as fast not as the airplane.
ⓒ Did you see the girl worn a yellow dress?
ⓓ Did you see the tall man carried a big backpack?
ⓔ I think basketball is not as popular than baseball in Korea.

① ⓐ: takes → taken
② ⓑ: as fast not as → not as fast as
③ ⓒ: worn → wore
④ ⓓ: carried → carries
⑤ ⓔ: than → like

16 다음 대화의 빈칸 ⓐ~ⓔ에 들어갈 말로 알맞지 <u>않은</u> 것은?

A: Who is this girl _____ⓐ_____ brightly in the picture?
B: That's my cousin, _____ⓑ_____ lives in London.
A: What about these boys?
B: They're my brothers. The boy _____ⓒ_____ a bat _____ⓓ_____ my younger brother.
A: Oh, he's as _____ⓔ_____ as you.

① ⓐ: smiling   ② ⓑ: who   ③ ⓒ: holds
④ ⓓ: is   ⑤ ⓔ: tall

17 다음 우리말을 영어로 옮겨 쓸 때 5번째로 올 단어로 알맞은 것은?

네 방은 내 방만큼 크니?

① room   ② as   ③ your
④ mine   ⑤ big

18 다음 중 어법상 옳은 문장의 개수는?

ⓐ Do you know the boy sitting on the sofa?
ⓑ There was a breaking bottle on the floor.
ⓒ Yesterday I read a book written in English.
ⓓ Be careful when you fill the jar with boiling water.

① 0개   ② 1개   ③ 2개   ④ 3개   ⑤ 4개

19 다음 표의 내용과 일치하지 <u>않는</u> 것은?

Name	Height	Weight	Age
Eric	174 cm	63 kg	17
Jiho	174 cm	65 kg	15

① Eric is as tall as Jiho.
② Eric is older than Jiho.
③ Eric is as heavy as Jiho.
④ Jiho is not as old as Eric.
⑤ Jiho is not as light as Eric.

20 다음 중 어법상 <u>틀린</u> 문장끼리 짝지어진 것은?

ⓐ He is looking for his missing dog.
ⓑ I had to get up as early so my dad.
ⓒ Baseball is not so exciting as soccer.
ⓓ The boy played the musical instrument is Ted.
ⓔ My sister and I had fried eggs and some milk for breakfast.

① ⓐ, ⓑ   ② ⓑ, ⓒ
③ ⓑ, ⓓ   ④ ⓒ, ⓓ
⑤ ⓒ, ⓓ, ⓔ

16 You _____ only see the car and the driver _____ most car races, but there is a team _____ the driver.

17 This team _____ _____ a pit crew.

18 A pit is a place _____ _____ _____ _____ the race track, and drivers stop there several times _____ a race.

19 The main job of the pit crew is to _____ the car and _____ the tires.

20 Changing the tires is _____ _____ because the tires _____ _____ easily in a high speed race.

21 A pit stop can be _____ _____ _____ 2 seconds, and there are as many as 20 members on a crew.

22 _____, the pit crew has to work in _____ _____.

23 The driver may _____ all the _____, but _____ people say, "Races are won in the pits."

24 The word *Sherpa* comes from the Sherpa tribe, _____ lives in the _____ part of Nepal.

25 Sherpas have good climbing skills and _____ _____ _____ _____ the mountains well.

26 They also _____ _____ _____ _____ high up in the mountains.

27 Therefore, mountain climbers started to _____ Sherpas to _____ _____ _____ Mount Everest.

28 Sherpas _____ mountain climbers _____ the top of the mountain.

29 They support climbers _____ _____ _____.

30 For example, they _____ _____ tents and carry climbers' bags.

31 Sherpas _____ _____ _____ the _____ people of Mount Everest because people often see a picture of only the climbers at the top of the mountain.

16 여러분은 대부분의 자동차 경주에서 자동차와 레이서만 볼지도 모르겠지만, 그 레이서 뒤에는 팀이 있다.

17 이 팀은 피트 크루라고 불린다.

18 피트는 경주 트랙의 옆에 있는 공간으로, 레이서들이 경주 도중에 그곳에 여러 번 정지한다.

19 피트 크루가 하는 주요 역할은 자동차를 점검하고 타이어를 교체하는 것이다.

20 빠른 속도의 경주에서는 타이어가 쉽게 마모되기 때문에 타이어를 교체하는 것이 특히 중요하다.

21 피트에서의 정지는 짧게는 2초 정도가 될 수 있고, 한 크루에 많게는 20명에 이르는 구성원이 있다.

22 그러므로 피트 크루는 완벽한 조화를 이루며 일해야 한다.

23 레이서만 모든 주목을 받을지 모르지만 사람들이 말하는 것처럼, "경주의 우승은 피트에서 이루어진다."

24 Sherpa라는 단어는 셰르파족에서 유래되었는데, 셰르파족은 네팔의 동쪽 지역에 산다.

25 셰르파는 훌륭한 등반 기술을 가졌으며 산의 지리에 밝다.

26 그들은 또한 산의 높은 곳에서 호흡하는 데 어려움이 거의 없다.

27 그래서 등산가들은 자신들이 에베레스트산을 등반하는 것을 돕는 셰르파를 고용하기 시작했다.

28 셰르파는 등산가들을 산 정상까지 이끈다.

29 그들은 여러 방식으로 등산가들을 지원한다.

30 예를 들어, 그들은 텐트를 치고 등산가들의 가방을 운반한다.

31 셰르파는 종종 에베레스트산의 보이지 않는 사람들로 불리는데, 왜냐하면 사람들은 흔히 산 정상에서 등산가들만 찍힌 사진을 보기 때문이다.

바른 어휘·어법 고르기

01 In sports, only the players get a trophy or medal, but they don't win (on / by) their own.

02 There are people (who / whom) help the players.

03 These people are often (hidden / hide) and don't get attention.

04 However, they are as (important / more important) as the players.

05 Here (is / are) some examples.

06 Pacers (running / run) with other runners and lead them in a marathon.

07 Pacers are experienced runners, and their job is to help other runners (manage / managing) their race better.

08 There can be several (pacer / pacers) in a race.

09 Each pacer runs at different speeds and (finish / finishes) the race in different times.

10 Pacers usually have flags or balloons (shown / showing) their finish time.

11 Runners can choose a pacer depending (on / with) their target finish time.

12 For example, if a runner (wants / want) to finish the race in four hours, the runner (will / will not) follow the four-hour pacer.

13 Since the pacer keeps track of the (goal / time), the runner can achieve his or her goal of (finish / finishing) the marathon in a particular time more easily.

14 (Shortly / In short), pacers run but they don't run to win.

15 They run for (others / themselves).

16 You may only see the car and the driver (while / during) most car races, but there is a team behind the driver.

17 This team (calls / is called) a pit crew.

18 A (crew / **pit**) is a place on the side of the race track, and drivers stop there several times during a race.

19 The main job of the pit crew is (checking / **to check**) the car and change the tires.

20 Changing the tires is especially important because the tires wear (off / **out**) easily in a high speed race.

21 A pit stop can be as short (**as** / than) 2 seconds, and there are as many as 20 members on a crew.

22 Therefore, the pit crew (**has to** / doesn't have to) work in perfect harmony.

23 The driver may get all the attention, but as people say, "Races (**are won** / are winning) in the pits."

24 The word *Sherpa* comes from the Sherpa tribe, (**which** / that) lives in the eastern part of Nepal.

25 Sherpas have good climbing skills and (knowing / **know**) their way around the mountains well.

26 They also (have difficulty / **have little difficulty**) breathing high up in the mountains.

27 Therefore, mountain climbers started to hire Sherpas to help them (**climb** / climbing) Mount Everest.

28 Sherpas lead mountain climbers (**to** / of) the top of the mountain.

29 They support climbers (**in** / for) many ways.

30 (However / **For example**), they put up tents and carry climbers' bags.

31 Sherpas are often called the (visible / **invisible**) people of Mount Everest because people often see a picture of only the climbers at the top of the mountain.

틀린 문장 고치기

• 밑줄 친 부분이 내용이나 어법상 올바르면 ○에, 틀리면 ×에 동그라미 하고 틀린 부분을 바르게 고쳐 쓰시오.

STEP A

01 In sports, only the players get a trophy or medal, but they don't win <u>on their own</u>. ○ ×

02 There are people <u>who helps</u> the players. ○ ×

03 These people are often <u>hide</u> and don't get attention. ○ ×

04 However, they are <u>such important</u> as the players. ○ ×

05 Here are <u>some examples</u>. ○ ×

06 Pacers run with other runners and <u>leading them</u> in a marathon. ○ ×

07 Pacers are experienced runners, and their job is to help <u>other runners managed</u> their race better. ○ ×

08 <u>There can be</u> several pacers in a race. ○ ×

09 Each pacer <u>run at different speeds</u> and finishes the race in different times. ○ ×

10 Pacers usually have flags or balloons <u>show</u> their finish time. ○ ×

11 Runners can choose a pacer <u>depending on</u> their target finish time. ○ ×

12 For example, if a runner <u>wants finishing</u> the race in four hours, the runner will follow the four-hour pacer. ○ ×

13 Since the pacer keeps track of the time, the runner can achieve his or her goal <u>of finishing</u> the marathon in a particular time more easily. ○ ×

14 In short, pacers run but they don't run <u>to win</u>. ○ ×

15 They run <u>for others</u>. ○ ×

16 You <u>may only see</u> the car and the driver during most car races, but there is a team behind the driver. ○ ×

17 This team <u>called</u> a pit crew. ○ ×

18   A pit is a place on the side of the race track, and drivers stop there several times while a race.　　◯　✕

19   The main job of the pit crew is to check the car and changed the tires.　　◯　✕

20   Changing the tires are especially important because the tires wear out easily in a high speed race.　　◯　✕

21   A pit stop can be as shorter as 2 seconds, and there are as many as 20 members on a crew.　　◯　✕

22   Therefore, the pit crew has to work in perfect harmony.　　◯　✕

23   The driver may get all the attention, but as people say, "Races are won in the pits."　　◯　✕

24   The word *Sherpa* comes from the Sherpa tribe, which lives in the eastern part of Nepal.　　◯　✕

25   Sherpas have good climbing skills and know their way around the mountains well.　　◯　✕

26   They also have little difficulty breathe high up in the mountains.　　◯　✕

27   Therefore, mountain climbers started to hire Sherpas to help them climb Mount Everest.　　◯　✕

28   Sherpas leading mountain climbers to the top of the mountain.　　◯　✕

29   They support climbers to many ways.　　◯　✕

30   For example, they put up tents and carry climbers' bags.　　◯　✕

31   Sherpas are often called the invisible people of Mount Everest because people are often seen a picture of only the climbers at the top of the mountain.　　◯　✕

배열로 문장 완성하기

STEP A

01 스포츠에서는, 선수들만 트로피나 메달을 받지만, 그들이 혼자 힘으로 우승하는 것은 아니다.
(a trophy or medal / their own / only the players / don't / in sports / but / on / win / they / get)
>

02 그 선수들을 돕는 사람들이 있다. (are / who / there / the players / people / help)
>

03 이 사람들은 종종 숨겨져 있고 주목을 받지 못한다. (and / attention / get / hidden / are / these people / often / don't)
>

04 하지만, 그들은 선수들만큼 중요하다. (as / are / the players / as / they / however / important)
>

05 여기 몇 가지 예가 있다. (some / are / examples / here)
>

06 페이서들은 마라톤에서 다른 선수들과 함께 달리며 그들을 이끈다.
(run / and / other runners / pacers / in a marathon / with / them / lead)
>

07 페이서들은 경험이 많은 선수들이며, 그들의 역할은 다른 선수들이 경주를 더 잘 운영하도록 돕는 것이다.
(their race / is / manage / better / other runners / are / and / their job / experienced runners / to help / pacers)
>

08 한 경주에는 여러 명의 페이서들이 있을 수 있다. (be / several pacers / there / in a race / can)
>

09 각각의 페이서는 다른 속도로 달리고 다른 시간대에 경주를 마친다.
(in different times / at different speeds / and / each pacer / the race / finishes / runs)
>

10 페이서들은 보통 자신들의 완주 시간을 나타내는 깃발이나 풍선을 가지고 있다.
(flags or balloons / their finish time / pacers / showing / usually / have)
>

11 선수들은 자신들의 목표 완주 시간에 따라 페이서를 선택할 수 있다.
(depending on / can choose / a pacer / their target finish time / runners)
>

12 예를 들어, 한 선수가 4시간 안에 경주를 마치고 싶다면, 그 선수는 4시간 페이서를 따라갈 것이다.
(will follow / the race / for example / in four hours / the four-hour pacer / a runner wants / the runner / if / to finish)
>

13 페이서가 시간을 계속해서 파악하기 때문에, 선수는 특정 시간 안에 마라톤을 완주하려는 자신의 목표를 더 쉽게 달성할 수 있다.
(of finishing the marathon / keeps track of / can achieve / in a particular time / the runner / the pacer / his or her goal / more easily / since / the time)
>

14 요컨대, 페이서들은 달리기는 하지만 우승을 하기 위해 달리는 것은 아니다. (don't run / run / to win / in short / but / pacers / they)
>

15 그들은 다른 이들을 위해 달린다. (run / others / they / for)
>

16 여러분은 대부분의 자동차 경주에서 자동차와 레이서만 볼지도 모르겠지만, 그 레이서 뒤에는 팀이 있다.
(during / a team / most car races / there / but / only see / is / behind the driver / you / the car and the driver / may)
>

17 이 팀은 피트 크루라고 불린다. (called / this team / a pit crew / is)

>

18 피트는 경주 트랙의 옆에 있는 공간으로, 레이서들이 경주 도중에 그곳에 여러 번 정지한다.
(on the side of / and / a place / the race track / during a race / drivers / a pit / stop / several times / is / there)

>

19 피트 크루가 하는 주요 역할은 자동차를 점검하고 타이어를 교체하는 것이다.
(to check / the tires / change / the main job / and / of the pit crew / the car / is)

>

20 빠른 속도의 경주에서는 타이어가 쉽게 마모되기 때문에 타이어를 교체하는 것이 특히 중요하다.
(because / is / in a high speed race / changing the tires / especially important / the tires / wear out easily)

>

21 피트에서의 정지는 짧게는 2초 정도가 될 수 있고, 한 크루에 많게는 20명에 이르는 구성원이 있다.
(and / 20 members / there are / as short as / 2 seconds / on a crew / can be / as many as / a pit stop)

>

22 그러므로 피트 크루는 완벽한 조화를 이루며 일해야 한다. (has to / in perfect harmony / the pit crew / work / therefore)

>

23 레이서만 모든 주목을 받을지 모르지만, 사람들이 말하는 것처럼, "경주의 우승은 피트에서 이루어진다."
(say / the driver / people / get / as / but / may / all the attention / "Races are won in the pits.")

>

24 Sherpa라는 단어는 셰르파족에서 유래되었는데, 셰르파족은 네팔의 동쪽 지역에 산다.
(which / in / the Sherpa tribe / the eastern part / of Nepal / the word *Sherpa* / lives / comes from)

>

25 셰르파는 훌륭한 등반 기술을 가졌으며 산의 지리에 밝다.
(know / well / and / Sherpas / good climbing skills / the mountains / their way / have / around)

>

26 그들은 또한 산의 높은 곳에서 호흡하는 데 어려움이 거의 없다.
(in the mountains / little difficulty / they / breathing / high up / also have)

>

27 그래서, 등산가들은 자신들이 에베레스트산을 등반하는 것을 돕는 셰르파를 고용하기 시작했다.
(started / to help / therefore / climb / mountain climbers / to hire / Mount Everest / Sherpas / them)

>

28 셰르파는 등산가들을 산 정상까지 이끈다. (mountain climbers / the top of / lead / the mountain / Sherpas / to)

>

29 그들은 여러 방식으로 등산가들을 지원한다. (many / climbers / they / in / ways / support)

>

30 예를 들어, 그들은 텐트를 치고 등산가들의 가방을 운반한다. (put up / carry / for example / tents / climbers' bags / they / and)

>

31 셰르파는 종종 에베레스트산의 보이지 않는 사람들로 불리는데, 왜냐하면 사람들은 흔히 산 정상에서 등산가들만 찍힌 사진을 보기 때문이다.
(people / of Mount Everest / Sherpas / at the top of / because / often see / the invisible people / a picture of / the mountain / are often called / only the climbers)

>

[01~03] 다음 글을 읽고, 물음에 답하시오.

_____ⓐ_____ sports, only the players get a trophy or medal, but they don't win _____ⓑ_____ their own. There are people _____ⓒ_____ help the players. These people are often _____ⓓ_____ and don't get attention. However, (A)그들은 선수들만큼 중요하다. Here _____ⓔ_____ some examples.

01 윗글의 빈칸 ⓐ~ⓔ에 들어갈 말로 알맞지 <u>않은</u> 것은?

① ⓐ: In   ② ⓑ: on   ③ ⓒ: who
④ ⓓ: hide   ⑤ ⓔ: are

02 윗글의 밑줄 친 우리말 (A)를 영어로 바르게 옮긴 것은?

① they are as important as the players
② they are less important than the players
③ they are not as important as the players
④ they are more important than the players
⑤ the players are more important than them

03 윗글 다음에 이어질 내용으로 가장 알맞은 것은?

① 메달을 받은 우승자들의 예시
② 스포츠에서 팀워크의 중요성
③ 비인기 스포츠 종목의 예시
④ 운동 선수들이 갖추어야 할 자질
⑤ 스포츠에서 숨은 조력자들의 예시

[04~09] 다음 글을 읽고, 물음에 답하시오.

Pacers in a Marathon

Pacers run with other runners and lead them in a marathon. Pacers are ⓐexperienced runners, and their job is to help other runners ⓑmanage their race better. There can be several pacers in a race. Each pacer runs at different speeds and finishes the race in different times. Pacers usually have flags or balloons ⓒshow their finish time.

Runners can choose a pacer depending _____(A)_____ their target finish time. For example, if a runner wants ⓓto finish the race in four hours, the runner will follow the four-hour pacer. Since the pacer keeps track _____(B)_____ the time, the runner can achieve his or her goal of ⓔfinishing the marathon in a particular time more easily. _____(C)_____, pacers run but they don't run (D)to win. They run for others.

04 윗글의 밑줄 친 ⓐ~ⓔ 중 어법상 <u>틀린</u> 것을 바르게 고친 사람은?

① 미나: ⓐ → experiencing
② 준호: ⓑ → managed
③ 유준: ⓒ → showing
④ 윤지: ⓓ → finishing
⑤ 세경: ⓔ → to finish

05 윗글의 빈칸 (A)와 (B)에 들어갈 말이 순서대로 바르게 짝 지어진 것은?

① in – of   ② in – for
③ on – of   ④ on – for
⑤ on – with

06 윗글의 빈칸 (C)에 들어갈 말로 알맞은 것은?

① By the way
② In short
③ For example
④ In addition
⑤ On the other hand

07 윗글의 밑줄 친 (D)to win과 쓰임이 같은 것은?

① He has a lot of homework to do today.
② I hope to climb Mount Everest someday.
③ It was surprising to meet him in person.
④ My future dream is to be a robot scientist.
⑤ They hurried to the station to catch the last train.

08 윗글을 읽고 pacers에 대해 알 수 있는 것은?

① 나이
② 성별
③ 복장
④ 역할
⑤ 국적

09 윗글의 pacers에 대한 설명으로 틀린 것은?

① They lead other runners in a marathon.
② They help other runners do better in a marathon.
③ Each of them has to run with one runner.
④ They run with flags or balloons.
⑤ They don't run for themselves but for others.

[10~14] 다음 글을 읽고, 물음에 답하시오.

You may only see the car and the driver during most car races, but there is a team behind the driver. This team is (A)‍calling / called‍ a pit crew. A pit is a place on the side of the race track, and drivers stop there several times during a race. The main job of the pit crew is to check the car and change the tires. (B)‍Change / Changing‍ the tires is especially important _____ⓐ_____ the tires wear out easily in a high speed race.

A pit stop can be as (C)‍short / shortly‍ as 2 seconds, and there are as many as 20 members on a crew. Therefore, the pit crew has to work in perfect harmony. The driver may get all the attention, but as people say, "Races are won in the pits."

10 윗글의 제목으로 가장 알맞은 것은?

① How to Win a Car Race
② Pit Crews in Car Racing
③ The Main Job of Car Racers
④ Several Tips for Safe Car Racing
⑤ The Importance of Changing Tires

11 윗글 (A)~(C)의 각 네모 안에 주어진 말 중에서 어법상 알맞은 것끼리 짝지어진 것은?

	(A)	(B)	(C)
①	calling	Change	shortly
②	calling	Changing	short
③	called	Change	shortly
④	called	Changing	shortly
⑤	called	Changing	short

12 윗글의 흐름상 빈칸 ⓐ에 들어갈 말로 알맞은 것은?

① that
② unless
③ because
④ until
⑤ though

STEP
A

13 다음 영영풀이에 해당하는 단어를 윗글에서 찾아 쓰시오.

> a group of people with particular skills who work together

→ _____

14 윗글을 읽고 답할 수 없는 질문은?

① What is a pit in car racing?
② Where does a pit crew work during a race?
③ What is the main job of a pit crew?
④ How many times can car racers change tires in each race?
⑤ Why is it especially important to change tires in a car race?

15 윗글의 밑줄 친 ⓐ~ⓔ 중 어법상 틀린 것은?

① ⓐ   ② ⓑ   ③ ⓒ
④ ⓓ   ⑤ ⓔ

16 윗글의 ①~⑤ 중 주어진 문장이 들어갈 위치로 알맞은 것은?

> For example, they put up tents and carry climbers' bags.

①   ②   ③   ④   ⑤

17 윗글의 흐름상 빈칸 (A)에 들어갈 말로 가장 알맞은 것은?

① climbing   ② formal   ③ eastern
④ difficult   ⑤ invisible

[15~18] 다음 글을 읽고, 물음에 답하시오.

Sherpas in Mountain Climbing

The word *Sherpa* comes from the Sherpa tribe, ⓐwhich lives in the eastern part of Nepal. (①) Sherpas have good climbing skills and know their way around the mountains well. (②) They also have little difficulty ⓑto breathe high up in the mountains. (③) Therefore, mountain climbers started ⓒto hire Sherpas to help them ⓓclimb Mount Everest.

Sherpas ⓔlead mountain climbers to the top of the mountain. (④) They support climbers in many ways. (⑤) Sherpas are often called the ____(A)____ people of Mount Everest because people often see a picture of only the climbers at the top of the mountain.

18 윗글을 읽고 알 수 없는 내용은?

① the origin of the word *Sherpa*
② what Sherpas are good at
③ why mountain climbers hire Sherpas
④ how to hire Sherpas
⑤ the role of Sherpas in mountain climbing

[19~20] 다음 글을 읽고, 물음에 답하시오.

Runners can choose a pacer depending on their target finish time. For example, if a runner wants to finish the race in four hours, the runner will follow the four-hour pacer. Since the pacer keeps track of the time, the runner can achieve @his or her goal of finishing the marathon in a particular time more easily. In short, pacers run but they don't run to win. They run for others.

19 윗글의 밑줄 친 @가 가리키는 것을 우리말로 쓰시오.

→ _____

20 윗글의 내용과 일치하도록 다음 질문에 대한 답을 쓰시오.

> **Q.** If a runner wants to finish the race in three hours, which pacer will the runner follow?

→ The runner will _____.

[21~22] 다음 글을 읽고, 물음에 답하시오.

You may only see the car and the driver during most car races, but there is a team behind the driver.
(A) Therefore, the pit crew has to work in perfect harmony. The driver may get all the attention, but as people say, "Races @are won in the pits."
(B) This team is called a pit crew. A pit is a place on the side of the race track, and drivers stop there several times during a race. The main job of the pit crew is ⓑto check the car and change the tires.
(C) Changing the tires ⓒare especially important because the tires wear out easily in a high speed race. A pit stop can be as ⓓshort as 2 seconds, and there are as ⓔmany as 20 members on a crew.

21 윗글의 흐름에 맞게 (A)~(C)를 바르게 배열하시오.

(   ) – (   ) – (   )

22 윗글의 밑줄 친 @~ⓔ 중 어법상 틀린 것의 기호를 쓰고, 바르게 고쳐 쓰시오.

(   ) → _____

[23~24] 다음 글을 읽고, 물음에 답하시오.

The word *Sherpa* comes from the Sherpa tribe, which lives in the eastern part of Nepal. Sherpas have good climbing skills and know their way around the mountains well. @그들은 또한 산의 높은 곳에서 호흡하는 데 어려움이 거의 없다. Therefore, mountain climbers started to hire Sherpas to help them climb Mount Everest.

Sherpas lead mountain climbers to the top of the mountain. They support climbers in many ways. For example, they put up tents and carry climbers' bags. Sherpas are often called the invisible people of Mount Everest because people often see a picture of only the climbers at the top of the mountain.

23 윗글의 밑줄 친 우리말 @와 의미가 같도록 [보기]의 표현을 바르게 배열하여 쓰시오.

> [보기]   they, difficulty, high up, also, little, have, breathing, in the mountains

→ _____

24 윗글의 내용과 일치하도록 Sherpas에 관한 다음 글의 빈칸에 알맞은 말을 본문에서 찾아 쓰시오.

> They _____ mountain climbers climb Mount Everest. They _____ the climbers to the _____ of the mountain and _____ them in many ways.

만점 노트

Listen and Talk D

교과서 85쪽

Do you ❶like riding a bike? Then, ❷I suggest you join our club, Fun Wheels. We ride bikes ❸once a week, on Saturdays. We ride along the river or in parks. ❹It's fun to ride bikes together.

자전거 타는 것을 좋아하나요? 그렇다면, 우리 동아리 Fun Wheels에 가입하는 것을 제안합니다. 우리는 일주일에 한 번, 토요일마다 자전거를 타요. 강을 따라 자전거를 타거나 공원에서 탑니다. 함께 자전거를 타면 재미있어요.

❶ like는 to부정사와 동명사를 모두 목적어로 취할 수 있다.
❷ 상대방에게 어떤 일을 하도록 제안할 때 「I suggest (that) you (should)+동사원형 ~.」으로 표현한다.
❸ once a week는 '일주일에 한 번'을 의미하고, 「on+요일-s」는 '~요일마다'를 의미한다.
❹ It은 가주어이고 to ride bikes together가 진주어로 쓰인 문장이다.

Around the World

교과서 93쪽

· In swimming, a tapper uses a long pole to ❶help a blind swimmer swim.
· In a race, a guide runner runs with a blind runner and ❷helps him or her stay on the track.
· In blind football, a shooting assistant ❸tells his or her team players which direction to shoot.

· 수영 경기에서 tapper는 시각장애인 수영 선수가 수영하는 것을 돕기 위해 장대를 사용한다.
· 달리기 경주에서 guide runner는 시각장애인 선수와 함께 달리며 그들이 트랙에서 벗어나지 않도록 돕는다.
· 시각장애인 축구에서 shooting assistant는 자신의 팀 선수들에게 어느 방향으로 슛을 해야 하는지 말해 준다.

❶, ❷ 동사 help는 「help+목적어+(to+)동사원형(목적격 보어)」의 형태로 '(목적어)가 ~하는 것을 돕다'라는 의미를 나타낸다.
❸ 「tell+간접목적어(his or her team players)+직접목적어(which direction to shoot)」의 4형식 문장으로, 직접목적어가 「의문사+to부정사」 형태로 쓰였다.

Think and Write

교과서 96쪽

Cheerleaders in Football Games

❶Although people usually don't think that cheerleaders are a part of a football team, they ❷play an important role in a football game. ❸By cheering at a game, they create team spirit. They also encourage their team and fans. ❹To do their job well, cheerleaders ❺need to be fit and strong. They also need to ❻be good at jumping and dancing. ❼Most of all, they need to work as hard as the players.

미식축구 경기의 치어리더들
사람들은 보통 치어리더들이 미식축구 팀의 일원이라고 생각하지 않지만, 그들은 미식축구 경기에서 중요한 역할을 한다. 경기에서 응원을 함으로써 그들은 공동체 정신을 만들어 낸다. 그들은 또한 팀과 팬들을 격려한다. 자신의 역할을 잘 해내기 위해서, 치어리더들은 건강하고 튼튼해야 한다. 그들은 또한 점프와 춤에 능숙해야 한다. 무엇보다도, 그들은 선수들만큼 열심히 일해야 한다.

❶ Although는 '~에도 불구하고'라는 의미의 접속사이며, that은 don't think의 목적어 역할을 하는 명사절을 이끄는 접속사로 쓰였다.
❷ play a role: 역할을 하다
❸ 「by+동명사」는 '~함으로써'라는 뜻을 나타내며, team spirit은 '공동체 정신'이라는 의미이다.
❹ To do는 '~하기 위해'라는 의미의 목적을 나타내는 부사적 용법의 to부정사이다.
❺ 「need to+동사원형」은 '~할 필요가 있다'라는 의미이다.
❻ be good at은 '~에 능숙하다'라는 의미이고 전치사 at 뒤에 동사가 올 경우에는 동명사 형태가 되어야 한다.
❼ most of all: 무엇보다도

기타 지문

실전 TEST

[01~02] 다음 글을 읽고, 물음에 답하시오.

Do you like riding a bike? Then, ⓐI suggest you join our club, Fun Wheels. ⓑWe ride bikes once a week, on Saturdays. We ride along the river or in parks. It's fun to ride bikes together.

01 윗글의 밑줄 친 ⓐ와 바꿔 쓸 수 있는 것을 <u>모두</u> 고르면?

① Did you join our club, Fun Wheels?
② You can't join our club, Fun Wheels.
③ Why don't you join our club, Fun Wheels?
④ What do you think of our club, Fun Wheels?
⑤ I think you should join our club, Fun Wheels.

02 윗글의 밑줄 친 ⓑ가 대답이 될 수 있는 질문으로 알맞은 것은?

① Why don't we ride bikes?
② Who do you ride bikes with?
③ How often do you ride bikes?
④ Where do you usually ride bikes?
⑤ Do you know how to ride a bike?

03 다음 글의 내용을 요약한 아래 문장의 빈칸에 알맞은 말을 쓰시오.

- In swimming, a tapper uses a long pole to help a blind swimmer swim.
- In a race, a guide runner runs with a blind runner and helps him or her stay on the track.
- In blind football, a shooting assistant tells his or her team players which direction to shoot.

↓

In sports games, helpers such as a tapper, a guide runner, and a shooting assistant help _____ players.

[04~06] 다음 글을 읽고, 물음에 답하시오.

Cheerleaders in Football Games
Although people usually don't think that cheerleaders are a part of a football team, they _____ⓐ_____ in a football game. By cheering at a game, they create team spirit. They also encourage their team and fans. To do their job well, cheerleaders need to be fit and strong. They also need to be good at jumping and dancing. Most of all, they need to work ⓑ<u>선수들만큼 열심히</u>.

04 윗글의 빈칸 ⓐ에 들어갈 말로 가장 알맞은 것은?

① play with a ball
② give the players balls
③ play an important role
④ cheer for the other team
⑤ don't need to work hard

05 윗글의 밑줄 친 우리말 ⓑ를 괄호 안에 주어진 단어를 사용하여 영어로 쓰시오. (5단어)

→ _____ (hard)

06 윗글의 cheerleaders가 자신의 역할을 잘 해내기 위해 필요한 것 세 가지를 우리말로 쓰시오.

(1) _____
(2) _____
(3) _____

고득점 맞기

01 Which word has the following definition?

> to take air into your body and let it out again

① hide   ② register   ③ breathe
④ achieve   ⑤ suggest

02 다음 중 짝지어진 단어의 관계가 서로 같지 <u>않은</u> 것은?

① light : heavy = cheer : encourage
② target : goal = particular : specific
③ visible : invisible = direct : indirect
④ achieve : achievement = breathe : breath
⑤ register : registration = suggest : suggestion

03 다음 빈칸에 들어갈 말이 순서대로 바르게 짝지어진 것은?

> • A turtle can _____ itself in its shell when it is in danger.
> • The botanical garden has a _____ on the number of visitors so that it doesn't get crowded.

① hire – spirit   ② cheer – flag
③ hide – limit   ④ join – target
⑤ suggest – tribe

04 다음 빈칸에 공통으로 들어갈 말을 주어진 철자로 시작하여 쓰시오.

> • Her first shot missed the t_____ by an inch.
> • We're raising money for our school, and our t_____ is $3,000.

05 Which can replace the underlined part?

> A: I'm making a house for my dog, Bamtori.
> B: Wow. Are you building it <u>on your own</u>?

① on time   ② by yourself
③ for a living   ④ in your case
⑤ on your way home

06 다음 짝지어진 단어의 관계가 반의어일 때, 빈칸에 들어갈 접두어가 나머지와 <u>다른</u> 하나는?

① polite – __polite   ② formal – __formal
③ perfect – __perfect   ④ patient – __patient
⑤ possible – __possible

07 다음 우리말과 의미가 같도록 빈칸에 알맞은 말을 쓰시오.

> 내 남동생은 많은 야외 활동을 즐겨서 바지가 쉽게 닳는다.

→ My brother enjoys many outdoor activities, so his pants _____ _____ easily.

08 다음 빈칸에 공통으로 들어갈 말로 알맞은 것은?

> • All the athletes were running along the _____.
> • The presentation is only 10 minutes. You should keep _____ of the time carefully.

① pit   ② race   ③ target
④ track   ⑤ attention

09 다음 단어의 영영풀이를 완성할 때 빈칸에 알맞은 것은?

> achieve: v. to _____ in doing or getting
> something you want

① expect   ② lose   ③ create
④ receive   ⑤ succeed

10 다음 중 밑줄 친 부분의 우리말 의미가 알맞지 <u>않은</u> 것은?

① The president will <u>give a speech</u> at one o'clock.
(연설하다)
② The price can be determined <u>depending on</u>
the producer. (~에 따라)
③ Wear a cap if you don't want to <u>get people's
attention</u>. (사람들의 관심을 받다)
④ <u>In short</u>, we won't take a final exam at the end
of this semester. (무엇보다)
⑤ If you <u>sign up</u> before the end of this month,
you can get a 20% discount. (등록하다)

11 다음 중 밑줄 친 부분의 쓰임이 문맥상 <u>어색한</u> 것은?

① Some <u>flags</u> were blowing in the wind.
② He waved his hand until his son was <u>invisible</u>.
③ Can you <u>allow</u> some interesting places to
visit?
④ She gave us <u>several</u> tips for a good night's
sleep.
⑤ Explore Machu Picchu with an <u>experienced</u>
local guide.

12 다음 중 밑줄 친 단어의 쓰임이 나머지와 <u>다른</u> 하나는?

① I <u>once</u> lived in Hawaii.
② Can I try it on <u>once</u> again?
③ I do aerobics <u>once</u> a week.
④ I'll do it <u>once</u>. Look carefully.
⑤ This chance comes <u>once</u> in a lifetime.

13 다음 밑줄 친 단어의 영영풀이로 알맞은 것은?

> Mr. Harris decided to <u>support</u> children in need.

① to put someone's name on an official list
② to hold something up to stop it from falling down
③ to employ or pay someone to do a particular
job
④ to put something in a place where no one can
see it
⑤ to help someone, often when they are having
problems

14 다음 빈칸 ⓐ~ⓓ의 어느 곳에도 들어갈 수 <u>없는</u> 단어는?

> • I'll ____ⓐ____ the cooking club tomorrow.
> • The club members have a strong team
> ____ⓑ____.
> • My cats and dogs are living in perfect
> ____ⓒ____.
> • The temple is in the ____ⓓ____ part of the
> mountain.

① join   ② spirit   ③ tribe
④ eastern   ⑤ harmony

15 다음 (A)~(C)의 각 네모 안에 주어진 단어 중 문맥상 알맞
은 것끼리 짝지어진 것은?

> • They (A) hired / hid two painters to paint
> their house.
> • Daniel did his best to achieve his (B) limit /
> target score.
> • Did you (C) hold / register for the English
> speech contest?

	(A)	(B)	(C)
①	hired	⋯ limit	⋯ hold
②	hired	⋯ target	⋯ register
③	hired	⋯ limit	⋯ register
④	hid	⋯ target	⋯ hold
⑤	hid	⋯ limit	⋯ register

영작하기

• 주어진 우리말과 일치하도록 교과서 대화문을 쓰시오.

Listen and Talk A-1

B: _____

G: _____

B: _____

G: _____

해석 교과서 84쪽

B: 너는 얼마나 자주 농구를 하니?

G: 일주일에 한 번 하는데 더 자주 하고 싶어.

B: 네가 우리 농구 동아리에 가입할 것을 제안해. 우리는 일주일에 세 번 농구를 해.

G: 좋아! 너와 함께 농구 하면 재미있을 거야.

Listen and Talk A-2

B: _____

G: _____

B: _____

G: _____

B: _____

교과서 84쪽

B: 나는 수영을 자주 하지 않아. 너는 어때, Kate? 너는 얼마나 자주 수영을 하니?

G: 나는 일주일에 네 번 수영을 해.

B: 그렇게 자주? 어쨌든, 오늘 함께 수영하면 재미있을 거야.

G: 그래, 그런데 수영하기 전에, 우리가 스트레칭하는 것을 제안해.

B: 좋은 생각이야.

Listen and Talk A-3

B: _____

G: _____

B: _____

G: _____

교과서 84쪽

B: 수지야, 너는 얼마나 자주 볼링 수업을 받니?

G: 일주일에 두 번. 나는 그냥 초보야. 너는 아주 잘한다고 들었어.

B: 음, 나는 볼링을 정말 좋아해. 흠, 네 볼링 공이 너에게 무거워 보여. 더 가벼운 공을 쓰는 걸 권해.

G: 알았어. 그러면 더 가벼운 공을 찾아 볼게.

Listen and Talk A-4

B: _____

G: _____

B: _____

G: _____

교과서 84쪽

B: 미나야, 너는 이곳에 달리기를 하러 얼마나 자주 오니?

G: 매일 와.

B: 오늘 너랑 같이 달리기를 해도 될까?

G: 물론이야, 그런데 네가 운동화를 신는 것을 권해. 네 신발은 달리기에 적합하지 않아.

Listen and Talk C

W: _____

B: _____

W: _____

B: _____

W: _____

B: _____

W: _____

B: _____

W: _____

B: _____

해석   교과서 85쪽

W: 안녕하세요. Sports World에 오신 것을 환영합니다. 도와드릴까요?

B: 네, 저는 수영 수업에 등록하려고 왔어요.

W: 수영 강습을 받는 것이 이번이 처음이세요?

B: 네, 저는 수영하는 법을 전혀 몰라요.

W: 그렇군요. 얼마나 자주 수업을 듣고 싶으세요?

B: 일주일에 두 번 수업을 듣고 싶어요. 주말은 아니고 주중에 수업을 듣고 싶습니다.

W: 그러면, 초급 2반을 수강하기를 권해요. 이 수업은 화요일과 목요일에 있습니다.

B: 좋아요. 그 수업으로 등록할게요. 그 수업은 규모가 얼마나 되나요?

W: 그 수업은 제한 인원이 10명이에요.

B: 딱 좋네요.

Review - 1

B: _____

G: _____

B: _____

G: _____

교과서 98쪽

B: 미나야, 너는 얼마나 자주 수영을 하니?

G: 나는 매일 수영해.

B: 오늘 오후에 나랑 수영하러 가도 될까?

G: 물론이지, 하지만 수영 모자를 가져올 것을 권해. 수영 모자가 없으면 수영장에 들어갈 수가 없거든.

Review - 2

B: _____

G: _____

B: _____

G: _____

교과서 98쪽

B: 소미야, 피아노 연습은 끝났니?

G: 응, 끝났어.

B: 너는 얼마나 자주 연습하니?

G: 나는 일주일에 두 번 연습해.

Review - 3

W: _____

B: _____

W: _____

B: _____

W: _____

B: _____

교과서 98쪽

W: 안녕하세요. 도와드릴까요?

B: 네, 저는 축구 수업에 등록하러 왔어요.

W: 그렇군요. 얼마나 자주 수업을 듣고 싶으세요?

B: 일주일에 두 번 듣고 싶어요. 주말에 수업을 듣고 싶습니다.

W: 그러면, 초급 1반 수강을 권합니다. 이 수업은 토요일과 일요일에 있어요.

B: 그거 좋네요.

[16~18] 다음 글을 읽고, 물음에 답하시오.

You may only see the car and the driver during most car races, but there is a team behind the driver. This team is called a pit crew. A pit is a place on the side of the race track, and drivers stop there several times during a race. The main job of the pit crew is to check the car and change the tires. Changing the tires is especially important because the tires wear out easily in a high speed race.

A pit stop can be as short as 2 seconds, and there are as many as 20 members on a crew. Therefore, the pit crew has to work in perfect harmony. The driver may get all the attention, but as people say, "ⓐ경주의 우승은 피트에서 이루어진다."

16 pit의 정의를 윗글에서 찾아 9단어로 쓰시오.

→ _____

17 윗글의 밑줄 친 우리말 ⓐ를 [조건]에 맞게 영어로 쓰시오.

> [조건] 1. Races를 주어로 하여 6단어로 쓸 것
> 2. win, in, the pits를 어법에 맞게 사용할 것

→ _____

18 윗글의 내용과 일치하도록 다음 질문에 대한 답을 완전한 영어 문장으로 쓰시오.

(1) What is a pit crew's main job?

→ _____

_____

(2) Why is changing the tires especially important in a car race?

→ _____

_____

[19~20] 다음 글을 읽고, 물음에 답하시오.

The word *Sherpa* comes from the Sherpa tribe, ⓐthat lives in the eastern part of Nepal. Sherpas have good climbing skills and ⓑknow their way around the mountains well. They also have ⓒfew difficulty breathing high up in the mountains. Therefore, mountain climbers started to hire Sherpas to help them ⓓto climb Mount Everest.

Sherpas lead mountain climbers to the top of the mountain. They support climbers in many ways. For example, they put up tents and carry climbers' bags. Sherpas are often ⓔcalling the invisible people of Mount Everest because people often see a picture of only the climbers at the top of the mountain.

19 윗글의 밑줄 친 ⓐ~ⓔ 중 어법상 틀린 것을 모두 찾아 기호를 쓰고, 바르게 고쳐 쓰시오.

(1) ( ) → _____

(2) ( ) → _____

(3) ( ) → _____

20 다음 질문에 대한 답 세 가지를 윗글에서 찾아 우리말로 쓰시오.

> Why did mountain climbers start to hire Sherpas to help them climb Mount Everest?

(1) _____

(2) _____

(3) _____

01 다음 중 짝지어진 두 단어의 관계가 나머지와 다른 하나는?   2점

① direct – indirect   ② target – goal
③ formal – informal   ④ polite – impolite
⑤ possible – impossible

02 다음 영영풀이에 해당하는 단어로 알맞은 것은?   3점

> to put someone's or something's name on an official list

① hide   ② achieve   ③ suggest
④ support   ⑤ register

서술형**1**
03 다음 빈칸에 공통으로 들어갈 말을 쓰시오.   3점

> • My right shoe seems to _____ out easily.
> • Have you decided what to _____ to the party?

→ _____

신유형
04 다음 중 빈칸에 들어갈 수 있는 단어가 아닌 것은?   4점

> ⓐ The Apache are one of the native American _____(e)s.
> ⓑ He suddenly stood up and sang a song to get _____.
> ⓒ The _____ on the airplane was wearing blue uniforms.
> ⓓ The winner of this game will get a _____ and 500 dollars.

① track   ② crew   ③ tribe
④ trophy   ⑤ attention

서술형**2**
05 다음 대화의 빈칸에 들어갈 말을 7단어로 쓰시오.   5점

> A: _____ ?
> B: I stay up late three or four times a week.

06 자연스러운 대화가 되도록 (A)~(D)를 바르게 배열한 것은?   3점

> (A) I play once a week, but I want to play more often.
> (B) That sounds good! It'll be fun to play with you.
> (C) How often do you play basketball?
> (D) I suggest you join my basketball club. We play three times a week.

① (A) – (C) – (D) – (B)
② (A) – (D) – (C) – (B)
③ (B) – (C) – (A) – (D)
④ (C) – (A) – (D) – (B)
⑤ (C) – (B) – (D) – (A)

07 다음 대화의 흐름상 빈칸에 들어갈 말로 알맞은 것은?   3점

> A: Mina, how often do you come here to run?
> B: Every day.
> A: Can I run with you today?
> B: Sure, but _____. Your shoes aren't good for running.

① I think you should wear shoes
② I suggest you wear running shoes
③ I want you to change your clothes
④ I don't think you should change your shoes
⑤ I can recommend you a good place for running

[08~09] 다음 대화를 읽고, 물음에 답하시오.

> **Woman:** Hello. Welcome to Sports World. May I help you?
> **Boy:** Yes, I came to register for a swimming class.
> **Woman:** Is this your first time taking swimming lessons?
> **Boy:** Yes, it is. I don't know how to swim at all.
> **Woman:** I see. _____ ⓐ _____
> **Boy:** I want to take classes twice a week. I'd like to take classes on weekdays and not on weekends.
> **Woman:** Then, I suggest that you take the Beginner 2 class. This class meets on Tuesdays and Thursdays.
> **Boy:** That sounds good. I'd like to sign up for that class.

08 위 대화의 흐름상 빈칸 ⓐ에 들어갈 말로 알맞은 것은? **3점**

① When did you start swimming?
② How many classes do you have?
③ What kind of sports do you like?
④ How long have you been swimming?
⑤ How often do you want to take classes?

서술형 **3**

09 위 대화의 내용과 일치하도록 다음 문장의 빈칸에 알맞은 말을 쓰시오. 각 **3점**

(1) The boy has not learned _____ _____ _____ before.

(2) The boy wants to take swimming classes _____ a week, on _____.

(3) The boy will take the Beginner 2 class on _____ _____ _____.

10 다음 빈칸에 들어갈 말이 순서대로 바르게 짝지어진 것은?
3점

> • The girl _____ a book on the bench is my sister.
> • Canada is as _____ as the USA.

① read – larger
② reads – large
③ reads – larger
④ reading – largest
⑤ reading – large

서술형 **4**

11 다음 우리말과 의미가 같도록 괄호 안의 단어를 어법에 맞게 사용하여 문장을 완성하시오. **5점**

> 이 의자는 저 의자만큼 편안하다. (comfortable)

→ This chair is _____.

고
난도

12 다음 중 밑줄 친 부분의 쓰임이 [보기]와 같지 않은 것은? **4점**

> [보기] There were many students borrowing books in the library.

① Don't wake up the sleeping dog.
② I know the girls waving their hands.
③ The man driving the car is my uncle.
④ My parents enjoy watching SF movies.
⑤ Did you see the boy playing the guitar?

한 단계 더!

13 다음 문장에서 어법상 틀린 부분을 바르게 고친 것은? **4점**

> The red sunglasses are as not expensive as the brown ones.

① are → is
② as not → not as
③ not expensive → expensive not
④ expensive → more expensive
⑤ as → than

[14~15] 다음 글을 읽고, 물음에 답하시오.

In sports, only the players get a trophy or medal, but they don't win on their own. There are people who help the players. ⓐThese people are often hidden and don't get attention. However, ⓑthey are as important as the players. Here are some examples.

14 윗글의 밑줄 친 ⓐThese people에 대한 설명으로 알맞은 것을 <u>모두</u> 고르면? 4점

① They help the players.
② They like to get attention.
③ They are not well-known to people.
④ They are more important than the players.
⑤ They win a trophy or medal with other players.

서술형 **5**
15 윗글의 밑줄 친 ⓑthey가 가리키는 것을 본문에서 찾아 다섯 단어로 쓰시오. 5점

→ _____

고난도
16 다음 글의 흐름상 빈칸 ⓐ~ⓔ에 들어갈 말로 알맞지 <u>않은</u> 것은? 4점

Pacers in a Marathon
Pacers ____ⓐ____ with other runners and lead them in a marathon. Pacers are ____ⓑ____ runners, and their job is to help other ____ⓒ____ manage their race ____ⓓ____. There can be several pacers in a ____ⓔ____.

① ⓐ: run   ② ⓑ: experienced
③ ⓒ: pacers   ④ ⓓ: better
⑤ ⓔ: race

[17~19] 다음 글을 읽고, 물음에 답하시오.

Each ⓐpacer runs at different speeds and finishes the race in different times. Pacers usually have flags or balloons ⓑshown their finish time. Runners can choose a pacer depending (A)on / with their target finish time. For example, if a runner ⓒwants to finish the race in four hours, the runner will follow the four-hour pacer. Since the pacer keeps track (B)of / on the time, the runner can achieve his or her goal of ⓓfinishing the marathon in a particular time more easily. (C)At / In short, pacers run but they don't run ⓔto win. They run for others.

17 윗글의 밑줄 친 ⓐ~ⓔ 중 어법상 <u>틀린</u> 것은? 3점

① ⓐ   ② ⓑ   ③ ⓒ   ④ ⓓ   ⑤ ⓔ

18 윗글 (A)~(C)의 각 네모 안에 주어진 말 중에서 어법상 알맞은 것끼리 짝지어진 것은? 3점

	(A)	(B)	(C)
①	on	on	In
②	on	of	In
③	with	of	At
④	with	of	In
⑤	with	on	At

고난도
19 윗글의 내용과 일치하는 것은? 5점

① Runners cannot choose pacers on their own.
② Pacers usually have flags and balloons for other pacers.
③ Pacers and runners keep track of the time together.
④ Runners can meet their target finish time more easily by following a particular pacer.
⑤ Pacers run not for others but for themselves.

[20~22] 다음 글을 읽고, 물음에 답하시오.

You may only see the car and the driver during most car races, but there is a ___ⓐ___ behind the driver. This team is called a pit crew. A pit is a place on the side of the race ___ⓑ___, and drivers stop there several times during a race. The main job of the pit crew is to check the car and change the tires. _____(A)_____ is especially important because the tires wear out easily in a high speed race.

A pit stop can be as ___ⓒ___ as 2 seconds, and there are as many as 20 members on a crew. Therefore, the pit crew has to work in ___ⓓ___ harmony. The ___ⓔ___ may get all the attention, but as people say, "Races are won in the pits."

20 윗글의 빈칸 ⓐ~ⓔ에 들어갈 수 있는 단어가 <u>아닌</u> 것은?

4점

① track ② team ③ pit
④ short ⑤ perfect

21 윗글의 흐름상 빈칸 (A)에 들어갈 말로 알맞은 것은? 3점

① Driving fast
② Winning races
③ Getting attention
④ Changing the tires
⑤ Checking the driver

서술형 **6**

22 다음 영영풀이에 해당하는 단어를 윗글에서 찾아 쓰시오.

3점

a situation in which people are peaceful and agree with each other

→ _____

[23~25] 다음 글을 읽고, 물음에 답하시오.

The word *Sherpa* comes from the Sherpa tribe, which lives in the eastern part of Nepal. Sherpas have good climbing skills and know their way around the mountains well. ⓐ그들은 또한 산의 높은 곳에서 호흡하는 데 어려움이 거의 없다. Therefore, mountain climbers started to hire Sherpas to help ⓑthem climb Mount Everest.

Sherpas lead mountain climbers to the top of the mountain. ⓒThey support climbers in many ways. For example, they put up tents and carry climbers' bags. Sherpas are often called the invisible people of Mount Everest because people often see a picture of only the climbers at the top of the mountain.

서술형 **7**

23 윗글의 밑줄 친 우리말 ⓐ와 의미가 같도록 괄호 안의 단어를 어법에 맞게 사용하여 문장을 완성하시오. 5점

→ They also _____
_____ in the mountains.
(little, difficulty, breathe)

24 윗글의 내용과 일치하도록 할 때, 다음 질문에 대한 답으로 가장 알맞은 것은? 4점

Q. Why are Sherpas often called the invisible people of Mount Everest?

① They only carry climbers' bags.
② The Sherpa tribe lives in hidden places.
③ They don't go to the top of the mountain.
④ They put up tents on top of the mountain.
⑤ They are not in the pictures of the climbers at the mountain top.

서술형 **8**

25 윗글의 밑줄 친 ⓑthem과 ⓒThey가 각각 가리키는 것을 본문에서 찾아 쓰시오. 각 3점

ⓑ _____

ⓒ _____

01 다음 빈칸에 들어갈 말로 알맞은 것은?   2점

> A lot of stars are _____ to the human eye.

① light   ② formal   ③ particular
④ invisible   ⑤ impossible

서술형 1

02 다음 빈칸에 공통으로 들어갈 말을 쓰시오.   3점

> • The young children couldn't find the way home _____ their own.
> • The price is different depending _____ the size.

→ _____

03 다음 중 밑줄 친 **target**의 의미가 나머지와 다른 하나는?   3점

① They couldn't achieve their target.
② The arrow hit the center of the target.
③ What's your sales target for next month?
④ The company has set a new target for next year.
⑤ The university will reach its target of 3,000 students soon.

04 다음 중 밑줄 친 부분의 우리말 뜻이 알맞지 **않은** 것은? 3점

① Sally did not take any drawing lessons.
        └─(수업을 듣다)─┘
② They worked together in perfect harmony.
            └(조화를 이루며)┘
③ Mom decided to sign up for yoga classes.
       (~을 위해 서명하다)
④ We'll keep track of our spending from now on.
       (~을 파악하다)
⑤ In short, we are living in the age of technology.
    (요컨대)

서술형 2

05 다음 대화의 빈칸 ⓐ와 ⓑ에 공통으로 들어갈 말을 쓰시오.   4점

> A: How ___ⓐ___ do you play basketball?
> B: I play once a week, but I want to play more ___ⓑ___.

→ _____

06 자연스러운 대화가 되도록 (A)~(D)를 바르게 배열한 것은?   3점

> (A) That often? Anyway, it'll be fun swimming together today.
> (B) I don't swim often. How about you, Kate? How often do you swim?
> (C) Yes, but before we swim, I suggest we do stretching exercises.
> (D) I swim four times a week.
> A: That's a good idea.

① (B) – (C) – (A) – (D)   ② (B) – (D) – (A) – (C)
③ (C) – (A) – (D) – (B)   ④ (D) – (A) – (C) – (B)
⑤ (D) – (B) – (C) – (A)

07 다음 중 짝지어진 대화가 **어색한** 것은?   4점

① A: I think I have a cold.
   B: I suggest you go see a doctor.
② A: How often do you want to take classes?
   B: I want to take a baking class.
③ A: I suggest you eat less fast food.
   B: OK. I'll try.
④ A: Can I run with you today?
   B: Sure, but I suggest you wear running shoes.
⑤ A: How many times a week do you exercise?
   B: I exercise every day.

[08~10] 다음 대화를 읽고, 물음에 답하시오.

> **Woman:** Hello. Welcome to Sports World. May I help you?
> **Boy:** Yes, I came to register for a swimming class.
> **Woman:** Is this your first time taking swimming lessons? (①)
> **Boy:** Yes, it is. I don't know how to swim at all.
> **Woman:** I see. (②) How often do you want to take classes?
> **Boy:** I want to take classes twice a week. I'd like to take classes on weekdays and not on weekends.
> **Woman:** (③) This class meets on Tuesdays and Thursdays. (④)
> **Boy:** That sounds good. I'd like to sign up for that class. _____ ⓐ _____
> **Woman:** The class has a limit of 10 people. (⑤)
> **Boy:** That's perfect.

08 위 대화의 ①~⑤ 중 주어진 문장이 들어갈 위치로 알맞은 것은? **3점**

> Then, I suggest that you take the Beginner 2 class.

①   ②   ③   ④   ⑤

09 위 대화의 흐름상 빈칸 ⓐ에 들어갈 말로 가장 알맞은 것은? **3점**

① How big is the class?
② How long is the class?
③ When does the class meet?
④ What time does the class start?
⑤ How often does the class meet?

서술형 3

10 위 대화의 내용과 일치하도록 주어진 질문에 대한 답을 완성하시오. **각 3점**

(1) How often will the boy take swimming lessons?
→ He'll take lessons _____.

(2) On what days will the boy take lessons?
→ He'll take lessons _____.

11 다음 빈칸에 들어갈 말이 순서대로 바르게 짝지어진 것은? **3점**

> • Look at the cat _____ on the chair.
> • My baseball cap is as _____ as yours.

① sleeps − better
② sleeps − well
③ sleeping − well
④ sleeping − good
⑤ sleeping − better

12 다음 중 어법상 <u>틀린</u> 문장은? **3점**

① Look at the falling leaves.
② You should be careful of boiling water.
③ The students playing soccer are my classmates.
④ The people live in the building need to move out in a month.
⑤ Do you know the girls taking a picture in front of the gate?

한 단계 더!

13 다음 중 빈칸에 as가 들어갈 수 <u>없는</u> 것은? **3점**

① My bike is _____ old as my sister's.
② Today isn't so cold _____ yesterday.
③ Are you able to run _____ fast as Jake?
④ Is this watch _____ expensive than that one?
⑤ This movie is not _____ exciting as the movie I saw last week.

서술형 4   고난도

14 다음 우리말을 영어로 옮긴 문장에서 어법상 <u>틀린</u> 부분을 찾아 바르게 고쳐 쓰시오. **4점**

> Jane은 저기 서 있는 자신의 언니만큼 노래를 아름답게 한다.
> → Jane sings as beautifully as her sister stands over there.

_____ → _____

[15~16] 다음 글을 읽고, 물음에 답하시오.

> In sports, only the players get a trophy or medal, but they don't win on their own. There are people who help the players. These people are often hidden and don't get attention. However, they are as ____ⓐ____ as the players. Here are some examples.

15 윗글의 흐름상 빈칸 ⓐ에 들어갈 말로 알맞은 것은? **3점**

① fast　　　② well　　　③ hidden
④ invisible　　⑤ important

16 윗글에 이어질 내용으로 가장 알맞은 것은? **4점**

① various kinds of sports
② hidden people in sports
③ famous players who won on their own
④ sports players who get a lot of attention
⑤ hidden people who are as famous as players

[17~20] 다음 글을 읽고, 물음에 답하시오.

> **Pacers in a Marathon**
> Pacers run with other runners and lead ⓐthem in a marathon. Pacers are experienced runners, and ⓑtheir job is to help other runners manage their race better. There can be several pacers in a race. (A)Each pacers runs at different speeds and finishes the race in different times. Pacers usually have flags or balloons showing ⓒtheir finish time.
> Runners can choose a pacer depending on ⓓtheir target finish time. For example, if a runner ____(B)____ to finish the race in four hours, the runner will follow the four-hour pacer. Since the pacer keeps track of the time, the runner can achieve his or her goal of ____(C)____ the marathon in a particular time more easily. In short, pacers run but they don't run to win. ⓔThey run for others.

17 윗글의 밑줄 친 ⓐ~ⓔ 중 가리키는 대상이 같은 것끼리 짝지어진 것은? **4점**

① ⓐ, ⓑ, ⓓ – ⓒ, ⓔ
② ⓐ, ⓑ, ⓔ – ⓒ, ⓓ
③ ⓐ, ⓒ – ⓑ, ⓓ, ⓔ
④ ⓐ, ⓒ, ⓔ – ⓑ, ⓓ
⑤ ⓐ, ⓓ – ⓑ, ⓒ, ⓔ

서술형5
18 윗글의 밑줄 친 문장 (A)에서 어법상 틀린 부분을 찾아 바르게 고쳐 쓰시오. (단, 한 단어만 고칠 것) **4점**

_____ → _____

19 윗글의 빈칸 (B)와 (C)에 들어갈 동사의 올바른 형태가 순서대로 바르게 짝지어진 것은? **3점**

① wants – finish
② will want – finish
③ wants – finishing
④ will want – to finish
⑤ wants – finishes

서술형6 고난도
20 윗글의 내용과 일치하도록 다음 요약문을 완성하시오. **6점**

> Pacers are (1)_____ runners who (2)_____ other runners in a marathon. Runners can follow pacers that have flags or balloons depending on their (3)_____ _____ time. Pacers help runners finish the race in a particular time more easily by keeping track of the (4)_____.

[21~22] 다음 글을 읽고, 물음에 답하시오.

You may only see the car and the driver during most car races, but there is a team behind the driver. This team ⓐ피트 크루라고 불린다. A pit is a place on the side of the race track, and drivers stop there several times during a race. The main job of the pit crew is to check the car and change the tires. Changing the tires is especially important because the tires wear out easily in a high speed race.

A pit stop can be ⓑ2초만큼 짧은, and there are as many as 20 members on a crew. Therefore, the pit crew has to work in perfect harmony. The driver may get all the attention, but as people say, "Races are won in the pits."

서술형7

21 윗글의 밑줄 친 우리말 ⓐ와 ⓑ를 [조건]에 맞게 영어로 쓰시오. 각 4점

> [조건] 1. 괄호 안의 표현을 어법에 맞게 사용할 것
> 2. 각각 5단어로 쓸 것

ⓐ _____

(call, a pit crew)

ⓑ _____

(short, two seconds)

22 윗글의 피트 크루에 관한 내용으로 알맞지 <u>않은</u> 것은? 3점

① 자동차 경주 트랙 옆의 공간에서 일한다.
② 차를 정비하고 타이어를 교체하는 것이 주된 일이다.
③ 레이서가 경기 중 단 한 번만 피트에 정지할 수 있기 때문에 완벽한 조화를 이루며 일해야 한다.
④ 자동차 경주에서 타이어가 쉽게 닳기 때문에 타이어를 교체하는 작업이 특히 중요하다.
⑤ 레이서만큼 주목을 받지는 못하지만 중요한 역할을 한다.

[23~25] 다음 글을 읽고, 물음에 답하시오.

Sherpas have good climbing skills and know their way around the mountains well. They also have little difficulty ____ⓐ____ high up in the mountains well. Therefore, mountain climbers started to ____ⓑ____ Sherpas to help them climb Mount Everest.

Sherpas ____ⓒ____ mountain climbers to the top of the mountain. They ____ⓓ____ climbers (A)in many ways. For example, they put up tents and carry climbers' bags. Sherpas are often called the ____ⓔ____ people of Mount Everest because people often see a picture of only the climbers at the top of the mountain.

23 윗글의 빈칸 ⓐ~ⓔ에 들어갈 말로 알맞지 <u>않은</u> 것은? 3점

① ⓐ: breathing ② ⓑ: hide ③ ⓒ: lead
④ ⓓ: support ⑤ ⓔ: invisible

24 윗글의 밑줄 친 (A)에 해당하는 내용으로 알맞은 것은? 3점

① to live on Mount Everest
② to teach climbers climbing skills
③ to take pictures with the climbers
④ to put up tents and carry climbers' bags
⑤ to introduce Sherpas to mountain climbers

서술형8

25 다음 그림 속 각 사람을 소개하는 문장을 [보기]에 주어진 표현을 사용하여 [예시]와 같이 쓰시오. 각 4점

[보기]	write a card	blow up a balloon
	make a cake	play the piano

[예시] The girl writing a card is Sujin.

(1) _____

(2) _____

(3) _____

01 다음 중 짝지어진 단어의 관계가 [보기]와 같지 <u>않은</u> 것은?　2점

> [보기]　register – registration

① breathe – breath
② weekday – weekend
③ suggest – suggestion
④ achieve – achievement
⑤ recommend – recommendation

02 다음 중 단어와 영영풀이가 바르지 <u>않은</u> 것은?　3점

① **particular**: relating to a specific person, thing, or place
② **target**: the aim or result that you try to achieve
③ **hire**: to help someone, often when they are having problems
④ **crew**: a group of people with particular skills who work together
⑤ **tribe**: a group of people who have their own language and ways of living

서술형 1
03 다음 두 문장의 의미가 같도록 빈칸에 알맞은 말을 한 단어로 쓰시오.　4점

> David planned his vacation on his own.
> = David planned his vacation by _____.

04 다음 중 밑줄 친 부분의 쓰임이 <u>어색한</u> 것은?　3점

① The team worked <u>in perfect harmony</u>.
② Divers always <u>breathe</u> deeply before diving.
③ Carol didn't <u>sign up</u> for the swimming class.
④ Mr. Jones will <u>give a speech</u> at the conference.
⑤ Ron is an <u>experienced</u> player. He has never played in a game.

05 다음 대화의 빈칸에 들어갈 말로 알맞지 <u>않은</u> 것은?　3점

> A: Mina, how often do you come here to run?
> B: _____
> A: Can I run with you today?
> B: Sure, but I suggest you wear running shoes. Your shoes aren't good for running.

① Every day.
② Once a month.
③ Three times a week.
④ I want to run more often.
⑤ I come here four times a week.

서술형 2　곡선도
06 다음 대화의 빈칸에 들어갈 말을 [조건]에 맞게 쓰시오.　5점

> A: Minsu, how often do you exercise?
> B: I exercise once a week.
> A: _____
> B: OK. I'll try.

> [조건]　1. I, suggest, more often을 사용할 것
> 　　　　2. 6단어의 완전한 문장으로 쓸 것

07 다음 대화를 읽고 답할 수 <u>없는</u> 질문은?　3점

> **Andy:** I don't swim often. How about you, Kate? How often do you swim?
> **Kate:** I swim four times a week.
> **Andy:** That often? Anyway, it'll be fun swimming together today.
> **Kate:** Yes, but before we swim, I suggest we do stretching exercises.
> **Andy:** That's a good idea.

① Does Andy swim often?
② How often does Kate swim?
③ Is Andy going to swim today?
④ Who suggests doing stretching exercises?
⑤ How long will they do stretching exercises?

[08~09] 다음 대화를 읽고, 물음에 답하시오.

> **Woman:** Hello. Welcome to Sports World. May I help you?
> **Boy:** Yes, I came to ___ⓐ___ for a swimming class.
> **Woman:** Is this your first time taking swimming lessons?
> **Boy:** Yes, it is. I don't know how to swim at all.
> **Woman:** I see. How ___ⓑ___ do you want to take classes?
> **Boy:** I want to take classes twice ___ⓒ___ week. I'd like to take classes on ___ⓓ___ and not on weekends.
> **Woman:** Then, I suggest that you take the Biginner 2 class. (A)This class meets on Tuesdays and Thursdays.
> **Boy:** That sounds good. I'd like to ___ⓔ___ for that class. How big is the class?
> **Woman:** The class has a limit of 10 people.
> **Boy:** That's perfect.

08 위 대화의 흐름상 빈칸 ⓐ~ⓔ에 들어갈 말로 알맞지 <u>않은</u> 것은? 3점

① ⓐ: register
② ⓑ: often
③ ⓒ: for
④ ⓓ: weekdays
⑤ ⓔ: sign up

09 위 대화를 읽고 밑줄 친 (A)This class에 관해 알 수 <u>없는</u> 것을 <u>모두</u> 고르면? 3점

① 수업명
② 수강료
③ 수강 요일
④ 수업 시간
⑤ 수강 제한 인원 수

10 다음 중 밑줄 친 부분이 어법상 <u>틀린</u> 것은? 3점

① Ted's bike is <u>as old as</u> mine.
② I try to laugh <u>as often as</u> Betty.
③ The lamp is <u>as tall as</u> the bookshelf.
④ Amy dances <u>as beautiful as</u> her sister.
⑤ His latest movie isn't <u>as interesting as</u> his other movies.

11 다음 중 밑줄 친 부분의 쓰임이 [보기]와 같은 것은? 3점

> [보기] The girl <u>running</u> for the bus is my sister.

① They stopped <u>talking</u> for a while.
② My hobby is <u>playing</u> computer games.
③ Do you enjoy <u>listening</u> to hip hop music?
④ I have a map <u>showing</u> the way to the zoo.
⑤ By <u>following</u> the rule, you can manage your money better.

서술형3 고난도

12 다음 그림을 보고, 두 대상을 비교하는 문장을 [조건]에 맞게 쓰시오. 각 4점

> [조건] 1. as ~ as ...를 사용할 것
> 2. 괄호 안의 단어를 사용할 것

(1)

$5,000 $5,000   (expensive)

→ _____

(2)
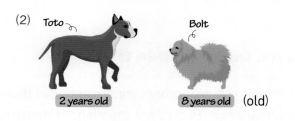
Toto   Bolt
2 years old   8 years old   (old)

→ _____

서술형4

13 다음 두 문장을 분사를 사용하여 주어진 단어 수에 맞게 한 문장으로 쓰시오. 각 3점

(1) The boy is my friend. He is looking at us. (8단어)
→ _____

(2) The man is the mayor. He is shaking hands with people. (9단어)
→ _____

(3) The woman is a famous singer. She is singing on the stage. (10단어)
→ _____

14 다음 중 어법상 올바른 문장의 개수는?   4점

> ⓐ Peter is as taller as his father.
> ⓑ The man wearing a suit is my teacher.
> ⓒ The lady reads a book there is a writer.
> ⓓ This issue is as serious not as the air pollution.
> ⓔ The girl making a speech on the stage is my classmate.

① 1개   ② 2개   ③ 3개   ④ 4개   ⑤ 5개

15 다음 글의 밑줄 친 ①~⑤ 중 흐름상 어색한 것은?   3점

> **Hidden People in Sports**
>
> In sports, only the players get ①a trophy or medal, but they don't win ②on their own. There are people ③who help the players. These people are often hidden and ④get a lot of attention. However, they are as ⑤important as the players.

①   ②   ③   ④   ⑤

[16~18] 다음 글을 읽고, 물음에 답하시오.

> Pacers run with other runners and lead them in a marathon. Pacers are experienced runners, and their job is to help other runners manage their race better. There can be several pacers in a race. Each pacer runs at different speeds and finishes the race in different times. (①) Pacers usually have flags or balloons showing their finish time. (②)
>
> Runners can choose a pacer depending on their target finish time. (③) For example, if a runner wants to finish the race in four hours, the runner will follow the four-hour pacer. (④) Since the pacer keeps track ___ⓐ___ the time, the runner can achieve his or her goal ___ⓑ___ finishing the marathon in a particular time more easily. (⑤) They run for others.

16 윗글의 ①~⑤ 중 주어진 문장이 들어갈 위치로 알맞은 것은?   3점

> In short, pacers run but they don't run to win.

①   ②   ③   ④   ⑤

17 윗글의 빈칸 ⓐ와 ⓑ에 공통으로 들어갈 말로 알맞은 것은?   3점

① of   ② on   ③ for   ④ to   ⑤ with

서술형5 고난도 신유형
18 다음 중 윗글을 읽고 답할 수 있는 것을 골라 기호를 쓰고, 알맞은 답을 완전한 영어 문장으로 쓰시오.   각 4점

> ⓐ What is a pacer's job in a marathon?
> ⓑ How do pacers choose their runners?
> ⓒ What do the pacers' flags or balloons show?
> ⓓ What does a pacer do to win?

(1) (   ) → _____

(2) (   ) → _____

[19~21] 다음 글을 읽고, 물음에 답하시오.

> You may only see the car and the driver during most car races, but there is a team behind the driver. This team is called a pit crew. A pit is a place on the side of the race track, and drivers stop there several times during a race. The main job of the pit crew is to check the car and change the tires. Changing the tires is especially important because the tires wear out easily in a high speed race.
>
> A pit stop can be as short as 2 seconds, and there are as many as 20 members on a crew. ___ⓐ___, the pit crew has to work in perfect harmony. The driver may get all the attention, but ⓑas people say, "Races are won in the pits."

19 윗글의 빈칸 ⓐ에 들어갈 말로 알맞은 것은? 3점

① However ② Since ③ For example
④ Because ⑤ Therefore

고
난도
20 윗글의 밑줄 친 ⓑas와 쓰임이 같은 것은? 4점

① As it's cold, you should wear a coat.
② I wanted to listen to music as I had lunch.
③ She was late for school as she got up late.
④ As he was taking a shower, the phone rang.
⑤ As I told you before, I want to play the drums.

서술형6
21 윗글의 내용과 일치하도록 피트 크루와의 인터뷰를 완성하시오. 6점

> A: What is your team called?
> B: Our team (1)_____.
> A: What is your main job?
> B: It is to (2)_____.
> A: Is there anything important about your job?
> B: A pit stop can be (3)_____,
>   so we have to work (4)_____.

[22~24] 다음 글을 읽고, 물음에 답하시오.

> The word *Sherpa* comes from the Sherpa tribe, which lives in the eastern part of Nepal. Sherpas have good climbing skills and know their way around the mountains well. ⓐThey also have little difficulty breathe high up in the mountains. Therefore, mountain climbers started to hire Sherpas to help them climb Mount Everest.
> Sherpas lead mountain climbers to the top of the mountain. They support climbers in many ways. For example, they put up tents and carry climbers' bags. ⓑSherpas are often called the invisible people of Mount Everest because people often see a picture of only the climbers at the top of the mountain.

22 윗글의 밑줄 친 문장 ⓐ에서 어법상 틀린 부분을 바르게 고쳐 쓴 것은? 3점

① little → few ② difficulty → difficult
③ breathe → breathing ④ high → highly
⑤ in → to

서술형7
23 윗글의 밑줄 친 ⓑ의 이유를 본문에서 찾아 우리말로 쓰시오. 4점

→ _____
_____

24 윗글의 Sherpas에 대해 잘못 이해한 사람은? 3점

① Mina: They are good at climbing mountains.
② Sue: They are hired by mountain climbers.
③ Jake: Mountain climbers lead them to the top of the mountains.
④ Carol: People call them the invisible people of Mount Everest.
⑤ Alex: People often can't see them in the pictures of climbers at the top of the mountain.

25 다음 글의 흐름상 빈칸 ⓐ와 ⓑ에 들어갈 말이 순서대로 바르게 짝지어진 것은? 4점

> _____ⓐ_____ people usually don't think that cheerleaders are a part of a football team, they play an important role in a football game. By cheering at a game, they create team spirit. They also encourage their team and fans. To do their job well, cheerleaders need to be fit and strong. They also need to be good at jumping and dancing. _____ⓑ_____, they need to work as hard as the players.

① If – However
② As – However
③ Since – Most of all
④ Although – Most of all
⑤ Because – For example

01 다음 영영풀이 중 어느 것에도 해당하지 <u>않는</u> 단어는? 3점

> ⓐ to take air into your body and let it out again
> ⓑ a group of people who have their own language and ways of living
> ⓒ a situation in which people are peaceful and agree with each other
> ⓓ to put something in a place where no one can see it

① hide ② tribe ③ hire
④ harmony ⑤ breathe

02 다음 중 밑줄 친 부분의 쓰임이 <u>어색한</u> 것은? 3점

① This tire <u>doesn't wear out</u> easily.
② Anyone can <u>sign up</u> for the art class.
③ The bank failed to <u>keep track of</u> the money.
④ The prices of the pots are different <u>depending on</u> the size.
⑤ My friends helped me with my project, so I did it <u>on my own</u>.

03 다음 대화의 빈칸에 들어갈 수 <u>없는</u> 것은? 3점

> A: How often do you exercise?
> B: _____

① Twice a week.
② I rarely exercise.
③ As often as I can.
④ I exercise every day.
⑤ I exercised last Sunday.

서술형1 고난도
04 다음과 같은 상황에서 Lucy에게 할 권유의 말을 **suggest** 를 사용하여 쓰시오. 5점

Lucy: I think I have a bad cold. I have a runny nose and a fever.

→ _____

05 다음 대화의 빈칸 (A)~(C)에 들어갈 말로 알맞은 것을 [보기] 에서 골라 순서대로 바르게 짝지은 것은? 3점

> A: How often do you play basketball?
> B: _____(A)_____, but I want to play more often.
> A: _____(B)_____. We play three times a week.
> B: _____(C)_____! It'll be fun to play with you.

> [보기] ⓐ That sounds good
> ⓑ I play once a week
> ⓒ I suggest you join my basketball club

① ⓐ – ⓒ – ⓑ　　　　　② ⓑ – ⓐ – ⓒ
③ ⓑ – ⓒ – ⓐ　　　　　④ ⓒ – ⓐ – ⓑ
⑤ ⓒ – ⓑ – ⓐ

[06~07] 다음 대화를 읽고, 물음에 답하시오.

> **Boy:** Suji, how often do you take bowling lessons?
> **Girl:** Twice a week. I'm just a beginner. I heard you're very good.
> **Boy:** Well, I love bowling. Hmm. Your bowling ball looks heavy for you. I suggest _____ⓐ_____.
> **Girl:** OK. I'll look for a lighter one, then.

06 위 대화의 흐름상 빈칸 ⓐ에 들어갈 말로 가장 알맞은 것은? 3점

① you practice more
② you use a lighter ball
③ you use a heavier one
④ you take bowling lessons
⑤ you look for a light-colored ball

07 Which is NOT true about the dialog above? 4점

① The girl takes bowling lessons.
② The boy goes bowling twice a week.
③ The girl thinks she is at the beginning stage in bowling.
④ The girl heard that the boy is good at bowling.
⑤ The boy gave advice to the girl.

[08~10] 다음 대화를 읽고, 물음에 답하시오.

Woman: Hello. Welcome to Sports World. May I help you?
Boy: ⓐYes, I came to register for a swimming class.
Woman: Have you ever taken swimming lessons before?
Boy: ⓑNo, I haven't. I don't know how to swim at all.
Woman: I see. _____(A)_____?
Boy: I want to take classes twice a week. ⓒI'd like to take classes on weekends and not on weekdays.
Woman: Then, I suggest you take the Beginner 2 class. This class meets on Tuesdays and Thursdays.
Boy: ⓓThat sounds good. I'd like to sign up for that class. ⓔHow big is the class?
Woman: The class has a limit of 10 people.
Boy: That's perfect.

---

08 위 대화의 밑줄 친 ⓐ~ⓔ 중 흐름상 어색한 것은? 3점

① ⓐ   ② ⓑ   ③ ⓒ   ④ ⓓ   ⑤ ⓔ

서술형2

09 위 대화의 흐름상 빈칸 (A)에 알맞은 말을 8단어로 쓰시오. 5점

→ _____

서술형3 고난도

10 위 대화의 내용과 일치하도록 소년의 수강증에서 잘못된 정보를 찾아 기호를 쓰고, 바르게 고쳐 쓰시오. 5점

Sports World Registration	
Sport	ⓐSwimming
Class	ⓑBeginner 2 (ⓒa minimum of 10 people)
Day	ⓓTwice a week ⓔTuesdays and Thursdays

( ) → _____

11 다음 우리말을 영어로 쓸 때 반드시 필요한 단어는? 4점

그의 방은 내 방만큼 크다.

① as   ② he   ③ bigger
④ largely   ⑤ me

12 다음 중 밑줄 친 부분의 쓰임이 [보기]와 같은 것끼리 짝지어진 것은? 4점

[보기] I saw a crying boy on my way home.

ⓐ He is looking forward to going to Italy.
ⓑ There are two boys dancing on the street.
ⓒ A lady carrying a big box fell on the floor.
ⓓ Collecting magnets is my brother's hobby.

① ⓐ, ⓒ   ② ⓑ, ⓒ   ③ ⓒ, ⓓ
④ ⓐ, ⓑ, ⓒ   ⑤ ⓑ, ⓒ, ⓓ

고난도 한 단계 ┃더!

13 다음 중 의미가 같은 문장을 모두 고르면? 4점

① Health is as important as money.
② Money is less important than health.
③ Money is not as important as health.
④ Money is more important than health.
⑤ Health is more important than money.

14 다음 중 밑줄 친 부분을 어법상 바르게 고친 것은? 4점

① Don't wake the baby sleeping.
　　　→ baby sleeps
② Tom can jump as higher as John.
　　　→ highly
③ He plays the piano as good as I.
　　　→ better
④ The man wearing jeans are my uncle.
　　　→ is
⑤ Amy is as not outgoing as Lisa.
　　　→ not as outgoing than

[15~16] 다음 글을 읽고, 물음에 답하시오.

In sports, only the players get a trophy or medal, but they don't win on ⓐhis own. There are people ⓑthat help the players. These people are often ⓒhide and don't get attention. However, they are as ⓓimportantly as the players. Here ⓔis some examples.

15 윗글의 밑줄 친 ⓐ~ⓔ 중 어법상 올바른 것은? 3점

① ⓐ　　② ⓑ　　③ ⓒ　　④ ⓓ　　⑤ ⓔ

16 윗글의 주제로 가장 알맞은 것은? 3점

① how to get a lot of attention in sports
② sports players who help people secretly
③ hidden people who help players in sports
④ sports players who win trophies and medals
⑤ how to become an important player in sports

[17~19] 다음 글을 읽고, 물음에 답하시오.

Pacers run with other runners and ___ⓐ___ them in a marathon. Pacers are experienced runners, and their job is ___ⓑ___ other runners ___ⓒ___ their race better. There can be several pacers in a race. (A)각각의 페이서는 다른 속도로 달리고 다른 시간대에 경주를 마친다. Pacers usually have flags or balloons (B)showing their finish time.

서술형4

17 윗글의 빈칸 ⓐ~ⓒ에 들어갈 말을 [보기]에서 골라 쓰시오. 각 3점

[보기]	manage	lead	to help

ⓐ _____

ⓑ _____

ⓒ _____

고난도

18 윗글의 밑줄 친 우리말 (A)를 영어로 바르게 옮긴 것은? 4점

① Each pacers run at different speeds and finish the race in different times.
② Each pacer runs at different speeds and finish the race in different times.
③ All the pacers run at different speeds and finishing the race in different time.
④ Each pacer runs at different speeds and finishes the race in different times.
⑤ All pacer runs at different speeds and finishes the race in different times.

신유형

19 윗글의 (B)showing과 밑줄 친 부분의 쓰임이 같은 문장의 개수는? 4점

ⓐ The boy avoided showing his hands.
ⓑ Thank you for showing me your work.
ⓒ There was a picture showing fancy cars.
ⓓ Jane doesn't like showing her pictures to other people.

① 0개　② 1개　③ 2개　④ 3개　⑤ 4개

[20~21] 다음 글을 읽고, 물음에 답하시오.

Runners can choose a pacer depending on their target finish time. For example, if a runner wants to finish the race in four hours, the runner will follow the four-hour pacer. Since the pacer keeps track of the time, the runner can achieve his or her goal of finishing the marathon in a particular time more easily.

서술형 5

20 다음 빈칸에 해당하는 단어를 윗글에서 찾아 쓰시오. 3점

Jenny _____(e)d her goal of passing the exam.

21 윗글을 다음과 같이 요약할 때, ⓐ~ⓓ 중 윗글의 내용과 일치하지 않는 것끼리 짝지어진 것은? 4점

Runners	ⓐ have their target finish time
	ⓑ keep track of the time for other runners
Pacers	ⓒ don't run to win a race
	ⓓ run to support other pacers

① ⓐ, ⓒ   ② ⓐ, ⓓ   ③ ⓑ, ⓒ
④ ⓑ, ⓓ   ⑤ ⓒ, ⓓ

[22~24] 다음 글을 읽고, 물음에 답하시오.

You may only see the car and the driver _____(A)_____ most car races, but there is a team behind the driver. People call this team a pit crew. A pit is a place on the side of the race track, and drivers stop there several times _____(B)_____ a race. ⓐThe main job of the pit crew is checking the car and changing the tires. ⓑChanging the tires is especially important because the tires wear out easily in a high speed race. (C)피트에서의 정지는 짧게는 2초 정도가 될 수 있다, and there are as many as 20 members on a crew. Therefore, the pit crew has to work in perfect harmony. The driver may get all the attention, but as people say, "ⓒRaces win in the pits."

22 윗글의 빈칸 (A)와 (B)에 공통으로 들어갈 말로 알맞은 것은? 3점

① of   ② from   ③ during
④ when   ⑤ while

서술형 6

23 윗글의 밑줄 친 우리말 (C)와 의미가 같도록 괄호 안의 단어를 바르게 배열하여 문장을 완성하시오. 5점

→ _____

(be, 2 seconds, can, as, as, short, pit stop, a)

서술형 7

24 윗글의 밑줄 친 ⓐ~ⓒ 중 어법상 틀린 문장을 찾아 기호를 쓰고, 바르게 고쳐 문장을 다시 쓰시오. 5점

(   ) → _____

25 다음 글의 흐름에 맞게 (A)~(C)를 바르게 배열한 것은? 4점

The word *Sherpa* comes from the Sherpa tribe, which lives in the eastern part of Nepal.
(A) Therefore, mountain climbers started to hire Sherpas to help them climb Mount Everest. Sherpas lead mountain climbers to the top of the mountain. They support climbers in many ways.
(B) Sherpas have good climbing skills and know their way around the mountains well. They also have little difficulty breathing high up in the mountains.
(C) For example, they put up tents and carry climbers' bags. Sherpas are often called the invisible people of Mount Everest because people often see a picture of only the climbers at the top of the mountain.

① (A) – (C) – (B)   ② (B) – (A) – (C)
③ (B) – (C) – (A)   ④ (C) – (A) – (B)
⑤ (C) – (B) – (A)

● 틀린 문항을 표시해 보세요.

● 부족한 영역을 점검하고 어떻게 더 학습할지 계획을 적어 보세요.

〈제1회〉 대표 기출로 내신 적중 모의고사   총점 _____ / 100

문항	영역	문항	영역	문항	영역
01	p.160(W)	10	pp.172~173(G)	19	p.180(R)
02	p.160(W)	11	p.173(G)	20	p.181(R)
03	p.158(W)	12	p.172(G)	21	p.181(R)
04	p.158(W)	13	p.173(G)	22	p.181(R)
05	p.163(L&T)	14	p.180(R)	23	p.181(R)
06	p.164(L&T)	15	p.180(R)	24	p.181(R)
07	p.164(L&T)	16	p.180(R)	25	p.181(R)
08	p.165(L&T)	17	p.180(R)		
09	p.165(L&T)	18	p.180(R)		

제1회 오답 공략
부족한 영역
학습 계획

〈제2회〉 대표 기출로 내신 적중 모의고사   총점 _____ / 100

문항	영역	문항	영역	문항	영역
01	p.158(W)	10	p.165(L&T)	19	p.180(R)
01	p.158(W)	11	pp.172~173(G)	20	p.180(R)
03	p.160(W)	12	p.172(G)	21	p.181(R)
04	p.158(W)	13	p.173(G)	22	p.181(R)
05	p.163(L&T)	14	p.172(G)	23	p.181(R)
06	p.164(L&T)	15	p.180(R)	24	p.181(R)
07	p.163(L&T)	16	p.180(R)	25	p.172(G)
08	p.165(L&T)	17	p.180(R)		
09	p.165(L&T)	18	p.180(R)		

제2회 오답 공략
부족한 영역
학습 계획

〈제3회〉 대표 기출로 내신 적중 모의고사   총점 _____ / 100

문항	영역	문항	영역	문항	영역
01	p.160(W)	10	p.173(G)	19	p.181(R)
02	p.160(W)	11	p.172(G)	20	p.181(R)
03	p.158(W)	12	p.173(G)	21	p.181(R)
04	p.158(W)	13	p.172(G)	22	p.181(R)
05	p.164(L&T)	14	pp.172~173(G)	23	p.181(R)
06	p.163(L&T)	15	p.180(R)	24	p.181(R)
07	p.164(L&T)	16	p.180(R)	25	p.194(R)
08	p.165(L&T)	17	p.180(R)		
09	p.165(L&T)	18	p.180(R)		

제3회 오답 공략
부족한 영역
학습 계획

〈제4회〉 고난도로 내신 적중 모의고사   총점 _____ / 100

문항	영역	문항	영역	문항	영역
01	p.160(W)	10	p.165(L&T)	19	p.180(R)
02	p.158(W)	11	p.173(G)	20	p.180(R)
03	p.163(L&T)	12	p.172(G)	21	p.180(R)
04	p.163(L&T)	13	p.173(G)	22	p.181(R)
05	p.164(L&T)	14	pp.172~173(G)	23	p.181(R)
06	p.164(L&T)	15	p.180(R)	24	p.181(R)
07	p.164(L&T)	16	p.180(R)	25	p.181(R)
08	p.165(L&T)	17	p.180(R)		
09	p.165(L&T)	18	p.180(R)		

제4회 오답 공략
부족한 영역
학습 계획

동아출판 영어 교재 가이드

영역	브랜드	초1~2	초3~4	초5~6	중1	중2	중3	고1	고2	고3
문법	[초·중등] 개념서 그래머 클리어 스타터 중학 영문법 클리어		Grammar CLEAR Starter 1	Grammar CLEAR Starter 2	중학 영문법 클리어 1	중학 영문법 클리어 2	중학 영문법 클리어 3			
	[중등] 문법 문제서 그래머 클라우드 3000제				그래머 클라우드 3000제 1	그래머 클라우드 3000제 LEVEL 2	그래머 클라우드 3000제 3			
	[중등] 실전 문제서 빠르게 통하는 영문법 핵심 1200제				빠르게 통하는 영문법 1200제 1	빠르게 통하는 영문법 1200제 2	빠르게 통하는 영문법 1200제 3			
	[중등] 서술형 영문법 서술형에 더 강해지는 중학 영문법				서술형에 더 강해지는 중학 영문법 1	서술형에 더 강해지는 중학 영문법 2	서술형에 더 강해지는 중학 영문법 3			
	[고등] 시험 영문법 시험에 더 강해지는 고등 영문법							시험에 더 강해지는 고등영문법		
	[고등] 개념서 Supreme 고등 영문법							Supreme 고등영문법		
어법	[고등] 기본서 Supreme 수능 어법 기본 실전							Supreme 수능 어법 (기본) Supreme 수능 어법 (실전)		
쓰기	[중등] 영작 집중 훈련서 중학 문법+쓰기 클리어				중학 문법 쓰기 클리어 1	중학 문법 쓰기 클리어 2	중학 문법 쓰기 클리어 3			

동아출판이 만든 진짜 기출예상문제집

특급기출

중학 영어 **3-1**

윤정미

정답 및 해설

동아출판

Lesson 3
Stories of English Words and Expressions

STEP A

W Words 연습 문제

A
01 제안하다
02 세기, 100년
03 화나게 하다
04 두다, 놓다
05 원래, 본래
06 국적
07 공상 과학 소설
08 홍수
09 약
10 노예
11 야기하다, 초래하다
12 소개하다
13 생산하다
14 문명
15 기원, 근원
16 탐험가
17 창의적인, 창조적인
18 발명하다
19 무역상, 상인
20 접촉, 연락

B
01 cross
02 experience
03 chef
04 tunnel
05 myth
06 pleasure
07 present
08 hurricane
09 slice
10 traditional
11 create
12 expression
13 play
14 press
15 massage
16 soap
17 area
18 mean
19 inventor
20 creation

C
01 (위험하니까) 조심해라
02 (정보를) 듣게(알게) 되다, 익히다
03 ~에서 유래하다, 비롯되다
04 연락하다, 연락하고 지내다
05 놀리다, 농담하다
06 ~을 통과하다, 지나가다
07 ~값을 지불하다
08 B의 이름을 따서 A라고 부르다
09 곤경에 빠져 있다
10 비가 억수같이 쏟아지다

D
01 originate from
02 keep in touch
03 be in hot water
04 pass through
05 rain cats and dogs
06 call A after B
07 pick up
08 pull one's leg
09 pay for
10 watch out

W Words Plus 연습 문제

A 1 origin, 기원, 근원 2 anger, 화나게 하다 3 present, 현재의 4 century, 세기, 100년 5 trader, 무역상, 상인 6 place, 두다, 놓다 7 hurricane, 허리케인 8 flood, 홍수

B 1 Press 2 caused 3 produce 4 suggested 5 originally

C 1 called after 2 originated(came) from 3 Watch out 4 kept in touch 5 picked up

D 1 originate from 2 creation 3 French 4 pleasure 5 expression

A |해석| 1 무언가의 시작
2 누군가를 화나게 하다
3 현재 일어나거나 존재하는
4 백 년의 기간
5 물건을 사고 파는 사람
6 특정 지점이나 위치에 놓다
7 극도로 맹렬한 바람 또는 폭풍
8 보통은 마른 땅을 뒤덮는 많은 양의 물

B |해석| 1 기계를 작동시키기 위해 버튼을 눌러라.
2 그들은 무엇이 화재를 야기했는지 알아내려고 노력했다.
3 그 공장은 하루에 천 대의 자동차를 생산할 수 있다.
4 나는 우리가 만나야 한다고 제안했고, 그들은 동의했다.
5 그 로봇은 원래 계단을 오르내리도록 설계되었다.

D |해석| 1 놓다 : 놓다 = ~에서 비롯되다 : ~에서 유래하다
2 생산하다 : 생산 = 창조하다 : 창조
3 독일 : 독일(인)의 = 프랑스 : 프랑스(인)의
4 소개하다 : 소개 = 기쁘게 하다 : 기쁨
5 제안하다 : 제안 = 표현하다 : 표현

W Words 실전 TEST

01 ② 02 ② 03 ④ 04 ④ 05 ② 06 originate (come) from 07 ⑤

01 |해석| [보기] 발명하다 – 발명(품)
① 기원 – 원래의 ② 창조하다 – 창조 ③ 독일 – 독일(인)의
④ 국가의 – 국적 ⑤ 전통 – 전통적인
|해설| [보기]와 ②는 '동사 – 명사'의 관계이다. ①, ⑤는 '명사 – 형용사', ③은 '명사(국가명) – 형용사(국적)', ④는 '형용사 – 명사'의 관계이다.

02 |해석| 의사소통을 하거나 만나는 행위
① 노예 ③ 약 ④ 표현 ⑤ 국적
|해설| contact(접촉, 연락)에 대한 영영풀이이다.

03 |해석| 내 여동생은 지갑을 잃어버려서 곤경에 처해 있었다.
① 조금 쉬었다
② 목욕을 했다

③ 도움을 좀 받았다

④ 곤경에 처해 있었다

⑤ 더 이상 동의할 수 없었다(전적으로 동의했다)

|해설| be in hot water는 '곤경에 빠져 있다'라는 뜻으로, be in trouble과 바꿔 쓸 수 있다.

04 |해석| ① 당신은 표 값으로 얼마를 지불했나요?

② 일부 여행자들은 사막을 통과해 지나간다.

③ 그녀는 오빠에게서 축구 기술을 익혔다.

④ 그들은 첫째 딸을 그녀의 할머니의 이름을 따서 불렀다.

⑤ 마지막 계단을 조심해! 그것은 다른 것들보다 훨씬 더 높아.

|해설| ④ call A after B는 'B의 이름을 따서 A라고 부르다'라는 뜻이다.

05 |해석| [보기] 나는 우리의 현재 상황이 나아지길 바란다.

① 지금 선물을 열어 봐도 될까요?

② Tom은 자신의 현재 직업에 만족하지 않는다.

③ 그녀는 생일 선물에 대해 나에게 고마워했다.

④ 그들은 모든 수상자들에게 상을 수여할 것이다.

⑤ 부모님에게서 받아 본 선물 중에서 가장 좋은 것은 무엇이니?

|해설| [보기]와 ②는 '현재의'라는 의미의 형용사로 쓰였다. ①, ③, ⑤는 '선물'이라는 의미의 명사, ④는 '수여하다'라는 의미의 동사로 쓰였다.

06 |해설| '~에서 유래하다'는 originate from이나 come from으로 표현한다.

07 |해석| ① 햄 한 조각 더 드시겠습니까?

② 그는 학교 연극에서 작은 역할을 맡았다.

③ 그 책은 단어의 기원을 설명한다.

④ Jessica는 차 한 잔을 탁자 위에 놓았다.

⑤ 무역상들은 18세기에 그 단어를 영국에 생산했다(→ 소개했다).

|해설| ⑤ 문맥상 '소개했다'라는 의미인 introduced가 쓰이는 것이 자연스럽다.

L&T Listen and Talk 만점 노트　　　pp. 14~15

Q1 '비가 많이 내린다'라는 뜻이다.　**Q2** ⓐ　**Q3** ⓑ　**Q4** ⓑ

Q5 ⓑ　**Q6** ⓒ　**Q7** T

L&T Listen and Talk 빈칸 채우기　　　pp. 16~17

Listen and Talk A-1 raining, that mean, It means

Listen and Talk A-2 is on me, Can you say, means

Listen and Talk A-3 Would you like, No, thanks, What does

Listen and Talk A-4 under the weather, can you please, I said, don't you buy, over there

Listen and Talk C My pleasure, like to invite, too bad that, fingers crossed, can you please say, good luck, keep in touch

Talk and Play cats and dogs, please say that again, What does that

---

L&T Listen and Talk 대화 순서 배열하기　　　pp. 18~19

1 ⓒ - ⓑ - ⓐ - ⓓ　　　**2** ⓔ - ⓓ - ⓐ, ⓑ

3 ⓑ, ⓔ - ⓒ - ⓐ　　　**4** ⓑ - ⓓ - ⓐ - ⓒ - ⓔ

5 ⓑ, ⓗ, ⓕ - ⓐ, ⓖ　　　**6** ⓑ - ⓓ - ⓒ - ⓐ - ⓔ

7 ⓐ - ⓒ - ⓑ　　　**8** ⓔ - ⓑ, ⓐ - ⓓ, ⓖ

L&T Listen and Talk 실전 TEST　　　pp. 20~21

01 ④　**02** ⑤　**03** ④　**04** ⑤　**05** (D)-(E)-(B)-(A)-(C)

06 ②　**07** ③　**08** ④　**09** means　**10** ③

[서술형]

11 that again, said, means　　**12** What does that mean?

13 ⓑ → |모범 답| Excuse me, but can you say that again?

01 |해석| A: 얼굴을 길쭉하게 만들지 마.

B: _____

A: "얼굴을 길쭉하게 만들지 마."라고 말했어.

①, ②, ③ 뭐라고 말했니?

④ 확실하니?

⑤ 다시 한번 말해 줄래?

|해설| 빈칸 뒤에 A가 자신이 했던 말을 반복하고 있으므로 '다시 한번 말해 줄래?'라는 의미로 반복 설명을 요청하는 표현이 알맞다.

02 |해석| A: 나는 내일 테니스 시합이 있어.

B: 다리를 부러뜨려.

A: 그게 무슨 뜻이니?

B: 그것은 '행운을 빌어.'라는 뜻이야.

① 그런 의도는 아니었어.

② 무슨 일이 있었니?

③ 어쩌다 다리를 다쳤니?

④ 그 말을 듣게 되어 정말 유감이야.

|해설| 빈칸 뒤에 B가 앞에서 자신이 한 말의 의미를 설명하고 있으므로 '그게 무슨 뜻이니?'라고 의미를 묻는 표현이 알맞다.

03 |해석| A: 모든 게 맛있어 보여.

B: 그래. 내 스파게티 좀 먹을래?

A: 아니, 괜찮아. 스파게티는 내 차 한 잔이 아니야.

B: 네 차 한 잔이 아니라고? 그게 무슨 뜻이야?

A: '나는 무언가를 좋아하지 않아.'라는 뜻이야.

B: 아, 알겠어. 넌 스파게티를 좋아하지 않는구나.

① 난 배고프지 않아.

② 나는 컵을 찾을 수 없어.

Review - 1 keep, crossed for, sorry, say that again, wish you

Review - 2 under the weather, What does that mean, have a cold

③ 나는 차 한 잔을 원해.

⑤ 네가 어느 쪽을 좋아하든 난 상관없어.

|해설| 이어지는 B의 말로 보아 not my cup of tea는 무언가를 좋아하지 않는다는 의미임을 알 수 있다.

04 |해석| A: 시청으로 가려면 몇 번 버스를 타야 하니?

B: 117번이나 212번 버스를 타야 해.

A: 다시 한번 말해 줄래?

B: 117번이나 212번 버스를 타.

① 나와 함께 가 주겠니?　　② 질문 하나 해도 될까?

③ 나를 좀 도와주겠니?　　④ 나에게 길을 알려 줄래?

|해설| 상대방의 말을 잘 알아듣지 못했을 때 반복 설명을 요청하는 표현이므로 ⑤로 바꿔 말할 수 있다.

05 |해석| (D) 수호야, 이 주스는 내게 있어.

(E) 뭐라고? 다시 한번 말해 줄래?

(B) "이 주스는 내게 있어."라고 말했어. 그건 '내가 주스를 살게.'라는 뜻이야.

(A) 아. 정말 고마워.

(C) 천만에.

|해설| 주스를 사 주겠다는 표현(D)을 이해하지 못해서 다시 말해 달라고 요청(E)하자 반복해서 말한 후 의미를 설명하고(B), 주스를 사 줘서 고맙다(A)는 말과 그에 대한 응답(C)으로 이어지는 흐름이 자연스럽다.

[06~07] |해석|

소녀: 나는 날씨 아래에 있는 기분이야.

소년: 미안하지만, 다시 한번 말해 줄래?

소녀: "날씨가 어때?"(→ "나는 날씨 아래에 있는 기분이야.")라고 말했어. 그것은 '나는 몸이 좋지 않아.'라는 뜻이야. 나 감기에 걸린 것 같아.

소년: 아. 비행기에 타기 전에 약을 좀 사지 그래? 저쪽에 있는 가게에서 약을 살 수 있어.

소녀: 그래야겠어.

06 |해설| ② 상대방이 다시 말해 달라고 요청하는 말에 대한 답이므로 자신이 한 말(I feel under the weather.)을 다시 한번 반복해서 말하는 것이 자연스럽다.

07 |해설| 몸이 좋지 않다고 말하는 소녀에게 약을 좀 살 것(Why don't you buy some medicine ~?)을 권유했다.

[08~10] |해석|

A: 지호야, 모든 게 고마웠어. 한국에서 정말 좋은 시간을 보냈어.

B: 천만에. 다음에 다시 방문해 줘. Lucy.

A: 그러고 싶지만, 그 전에 네가 런던에 있는 나를 방문하도록 초대하고 싶어.

B: 고마워. 그런데, 내일 내 축구 경기에 네가 올 수 없어서 정말 안타깝네.

A: 나도 더 오래 머무를 수 없어서 유감이야. 너를 위해 내 손가락을 교차할게.

B: 너는 어떻게 손가락을 교차시킬 수 있니?(→ 미안하지만, 다시 한번 말해 줄래?)

A: "너를 위해 내 손가락을 교차할게."라고 말했어. 그건 '행운을 빌게.'라는 뜻이야.

B: 아. 고마워. 즐거운 여행이 되길 바라.

A: 고마워. 연락할게.

08 |해설| ⓓ 뒤에서 A가 앞에서 한 말을 반복하고 있으므로 반복 설명을 요청하는 표현이 들어가야 한다. (→ Excuse me, but can you

please say that again?)

09 |해설| 'I'll keep my fingers crossed for you.'에 대한 의미를 설명하고 있고 주어가 It이므로 빈칸에는 '의미하다'라는 뜻의 동사인 mean의 3인칭 단수형이 알맞다.

10 |해석| ① Lucy는 한국에 있는 지호를 방문했다.

② Lucy는 런던에 산다.

③ 지호는 내년에 런던을 방문할 것이다.

④ 지호는 내일 축구 경기가 있다.

⑤ Lucy는 지호의 축구 경기를 보러 갈 수 없다.

|해설| ③ Lucy가 지호를 런던으로 초대했지만 지호가 내년에 런던에 갈지 여부는 대화에 나와 있지 않다.

11 |해석| A: 그 상자를 좀 들어 주겠니?

B: 그래. 그건 케이크 한 조각이야.

A: 다시 한번 말해 줄래?

B: 나는 "그건 케이크 한 조각이야."라고 말했어. 그것은 '이것은 쉬워.'라는 뜻이야.

|해설| A의 질문에 B가 자신이 했던 말을 반복한 것으로 보아, A는 반복 설명을 요청하는 말을 한 것임을 알 수 있다. B는 자신이 한 말을 반복하므로 I said, ~.를 사용하고, 그 말의 의미를 It means ~.로 설명하고 있다.

12 |해석| A: 얼굴을 길쭉하게 만들지 마.

B: 그게 무슨 뜻이야?

A: 그것은 '슬퍼하지 마.'라는 뜻이야.

|해설| 상대방이 한 말의 의미가 무엇인지 물을 때 What does that mean?, What do you mean by that?, What is the meaning of that? 등으로 표현한다.

13 |해석| A: 나는 정말 배가 불러. 나는 돼지같이 먹었어.

B: 실례지만, 그게 무슨 뜻이야?(→ 실례지만, 다시 한번 말해 줄래?)

A: "나는 돼지같이 먹었어."라고 말했어.

B: 그게 무슨 뜻이야?

A: '과식했어.'라는 뜻이야.

B: 아, 그렇구나.

|해설| ⓑ 뒤에서 A가 자신이 앞에서 한 말을 반복하고 있으므로 ⓑ는 '다시 한번 말해 줄래?'라는 의미로 반복 설명을 요청하는 말이 되어야 알맞다.

G Grammar 핵심 노트 1 QUICK CHECK　　p. 22

1 (1) which　(2) who　(3) whom

2 (1) which　(2) who　(3) which

1 |해석| (1) 나는 그녀에게 스카프를 사 주었는데, 그것은 줄무늬가 있다.

(2) 내 친구 Jim은 공부를 열심히 했는데, 시험에 합격했다.

(3) Susan은 귀여운 아기인데, 내가 그녀를 돌보고 있다.

2 |해석| (1) Tom은 내게 책을 한 권 빌려 주었는데, 그것은 지구에 관한 것이다.

(2) 그 여자는 옆집에 사는데, 변호사이다.

(3) 나는 '마지막 잎새'를 읽고 싶은데, 그것은 O. Henry가 썼다.

1 (1) that (2) It (3) I could attend
2 (1) that (2) that you keep (3) It is surprising

1 |해석| (1) 그가 나에게 거짓말을 했다는 것은 이상하다.
(2) Mike는 수영을 좋아하지 않는 것이 확실하다.
(3) 내가 제시간에 회의에 참석할 수 있는 것은 불가능했다.

2 |해석| (1) 우리가 함께 경기를 볼 수 있다는 것은 신나는 일이다.
(2) 치아를 깨끗하게 유지하는 것은 중요하다.
(3) 그가 피아노 경연 대회에서 우승한 것은 놀랍다.

A 1 which 2 who 3 who(m) 4 which
B 1 He bought a new car, which was very expensive.
2 This is Linda, who(m) I told you about last week.
3 That woman, who is from London, will teach us English.
4 Charlie became a teacher, which surprised his friends.
C 1 which likes sweets too much
2 who owns many companies
3 which served great food
4 which made me feel great
D 1 My dad made a chair, which broke the next day.
2 I want to visit the Louvre, which is in Paris.
3 I borrowed the book from Amy, who has read it many times.

A |해석| 1 Tom은 떡볶이를 무척 좋아하는데, 그것은 그의 comfort food이다.
2 도서관에서 나는 두 소녀를 만났는데, 그들은 Eric의 쌍둥이 자매이다.
3 Jim은 Claire와 결혼했는데, 그의 부모님이 그녀를 정말 좋아한다.
4 Laura는 매우 아프다고 말했는데, 그것은 사실이 아니었다.
|해설| 계속적 용법의 관계대명사는 선행사에 대한 부가 정보를 제공하는 관계대명사절을 이끌며, 선행사가 사람일 때는 who(m), 사물·동물이거나 앞 문장 전체일 때는 which를 쓴다.

B |해석| 1 그는 새 차를 샀는데, 그것은 매우 비쌌다.
2 이 분이 Linda인데, 내가 지난주에 너에게 그녀에 대해 말했다.
3 저 여자분은 런던 출신인데, 우리에게 영어를 가르칠 것이다.
4 Charlie는 교사가 되었는데, 그것은 친구들을 놀라게 했다.
|해설| 뒤 문장이 부가적인 설명을 덧붙이는 대상을 선행사로 하여, 선행사의 종류에 따라 계속적 용법의 관계대명사 who(m)나 which를 사용하여 콤마(,)와 함께 관계대명사절을 쓴다.

C |해석| 1 나는 개를 한 마리 키우는데, 그 개는 단 것을 너무 좋아한다.
2 Clinton 씨는 많은 회사를 운영하는데, 매우 부유하다.
3 우리는 새로운 식당에 갔는데, 그곳은 훌륭한 음식을 제공했다.
4 선생님이 나를 칭찬해 주셨고, 그것은 내 기분을 매우 좋게 했다.

|해설| 관계대명사 that은 계속적 용법으로 사용하지 않으며, 앞 문장 전체를 선행사로 받아 추가 정보를 덧붙이는 경우에는 관계대명사 which를 사용한다.

D |해설| 선행사에 대한 추가 정보를 제공하는 관계대명사절을 이끄는 계속적 용법의 관계대명사는 앞에 콤마(,)와 함께 쓰이며, 선행사가 사람일 때는 who(m), 사물/동물일 때는 which를 쓴다.

A 1 that 2 It 3 that 4 that 5 that
B 1 Is it true that he is over ninety?
2 It is amazing that she became a comedian.
3 It is strange that Susan doesn't remember me.
C 1 It is true that octopuses are very smart.
2 It is a good idea that we can recycle it.
3 It is important that you have a dream.
D 1 It is clear that he has lost all the money.
2 It is a problem that you are always late.
3 It is not true that she never eats(has) meat.
4 It is interesting that some animals can use tools.

A |해석| 1 시간이 돈이라는 것은 사실이다.
2 네 아기가 배고픈 것이 확실하다.
3 그가 마침내 담배를 끊은 것은 좋은 일이다.
4 우리가 콘서트 표를 얻은 것은 행운이다.
5 네가 쇼핑에 돈을 다 쓴 것은 놀랍다.
|해설| 접속사 that이 이끄는 명사절이 문장의 주어로 쓰인 경우, that절을 문장 뒤로 보내고 주어 자리에 가주어 it을 사용하여 나타낼 수 있다.

B |해석| 1 그가 90세가 넘은 것이 사실인가요?
2 그녀가 코미디언이 된 것은 놀랍다.
3 Susan이 나를 기억하지 못하는 것은 이상하다.
|해설| 두 문장을 합쳤을 때 주어에 해당하는 that절을 문장의 뒤로 보내고 주어 자리에 가주어 it을 쓴다.

C |해설| 문장의 주어를 접속사 that이 이끄는 명사절 형태로 쓰며, 진주어인 that절은 문장의 뒤로 보내고 주어 자리에 가주어 it을 써서 문장을 완성한다.

D |해설| 주어로 쓰이는 that절을 문장의 뒤로 보내고 주어 자리에 가주어 it을 써서 나타낼 수 있다.

01 ④   02 ②   03 ②   04 ②   05 ①   06 ④   07 ③
08 ⑤   09 ③   10 ③   11 ②   12 ④   13 ③   14 ①
15 ③

[서술형]
16 which   17 it amazing that   18 ⓐ which ⓑ that

19 which my dad made, tastes really good **20** (1) which my mom baked (2) who is studying photography in Rome (3) who invented the light bulb (4) which is a traditional Korean food **21** (1) It is strange that we haven't heard from James. (2) It is surprising that Roy and Neil are twins. (3) It is(was) interesting that Anthony joined the dancing club. **22** (1) who is class president (2) which is near my house (3) which was painted by Vincent van Gogh (4) which Gustave Eiffel designed **23** (1) ⓒ → It is strange that my laptop doesn't work. (2) ⓓ → Dad gave me a book, which I lost right away.

01 |해석| 우리는 한 호텔에 묵었는데, 그곳은 경치가 놀라웠다.
|해설| 선행사 a hotel에 대해 부연 설명을 하기 위해 콤마(,) 뒤에 쓰이는 계속적 용법의 주격 관계대명사가 필요하므로 which가 알맞다.

02 |해석| White 선생님이 다른 학교로 가신다는 것은 충격적이다.
|해설| 주어인 that절을 뒤로 보내고 주어 자리에 가주어 It을 쓴 문장이므로 빈칸에는 명사절을 이끄는 접속사 that이 알맞다.

03 |해설| two sons에 대해 부연 설명을 하고 있으므로 계속적 용법의 주격 관계대명사 who와 be동사의 복수형 are가 알맞다.

04 |해설| 문장의 진주어인 that절을 문장의 뒤로 보내고 주어 자리에 가주어 It을 쓴다.

05 |해석| 할머니가 나에게 새 재킷을 사 주셨는데, 그것은 나에게 너무 작았다.
|해설| 계속적 용법으로 사용된 관계대명사는 「접속사+대명사」로 바꿔 쓸 수 있다. 앞 문장과 역접의 내용이 이어지므로 접속사 but을 사용하고, 대명사는 a new jacket을 대신하는 it으로 쓴다.

06 |해석| • Mark를 내가 어제 만났는데, 그는 친절하고 잘생겼다.
• 엄마가 가장 좋아하는 꽃병을 내가 깨뜨렸는데, 그것이 엄마를 속상하게 했다.
|해설| 첫 번째 문장의 빈칸에는 선행사 Mark에 대한 부연 설명을 하는 관계대명사절을 이끄는 계속적 용법의 목적격 관계대명사 who(m)가 알맞고, 두 번째 문장의 빈칸에는 앞 문장 전체에 대한 추가 정보를 제공할 때 쓰이는 계속적 용법의 관계대명사 which가 알맞다.

07 |해설| 새로 산 시계(a new watch)에 대한 부연 설명을 하는 내용이므로 계속적 용법의 관계대명사 which를 콤마(,)와 함께 사용하는 것이 알맞다.

08 |해설| that절이 주어인 문장(That Grace hasn't arrived yet is strange.)은 that절을 문장의 뒤로 보내고 주어 자리에 가주어 It을 써서 나타낼 수 있다.

09 |해석| ① 나는 우리 할머니를 사랑하는데, 할머니는 아흔이 넘으셨다.
② 너는 테니스를 치고 있는 소년을 아니?
③ 우리는 그 사원을 방문했는데, 그것은 1500년에 지어졌다.
④ Angela가 입고 있는 티셔츠는 매우 비싸다.
⑤ Jake는 또 학교에 늦었고, 그것은 선생님을 화나게 했다.
|해설| ③ 관계대명사 that은 계속적 용법으로 쓸 수 없다. (→ which)

10 |해석| 나의 이모 Linda는 파리에 산다. 그녀는 유명한 요리사이다.
→ 나의 이모 Linda는 유명한 요리사인데, 파리에 산다.
|해설| 두 번째 문장이 첫 번째 문장의 주어 My aunt Linda에 대한 부

연 설명이므로, 계속적 용법의 주격 관계대명사 who를 콤마(,)와 함께 사용하여 한 문장으로 연결할 수 있다.

11 |해석| ① 좋은 친구를 사귀는 것은 쉽지 않다.
② 바람이 너무 불어서 우리는 밖에서 놀 수 없었다.
③ 우리는 다른 사람들의 의견을 존중할 필요가 있다.
④ 지민이가 시험에서 만점을 받은 것은 놀라운 일이 아니다.
⑤ 어떤 원숭이들은 사람의 머리카락으로 치실질한다는 것은 흥미롭다.
|해설| ②는 날씨를 나타낼 때 사용하는 비인칭 주어 It이고, 나머지는 모두 진주어인 to부정사구나 that절을 대신하는 가주어 It이다.

12 |해석| [보기] 우리가 내일까지 그 프로젝트를 끝내는 것은 불가능하다.
① 그것은 내가 너에게 말했던 스카프야.
② 저것이 네가 최근에 산 모자니?
③ 이것들은 내가 어젯밤에 만든 쿠키들이다.
④ Justin이 다음 달에 돌아온다는 것이 사실이니?
⑤ '모나리자'는 레오나르도 다빈치가 그린 그림이다.
|해설| [보기]와 ④의 that은 문장의 진주어로 쓰인 명사절을 이끄는 접속사이다. ①, ③은 목적격 관계대명사, ②는 대명사, ⑤는 주격 관계대명사이다.

13 |해석| Jake는 어젯밤에 늦게 집에 돌아왔고, 그것은 그의 부모님을 걱정스럽게 했다.
|해설| 앞 문장의 내용 전체에 대한 부연 설명을 할 경우, 관계대명사 which를 계속적 용법으로 사용한다. 관계대명사 that은 계속적 용법으로 쓰이지 않는다.

14 |해석| ① Mark가 자전거를 훔쳤다는 것은 사실이 아니다.
② 이 가방은 할머니가 만드셨는데, 매우 유용하다.
③ 우리는 과학 공원에 갔는데, 그것은 시내에 있다.
④ Henry가 5개 언어를 할 수 있다는 것은 놀라운 일이다.
⑤ 나는 알버트 슈바이처를 존경하는데, 그는 노벨 평화상을 받았다.
|해설| ② This bag, which my grandma ~.
③ that → which ④ which → that ⑤ whom → who

15 |해석| ⓐ Parker 선생님은 Christina의 엄마인데, 내 영어 선생님이다.
ⓑ 우리가 함께 파리를 방문할 것이라니 신난다.
ⓒ 우리가 계속 규칙적으로 운동하는 것은 중요하다.
ⓓ Steve는 시험을 통과했고, 그것은 그의 부모님을 기쁘게 했다.
|해설| ⓒ 진주어인 명사절을 이끄는 접속사 that이 쓰여야 한다. (which → that)
ⓓ 앞 문장 전체에 대한 추가 정보를 제공할 때 쓰이는 계속적 용법의 관계대명사 which가 쓰여야 한다. (that → which)

16 |해석| Jake는 춤 경연 대회에서 1등을 했다. 그것은 우리를 놀라게 했다.
→ Jake는 춤 경연 대회에서 1등을 했고, 그것은 우리를 놀라게 했다.
|해설| 두 번째 문장의 That이 앞 문장 전체를 가리키므로, 앞 문장 전체에 대한 부연 설명을 할 때 사용하는 계속적 용법의 관계대명사 which를 사용하여 한 문장으로 바꿔 쓸 수 있다.

17 |해석| 우리는 이번 주 토요일에 TV에 출연할 거야. 놀랍지 않아?
→ 우리가 이번 주 토요일에 TV에 출연할 것이라는 게 놀랍지 않아?
|해설| 두 번째 문장의 that이 앞 문장 전체를 가리키므로, 앞 문장을 접속사 that이 이끄는 명사절로 바꿔 주어로 쓸 수 있다. that절이 주어인 경우, 주어 자리에 가주어 it을 쓰고 진주어인 that절은 문장의 뒤로 보낸다.

18 |해석| 오늘 나는 세종대왕에 관한 책을 읽었다. 그는 한글을 만들었는데, 그것은 세계에서 가장 과학적인 문자 체계 중 하나이다. 그가 매우 창의적이었다는 것은 사실이다.

|해설| ⓐ 콤마(,) 뒤에 쓰여 선행사 Hangeul을 보충 설명하는 관계대명사절을 이끄는 주격 관계대명사 which가 알맞다.

ⓑ 진주어인 명사절을 이끄는 접속사 that이 알맞다.

19 |해설| 피자를 부연 설명하는 내용(우리 아빠가 만드셨다)을 계속적 용법의 관계대명사절로 쓴다.

20 |해석| (1) 이 쿠키들은 엄마가 구우셨는데, 맛있다.

(2) 나는 삼촌 댁을 방문했는데, 그는 로마에서 사진을 공부하고 있다.

(3) 이 책은 Edison에 관한 것인데, 그는 전구를 발명했다.

(4) 이것은 비빔밥인데, 한국의 전통 음식이다.

|해설| 계속적 용법의 관계대명사를 사용하여 선행사를 보충 설명하는 관계대명사절을 완성한다. 선행사가 사람이면 who, 사물이면 which를 쓴다.

21 |해석| [보기] Romeo가 Juliet을 사랑하는 것은 사실이다.

(1) 우리가 James에게서 소식을 듣지 못한 것은 이상하다.

(2) Roy와 Neil이 쌍둥이라는 것은 놀랍다.

(3) Anthony가 춤 동아리에 가입한 것은 흥미롭다(흥미로웠다).

|해설| 진주어인 that절을 문장의 뒤로 보내고 주어 자리에 가주어 It을 쓴다.

22 |해설| 선행사를 부연 설명하는 관계대명사절을 계속적 용법의 관계대명사를 사용하여 완성한다. 선행사가 사람이면 who(m), 사물이면 which를 쓴다.

23 |해석| ⓐ Peter가 꽃병을 깨뜨린 것이 분명하다.

ⓑ Ted는 내 옆집에 사는데, 매우 친절하다.

ⓒ 내 노트북이 작동하지 않는 것이 이상하다.

ⓓ 아빠가 내게 책을 주셨는데, 나는 그것을 바로 잃어버렸다.

ⓔ Mike는 고국으로 돌아갔고, 그것은 나를 슬프게 했다.

|해설| ⓒ 진주어인 that절을 문장의 뒤로 보내고 주어 자리에 가주어 It을 쓰는 것이 알맞다.

ⓓ 콤마(,) 뒤에 이어지는 관계대명사절이 a book을 부연 설명하므로 계속적 용법으로 쓰이는 관계대명사 which를 사용해야 한다.

Ⓡ Reading 빈칸 채우기   pp. 32~33

01 has, borrowed, from   **02** Here are   **03** comes from, which   **04** used for   **05** introduced, to, in the   **06** after, entered, around   **07** present meaning of   **08** Shortly, be, used for   **09** play, which was written   **10** look like   **11** are designed, are produced   **12** It, that, using, himself   **13** originally called   **14** which means, in   **15** decided to   **16** was made into   **17** which originates from   **18** creation, one of the, created   **19** angered, caused   **20** contact with, civilization   **21** passing through, picked up   **22** one of the   **23** from, second-largest   **24** from, in German   **25** origin of   **26** it, that, sometime between, and   **27** two slices of, such

---

Ⓡ Reading 바른 어휘·어법 고르기   pp. 34~35

01 borrowed   **02** are   **03** which   **04** for   **05** introduced   **06** meaning   **07** washing   **08** Shortly after, for   **09** was written, by   **10** look like   **11** are produced   **12** using, himself   **13** originally   **14** However, which   **15** to use   **16** was made   **17** from   **18** one of   **19** angered   **20** contact, was   **21** through   **22** uses, was   **23** from   **24** in   **25** clear   **26** was invented   **27** such food a hamburger

---

Ⓡ Reading 틀린 문장 고치기   pp. 36~37

01 ×, from   **02** ○   **03** ×, comes from   **04** ×, was used for   **05** ×, introduced it to   **06** ○   **07** ○   **08** ×, hair   **09** ×, which was written   **10** ○   **11** ×, are designed   **12** ○   **13** ○   **14** ×, in Czech   **15** ×, decided to use   **16** ○   **17** ×, which   **18** ○   **19** ×, so   **20** ○   **21** ×, picked up   **22** ×, one of the   **23** ×, Germany's   **24** ○   **25** ○   **26** ×, it is believed that   **27** ○

Ⓡ Reading 실전 TEST   pp. 40~43

01 ④   **02** ④   **03** ③   **04** ⑤   **05** ③   **06** ②   **07** ⑤   **08** ④   **09** ⑤   **10** ③   **11** ⑤   **12** ③   **13** ④   **14** ⑤   **15** origin   **16** ④

[서술형]

17 (1) washing the hair (2) a special soap for the hair

18 ⓒ → The meaning of the word *shampoo* changed a few times after it first entered English.

19 which originates from the name of a Mayan god

20 ⓔ → was

21 (1) comes from the Spanish word *huracán* (2) caused a great flood

22 빵 두 조각 사이에 함부르크 스타일의 스테이크를 넣은 음식

23 It is interesting that the idea of using the word *robot* didn't come from Karel Čapek himself.

24 (1) Latin, work (2) Czech, slave workers

[01~03] |해석|

shampoo라는 단어는 힌디어 단어인 chāmpo에서 왔는데, 그것은 '누르다'라는 의미이다. 인도에서 그 단어는 머리 마사지를 가리키는 데 쓰였다. 인도에 있던 영국 무역상들이 머리 마사지를 곁들인 목욕을 경험하고, 18세기에 그것을 영국에 소개했다. shampoo라는 단어의 의미는 그 단어가 1762년쯤 영어에 처음 들어온 이후 몇 번 바뀌었다. 19세기에 shampoo는 '머리 감기'라는 현재의 의미를 갖게 되었다. 그 후 얼마 지나지 않아, 그 단어는 머리에 사용하는 특별한 비누를 가리키는 데에도 쓰이기 시작했다.

01 |해설| '～에 사용되다'라는 의미의 be used for가 되도록 전치사 for가 들어가는 것이 알맞다.

02 |해설| (A) 영국 무역상들이 머리 마사지를 곁들인 목욕을 경험하고 영국에 그것을 '소개했다(introduced)'는 내용이 자연스럽다.
(B) 19세기에 '머리 감기'라는 현재의 '의미(meaning)'를 갖게 되었다는 내용이 자연스럽다.

03 |해설| ① 머리를 마사지하는 방법
② 인도: 교역의 중심지
④ 머리 마사지의 다양한 효능
⑤ 영국과 인도의 관계
|해설| 'shampoo라는 단어의 유래'에 관한 글이다.

[04~08] |해석|
robot이라는 단어는 희곡 'R.U.R.'에서 왔는데, 그 희곡은 1920년에 체코의 작가 Karel Čapek이 썼다. 그 희곡에서 로봇은 인간처럼 생긴 기계이다. 그것은 인간을 위해 일하도록 설계되고, 공장에서 생산된다.
robot이라는 단어를 <u>사용하려는</u> 생각이 Karel Čapek 자신에게서 나온 게 아니었다는 것은 흥미롭다. 그는 원래 자신의 희곡에 등장하는 그 기계들을 '일'을 의미하는 라틴어 단어에서 온 labori라고 불렀다. <u>하지만 그의 형이 roboti를 제안했는데, 그것은 체코어로 '노예 근로자들'을 의미한다.</u> Karel Čapek은 그 아이디어가 마음에 들어 roboti라는 단어를 <u>사용하기로</u> 결정했다. 1938년에 그 희곡은 영국 TV에서 공상 과학물로 만들어졌다.

04 |해석| ① 그것은 확실히 내 잘못이 아니다.
② 그때는 매우 어두웠다.
③ 그것은 내가 받아 본 중 최고의 선물이다.
④ 이번 주말에는 눈이 많이 올 것이다.
⑤ 네가 아직도 그녀를 기다리고 있는 것이 이상하다.
|해설| (A)와 ⑤는 가주어로 쓰였다. ①, ③은 '그것'이라는 의미의 대명사, ②와 ④는 각각 명암과 날씨를 나타낼 때 사용하는 비인칭 주어이다.

05 |해설| ⓐ 전치사(of)의 목적어로 동사가 올 때는 동명사 형태로 쓴다.
ⓒ decide는 to부정사를 목적어로 취하는 동사이다.

06 |해설| ① 마침내 ③ 그러므로 ④ 게다가 ⑤ 예를 들어
|해설| 원래 지었던 이름과 다른 이름을 제안했다는 내용이 이어지므로 '하지만'의 의미를 나타내는 연결어 However가 알맞다.

07 |해설| 선행사 roboti에 대한 부연 설명을 하는 말이므로 콤마(,) 뒤에 계속적 용법의 주격 관계대명사 which를 사용하여 나타내며, 선행사가 3인칭 단수이므로 관계대명사절의 동사는 means를 쓴다.

08 |해설| ④ robot이라는 단어는 Karel Čapek의 형이 제안한 아이디어에서 나왔다.

[09~11] |해석|
hurricane이라는 단어는 스페인어 단어인 huracán에서 왔는데, 그것은 마야 신의 이름에서 유래한다. 마야의 창조 신화에서 Huracán은 바람, 폭풍우, 그리고 불을 다스리는 날씨의 신이며, 그는 인간을 창조한 세 명의 신들 중 한 명이다. 하지만 최초의 인간들이 그 신들을 화나게 했고, 그래서 Huracán은 거대한 홍수를 일으켰다.
스페인이 마야 문명과 처음 했던 접촉은 1517년이었다. 카리브제도를 통과해 지나가던 스페인 탐험가들이 허리케인을 겪었고, 그 지역 사람들로부터 그것을 가리키는 단어를 <u>창조하게(→ 익히게)</u> 되었다. 영어에서는 hurricane이 초기에 사용된 예 중 하나가 1608년에 셰익스피어가 쓴 희곡에서다.

09 |해설| ⓔ 뒤에 '그 지역의 사람들로부터'라는 말이 이어지는 것으로 보아 created는 어색하다. 허리케인을 경험하고 그 지역 사람들로부터 그 단어를 익혔다(picked up)는 내용이 되는 것이 자연스럽다.

10 |해설| (A) 선행사가 사물이고 빈칸 앞에 콤마(,)가 있으므로 계속적 용법의 주격 관계대명사 which가 알맞다.
(B) 선행사 Spanish explorers를 수식하는 관계대명사절을 이끄는 주격 관계대명사 who가 알맞다.

11 |해설| ① 허리케인이라는 단어는 어떤 스페인어 단어에서 유래하는가?
② 마야 창조 신화에서 Huracán은 누구인가?
③ 마야 문명과 한 스페인의 첫 번째 접촉은 언제인가?
④ 스페인 탐험가들은 카리브제도를 지날 때 무엇을 경험했는가?
⑤ 영어에서 누가 허리케인이라는 단어를 처음 사용했는가?
|해설| ⑤ 영어에서 초기에 hurricane이 사용된 예 중 하나로 1608년 셰익스피어의 희곡을 언급하고는 있지만, 최초로 사용한 사람이 누구인지에 대한 언급은 없다.

[12~16] |해석|
hamburger라는 단어는 원래 독일에서 두 번째로 큰 도시인 함부르크에서 왔다. Hamburger는 독일어로 '함부르크 출신의 사람 또는 사물'을 의미한다.
(B) 최초의 햄버거의 기원은 분명하지 않다. (C) 하지만 햄버거는 1885년에서 1904년 사이의 언젠가 미국의 텍사스에 있는 작은 마을에서 발명되었다고 여겨진다. (A) 한 요리사가 빵 두 조각 사이에 함부르크 스타일의 스테이크를 넣었고, 사람들은 그런 음식을 햄버거라고 부르기 시작했다.

12 |해설| 최초의 햄버거의 기원이 불분명하다는 내용(B) 뒤에 그러나 햄버거가 발명되었다고 여겨지는 장소와 시간이 있다는 내용(C)이 이어지고, 그에 대한 자세한 설명(A)이 이어지는 것이 자연스럽다.

13 |해설| ⓐ '빵 두 조각 사이에'라는 의미가 되도록 전치사 between이 알맞다.
ⓒ between A and B: A와 B 사이에

14 |해석| ① Olivia는 <u>깨끗한</u> 피부를 가지고 있다.
② 그 호수의 물은 매우 <u>맑았다.</u>
③ 당분간 <u>맑은</u> 날씨가 계속될 것이다.
④ 너는 책상에 있는 모든 서류를 <u>치워야</u> 한다.
⑤ Mark가 잘못한 것이 없다는 것은 <u>분명하다.</u>
|해설| ⓑ와 ⑤의 clear는 '분명한'의 의미로 쓰였다. ①, ②는 '맑은, 깨끗한', ③은 '날씨가 맑은', ④는 '치우다'의 의미로 쓰였다.

15 |해설| 무언가의 시작, 원인, 또는 근원
|해설| origin(기원, 근원)의 영영풀이이다.

16 |해설| ① 함부르크는 독일에서 두 번째로 큰 도시이다.
② Hamburger는 함부르크 출신의 사람 또는 사물을 의미한다.
③ 최초의 햄버거의 기원은 분명하지 않다.
⑤ 두 개의 빵 조각 사이에 함부르크 스타일의 스테이크를 끼워 넣은 것을 햄버거라고 부르기 시작했다.

17 |해설| shampoo라는 단어의 현재 의미는 '머리 감기'와 '머리에 사용하는 특별한 비누'이다.

18 |해설| ⓐ shampoo라는 단어는 '누르다'를 의미하는 힌디어 단어에서 유래한다.
ⓑ shampoo라는 단어는 18세기에 처음으로 영어에 들어왔다.
ⓒ shampoo라는 단어의 의미는 처음 영어에 들어온 후에 전혀 바뀌

지 않았다.

|해설| ⓒ shampoo라는 단어는 영어에 처음 들어온 이후로 의미가 여러 번 바뀌었다.

19 |해설| huracán에 대한 부연 설명을 하는 계속적 용법의 관계대명사 절을 콤마(,) 뒤에 주격 관계대명사 which를 사용하여 쓴다.

20 |해설| 「one of the+복수명사」는 단수 취급하므로 was가 되어야 한다.

21 |해설| (1) hurricane은 어떤 스페인어 단어에서 왔는가?
→ 그것은 스페인어 단어 huracán에서 왔다.
(2) Huracán은 최초의 인간들이 신들을 화나게 했을 때 무엇을 하였는가?
→ 그는 거대한 홍수를 일으켰다.

22 |해설| A cook placed a Hamburg-style steak between two slices of bread에 해당하는 음식을 가리킨다.

23 |해설| 주어인 접속사 that이 이끄는 명사절을 형용사 interesting 뒤로 보내고 빈 주어 자리에 가주어 It을 써서 「It is interesting that ~.」의 형태가 되도록 쓴다.

24 |해설| (1) labori: '일'을 의미하는 라틴어
(2) roboti: '노예 근로자들'을 의미하는 체코어

M 기타 지문 실전 TEST
p. 45

01 ④ 02 나는 몸이 좋지 않아. 03 ③ 04 ⑤ 05 음식을 먹는 동안에도 카드 게임을 할 수 있도록 빵 사이에 고기를 끼워서 먹는 것 06 which, between two slices

[01~02] |해석|
'I feel under the weather.'라는 표현이 무슨 뜻인지 아니? '나는 몸이 좋지 않아.'라는 뜻이야. 아플 때 이 표현을 말할 수 있어.

01 |해석| ① 말하다 ② 가다 ③ 만들다 ⑤ 따르다
|해설| I feel under the weather.라는 표현의 의미를 묻고 답하는 문장이므로 means(의미하다)가 알맞다.

02 |해설| 여기에서 well은 '건강한, 건강이 좋은'이라는 뜻으로 쓰였으므로 '나는 몸이 좋지 않아.'가 알맞다.

[03~04] |해석|
1. 법에 관한 많은 영어 단어들이 프랑스어에서 유래되었다. 그 예로는 judge(판사)와 justice(정의) 같은 단어들이 있다.
2. 이탈리아어에서 유래된 음악과 관련된 영어 단어들이 많다. 예를 들어, piano(피아노)와 violin(바이올린)은 이탈리아어에서 유래되었다.
3. 채소를 나타내는 많은 영어 단어들이 스페인어에서 유래되었다. 예를 들어, tomato(토마토)는 스페인어 tomate에서 유래되었고, potato(감자)는 patata에서 유래되었다.

03 |해설| ⓐ 이어지는 예시인 judge(판사), justice(정의)로 보아 law(법)가 알맞다.
ⓑ piano, violin으로 보아 music(음악)이 알맞다.
ⓒ tomato, potato로 보아 vegetables(채소)가 알맞다.

04 |해설| ⑤ tomato가 스페인어 tomate에서 유래되었다.

[05~06] |해석|
Sandwich라는 단어의 유래
sandwich라는 단어는 John Montagu로부터 유래되었는데, 그는 Sandwich 백작 4세였다. 그는 먹는 동안에도 카드 게임을 할 수 있었기 때문에 빵 두 조각 사이에 고기를 끼워서 먹는 것을 즐겼다. 사람들은 그것을 좋은 생각이라고 여겼고, 그의 이름을 따서 그런 음식을 샌드위치라고 부르기 시작했다.

05 |해설| 카드 게임을 하던 샌드위치 백작이 빵 두 조각 사이에 고기를 끼워서 먹는 것을 즐겼고, 사람들이 그것을 좋은 생각이라고 여겼다고 했으므로 it은 이러한 앞 문장의 내용을 가리킨다.

06 |해설| 샌드위치는 Sandwich 백작 4세의 이름을 따서 이름 지어졌는데, 그것은 두 조각의 빵 사이에 고기를 넣은 음식이다.

STEP B

W Words 고득점 맞기
pp. 46~47

01 ② 02 ④ 03 ① 04 ① 05 ① 06 picked up
07 (o)rigin 08 ⑤ 09 ③, ⑤ 10 ④ 11 ④ 12 ③
13 ④ 14 ② 15 ②

01 |해석| 다음 설명에 해당하는 단어로 알맞은 것은?
완전히 새로운 것을 생각해 내거나 창조하다
① 누르다 ③ 유래하다 ④ 제안하다 ⑤ 소개하다
|해설| invent(발명하다)에 대한 설명이다.

02 |해설| ① 여행하다 : 여행자 = 발명하다 : 발명가
② 기쁘게 하다 : 기쁨 = 결정하다 : 결정
③ 프랑스 : 프랑스의 = 독일 : 독일의
④ 동의하다 : 동의 = 창조하다 : 창의적인
⑤ 아름다움 : 아름다운 = 전통 : 전통의
|해설| ④ agree와 agreement는 '동사 – 명사'의 관계이고, create와 creative는 '동사 – 형용사'의 관계이다.

03 |해석| • 부모님은 우리가 밖에서 놀게 해 주셨다.
• '로미오와 줄리엣'은 내가 가장 좋아하는 희곡인데, 셰익스피어가 썼다.
|해설| 동사로 '놀다'라는 의미와 명사로 '희곡'이라는 의미를 모두 나타내는 play가 알맞다.

04 |해석| ① 이탈리아인 – 한국인 – 스페인
② 발명가 – 무역상 – 창작자
③ 창조하다 – 제안하다 – 생산하다
④ 과학의 – 전통적인 – 원래의
⑤ 표현 – 정의 – 문명
|해설| ① Italian, Korean은 국적을 나타내는 단어이고, Spain(스페인)은 국가명을 나타내는 단어이다.

05 |해석| 파스타가 중국에서 유래했다는 게 사실이니?
② ~을 찾았다   ③ ~을 통과했다
④ ~에 참여했다   ⑤ ~에서 도망쳤다
|해설| originate from: ~에서 유래하다 (= come from)

06 |해설| pick up: (정보를) 듣게(알게) 되다, 익히다

07 |해석| 몡 어떤 것의 시작
robot이라는 단어의 기원은 아직 명확하지 않다.
|해설| origin(기원, 근원)에 대한 설명이다.

08 |해석| • 조심해! 차가 오고 있어!
• 너는 노트북 값으로 얼마를 지불했니?
• 네가 떠나 있는 동안에도 연락하며 지내자.
|해설| watch out: (위험하니까) 조심해라 / pay for: ~값을 지불하다 / keep in touch: 연락하고 지내다

09 |해석| [보기] 나에게는 그녀의 현주소가 없다.
① 그들은 우승자에게 메달을 수여했다.
② 이 콘서트 표는 네게 줄 선물이다.
③ Jimmy는 자신의 현재 직업에 만족한다.
④ 이것은 내가 언니에게 주려고 산 선물이다.
⑤ 그 집의 현재 주인은 Baker 씨이다.
|해설| [보기]와 ③, ⑤의 present는 '현재의'라는 의미의 형용사로 쓰였다. (① 수여하다 ②, ④ 선물)

10 |해석| ① 그는 내 샌드위치에 토마토 한 조각을 넣었다.
② 우리 반 친구들은 나를 '걸어다니는 사전'이라고 부른다.
③ 빛과 공기는 창문을 쉽게 통과하여 지나간다.
④ 다음 주 언제 점심을 같이 먹자.
⑤ 우리는 누군가에게 행운을 빌어 줄 때 손가락을 교차한다.
|해설| ④ 이 문장에서 sometime은 '(미래의) 언젠가'를 의미한다.

11 |해석| ⓐ 누군가를 화나게 하다
ⓑ 지금 일어나거나 존재하는
ⓒ 머리를 감는 데 쓰이는 액체 비누
ⓓ 누군가에게 무언가를 해야 한다고 생각하는 것을 말하다
|해설| ⓐ anger(화나게 하다) ⓑ present(현재의)
ⓒ shampoo(샴푸) ⓓ suggest(제안하다)

12 |해석| 주어진 단어를 올바르게 사용한 사람을 고르시오. / 전통적인
① Mike: 전통적인 태양은 그림자를 만들 수 있다. (×)
② Jane: K-pop은 전 세계적으로 전통적이다. (×)
③ Tom: 한옥은 한국의 전통 가옥이다.
④ 미나: Nicole은 다른 사람들에게 전통적이지 않다. (×)
⑤ 지호: 그 노래는 요즘 한국에서 전통적이다. (×)
|해설| traditional은 '전통적인'이라는 뜻이므로 ③이 올바르게 사용되었다.

13 |해석| ① Jason은 우리에게 자신을 소개했다.
② 그는 일생 동안 많은 예술 작품들을 제작했다.
③ 나는 언젠가 가족과 함께 낚시를 하러 가고 싶다.
④ 사전에서 'recycling'의 접촉을(→ 정의를) 찾으시오.
⑤ 20세기 동안, 그것은 유럽 전역에서 인기를 끌었다.
|해설| ④는 contact를 definition(정의)으로 바꿔야 문맥상 자연스럽다.

14 |해석| 탁자 위에 종이 두 장과 가위를 올려놓으시오.
① 만들거나 제조하다
② 특정 지점이나 위치에 놓다
③ 어떤 것이 사실이거나 가능하다고 생각하다
④ 사람이 사는 집이나 아파트
⑤ 무언가가 있는 곳, 또는 어떤 일이 일어나는 곳
|해설| 주어진 문장의 문맥상 빈칸에는 '두다, 놓다'라는 뜻을 갖는 동사 place가 들어가는 것이 적절하다.

15 |해석| ⓐ 나는 감기로 약을 좀 먹을 것이다.
ⓑ 나는 네가 좀 쉴 것을 제안한다.
ⓒ 문을 열려면 이 버튼을 눌러야 한다.
ⓓ 어깨가 아파. 어깨를 좀 마사지해 주겠니?
① 누르다 ② 야기하다 ③ 제안하다 ④ 마사지하다 ⑤ 약

L&T Listen and Talk 고득점 맞기   pp. 50~51

01 ⑤   **02** ③   **03** ④   **04** ④, ⑤   **05** ②
06 (B)-(D)-(E)-(A)-(C)
[서술형]
07 This juice is on me.   **08** Amy(She) will pay for the juice.   **09** (1) Can you say that again? (2) What does that mean?   **10** I wish you good luck., (good) luck
11 |모범 답| could(can) you repeat that   **12** (1) She invites him(Jiho) to London (to visit her). (2) (Because) She can't go to his soccer game (tomorrow).

01 |해설| ⑤ 비가 많이 오고 있다는 말에 걱정하지 말라고 한 후 우산을 가져오지 않았다고 말하는 것은 어색하다.

02 |해설| 밑줄 친 문장을 대신할 수 없는 것은?
A: 우리는 눈에서 눈으로 봐.
B: 다시 한번 말해 줄래?
A: "우리는 눈에서 눈으로 봐."라고 말했어.
B: 그게 무슨 뜻이야?
A: '너와 내 의견이 같다.'라는 뜻이야.
①, ② 뭐라고 했니?
③ 그 말을 들어서 유감이야.
④ 다시 한번 말해 줄래?
⑤ 뭐라고 했니? 네 말을 듣지 못했어.
|해설| Can you please say that again?은 '다시 한번 말해 줄래?'라는 뜻으로 반복 설명을 요청하는 표현이다.

03 |해석| 그게 무슨 뜻이야?
|해설| Not your cup of tea?라고 되물으며 의미를 묻고 그 의미를 알려 주는 흐름이 되는 것이 자연스러우므로 ④에 들어가는 것이 알맞다.

04 |해석| ① 소녀는 차를 좋아하는가?
② 소년이 가장 좋아하는 음식은 무엇인가?
③ 소년은 무엇을 마시고 싶어 하는가?
④ 소년은 소녀의 스파게티를 먹고 싶어 하는가?
⑤ '누군가의 차 한 잔이 아닌'은 무슨 뜻인가?
|해설| ④ 소년은 소녀가 권한 스파게티를 사양했다.
⑤ It means "I don't like something."을 통해 not one's cup of tea가 의미하는 것을 알 수 있다.

05 |해석| 자연스러운 대화가 아닌 것은?
① A: 얼굴을 길쭉하게 만들지 마.
   B: 뭐라고 했니? 다시 한번 말해 줄래?

② A: 다리를 부러뜨려? 그게 무슨 뜻이야?
　　B: 나는 "다리를 부러뜨려."라고 말했어.
③ A: 다시 한번 말씀해 주시겠습니까?
　　B: 네. 한 블록 곧장 가서 오른쪽으로 도세요.
④ A: 뭐라고 했니? 네 말을 못 들었어.
　　B: "우리는 돼지 같이 먹었어."라고 말했어. 그것은 '우리는 과식했어.'라는 뜻이야.
⑤ A: 나는 뜨거운 물속에 있어.
　　B: 다시 한번 말해 줄래?
　　A: "나는 뜨거운 물속에 있어."라고 말했어.
|해설| ② 앞서 말한 표현의 의미를 묻는 말에 의미를 설명하지 않고 자신이 했던 말을 반복해서 말하는 것은 어색하다.

06 |해석| A: 나는 날씨 아래에 있는 기분이야.
B: 미안하지만, 다시 한번 말해 줄래?
(B) "나는 날씨 아래에 있는 기분이야."라고 말했어.
(D) 그게 무슨 뜻이야?
(E) '나는 몸이 좋지 않아.'라는 뜻이야. 나 감기에 걸린 것 같아.
(A) 아. 약을 좀 사는 게 어때? 저쪽에 있는 가게에서 약을 살 수 있어.
(C) 그래. 그럴게.

07 |해설| 반복 설명을 요청하는 말에 자신이 한 말을 다시 말하는 부분이므로 This juice is on me.가 알맞다.

08 |해설| Amy가 주스값을 지불하겠다고(I'll pay for the juice.) 하였고 수호는 그에 대해 고마워했다.

09 |해설| (1) 앞에서 한 말을 뒤에서 반복하고 있으므로 반복 설명을 요청하는 표현이 알맞다.
(2) 앞에서 한 말의 의미를 뒤에서 설명하고 있으므로 설명을 요청하는 표현이 알맞다.

10 |해설| "너를 위해 내 손가락을 교차할게."라는 표현은 '너의 행운을 빌게.'라는 뜻이다. 누군가에게 행운을 빌어 줄 때 이것을 말할 수 있다.

11 |해설| Can you say that again?은 '다시 한번 말해 줄래?'라는 뜻으로 상대방에게 반복 설명을 요청하는 표현이다. Could you repeat that? 등과 바꿔 쓸 수 있다.

12 |해석| (1) Lucy는 지호를 어디로 초대하는가?
(2) Lucy는 왜 지호에게 안타깝다는 말을 하는가?
|해설| (1) Lucy는 지호를 자신이 있는 런던으로 초대했다.
(2) Lucy는 지금 한국을 떠나서 내일 지호의 축구 경기를 볼 수 없기 때문에 안타까워 한다.

ⓖ Grammar 고득점 맞기

pp. 52~54

01 ⑤　02 ②　03 ①, ②　04 ②　05 ④　06 ⑤
07 ②　08 ④　09 ②

[서술형]
10 who is my favorite painter　11 which used to be full of people　12 It is, that　13 ⓔ → that　14 (1) which upset her boss　(2) who lives in Paris　(3) which disappointed his mom a lot　15 (1) It was stupid that I believed Jessica.　(2) It is not true that the dog can draw

a picture.　(3) It is important that we learn history at school.　16 ⓐ → The word *sandwich* comes from John Montagu, who was the 4th Earl of Sandwich.
17 |모범 답| (1) It is surprising that koalas sleep about 20 hours a day.　(2) It is amazing that dolphins have names for each other.　(3) It is funny that some monkeys make snowballs for fun.

01 |해석| • 나는 Daniel을 봤는데, 그는 기타를 연주하고 있었다.
• Nick이 파티에 나타났고, 그것은 모두를 기쁘게 했다.
• 이것은 한복인데, 한복은 한국의 전통 의상이다.
|해설| 세 문장 모두 빈칸 앞에 콤마(,)가 있고 뒤에 이어지는 내용이 빈칸 앞의 명사(선행사)나 문장 전체에 대한 부연 설명을 하므로 계속적 용법의 주격 관계대명사가 들어가는 것이 알맞다. 선행사가 사람일 때는 who, 사물이거나 문장 전체일 때는 which를 사용하며, 관계대명사 that은 계속적 용법으로 사용하지 않는다.

02 |해석| 빈칸에 공통으로 알맞은 것은?
• 그 섬이 곧 사라질 것이라니 놀랍다.
• 참여자는 행사에 참여하는 사람이다.
|해설| 첫 번째 빈칸에는 문장의 진주어인 명사절을 이끄는 접속사 that이 알맞고, 두 번째 빈칸에는 선행사 a person을 수식하는 관계대명사절을 이끄는 주격 관계대명사 who나 that이 알맞으므로 공통으로 들어갈 말은 that이다.

03 |해석| [보기] Ron은 이탈리아에서 왔는데, 수의사이다.
① 우리는 그 남자가 누구인지 알아냈다.
② Rapunzel은 누가 진실을 말하고 있는지 몰랐다.
③ Lisa는 여동생을 돌보고 있는데, 여동생은 5살이다.
④ Son 씨는 한국 축구 선수인데, 지금 영국에 있다.
⑤ 삼촌은 컴퓨터 회사에서 일하시는데, 내가 컴퓨터 고치는 것을 도와주셨다.
|해설| [보기]와 ③, ④, ⑤는 계속적 용법으로 쓰인 관계대명사, ①, ②는 간접의문문에 쓰인 의문사이다.

04 |해석| 명사절 that we need a larger house(우리가 더 큰 집이 필요하다는 것)를 주어로 하는 문장으로, 접속사 that이 이끄는 명사절이 주어일 경우 주어 자리에 가주어 It을 쓰고 진주어인 that절은 문장의 뒤로 이동한다.

05 |해석| ① 패스트푸드가 건강에 좋지 않다는 것은 사실이다.
② 당신이 읽는 모든 것을 믿지 마라.
③ Paul이 David에게 빌려준 것은 바로 약간의 돈이었다.
④ 나에게 매우 좋은 생각이 있었는데, 그것은 벽에 그림을 그리는 것이었다.
⑤ 많은 사람들이 모르는 몇 가지 중요한 사실들이 있다.
|해설| ④ 앞에 콤마(,)가 있고 선행사가 an excellent idea이므로 계속적 용법의 관계대명사 which가 들어가야 한다. 관계대명사 that은 계속적 용법으로 쓰지 않는다. ①은 접속사로, ②와 ⑤는 목적격 관계대명사로, ③은 강조구문에 쓰인 that이 들어갈 수 있다.

06 |해석| 그 노인은 유명한 배우다. 너는 그를 어제 보았다.
⑤ 그 노인은 네가 어제 보았는데, 유명한 배우이다.
|해설| 두 번째 문장이 첫 번째 문장의 주어인 The old man을 보충

| 해설| ⓔ '영국 무역상들'이라는 의미가 되어야 하므로 traders가 알맞다.

04 | 해설| • tomato라는 단어는 tomate라는 <u>스페인(→ 스페인어)</u> 단어에서 유래했다.
• 법에 관한 많은 영어 단어들이 <u>프랑스(→ 프랑스어)</u> 단어에서 유래했다.
| 해설| ⓐ '스페인어의'를 뜻하는 Spanish가 알맞다.
ⓑ '프랑스어의'라는 뜻의 형용사 French가 알맞다.

05 | 해설| 주어진 문장은 상대방이 한 말의 의미를 묻는 말이므로, 의미를 설명해 주는 말 앞인 ④에 들어가는 것이 알맞다.

06 | 해설| 앞에서 한 말의 의미를 뒤에서 설명해 주고 있으므로, 상대방이 한 말의 의미를 묻는 표현이 들어가야 한다.

07 | 해설| ③ B가 can you repeat that?이라고 하며 A가 앞에서 한 말을 반복해서 말해 달라고 요청했으므로, I said, "It's raining cats and dogs."라고 말해야 자연스럽다.

08 | 해설| 앞서 지호가 한 말에서 come visit me again을 가리킨다.

09 | 해석| ② 나는 곤경에 처해 있어.
③ 우리는 의견이 일치해.
④ 연락하고 지내자.
⑤ 슬퍼하지 마.
| 해설| ① 밑줄 친 표현과 Break a leg.는 '행운을 빌게.'라는 뜻이다.

10 | 해설| 상대방의 말을 잘 듣지 못했거나 이해하지 못했을 때 '다시 한번 말해 줄래?'라고 요청하는 말인 can you (please) say that again? 이 들어가는 것이 알맞다.

11 | 해설| Lucy가 I'd like to invite you to visit me in London.이라고 말했으므로, 자신이 살고 있는 런던으로 지호를 초대하고자 함을 알 수 있다.

12 | 해석| 나는 이모에게 전화를 걸었는데, 나는 한때 그녀와 같이 살았다.
| 해설| 콤마(,) 뒤는 선행사인 my aunt에 대한 추가적인 정보를 제공하는 관계대명사절이며, 빈칸에는 계속적 용법으로 쓰인 목적격 관계대명사 who나 whom이 알맞다.

13 | 해석| ① 그가 직장을 그만두었다는 것은 사실이니?
② 사과는 완벽한 과일이라고 한다.
③ 그것은 누구나 할 수 있는 실수다.
④ 네가 먼저 거기에 가야 할 필요가 있다.
⑤ 내가 그 모든 질문에 대답하는 것은 쉽지 않았다.
| 해설| ③은 대명사로 쓰였고, 나머지는 모두 진주어가 뒤로 가고 주어 자리에 쓰인 가주어로 쓰였다.

14 | 해석| ⓐ 나는 런던에 있는 한 박물관을 방문했다.
ⓑ 나는 잡채를 먹고 있는데, 이것은 엄마가 만드셨다.
ⓒ 방과 후에 축구를 하는 것은 신난다.
ⓓ Jane은 시험에 합격했는데, 그것은 부모님을 기쁘게 했다.
ⓔ 한글이 매우 과학적인 문자 체계라는 것은 분명하다.
| 해설| ⓑ 선행사가 사물이므로 계속적 용법의 목적격 관계대명사 which를 써야 한다. (whom → which)
ⓔ 진주어 역할을 하는 명사절을 이끄는 접속사 that이 알맞다. (which → that)

15 | 해설| 계속적 용법의 관계대명사는 「접속사＋대명사」로 바꿔 쓸 수 있으며, 선행사가 chāmpo이므로 대명사 it을 사용한다.

16 | 해석| ① 누가 1등 상을 수여할 것인가?
② 그녀는 그 선물에 대해 나에게 고마워했다.
③ 나는 이 가방을 내 생일 선물로 받았다.
④ 그는 현재의 상황이 마음에 들지 않는다.
⑤ 많은 사람들이 회의에 참석했다.
| 해설| ⓑ와 ④는 '현재의'라는 의미를 나타내는 형용사로 쓰였다.
① 수여하다(동사) ②, ③ 선물(명사) ⑤ 참석한(형용사)

17 | 해석| ⓐ chāmpo라는 단어는 힌디어로 '누르다'를 의미한다.
ⓑ shampoo라는 단어의 의미는 처음 영어에 들어가기 전(→ 들어온 이후) 몇 번 바뀌었다.
ⓒ shampoo는 19세기에 '머리 감기'를 의미하기 시작했다.
ⓓ 이제 shampoo는 <u>얼굴(→ 머리)</u>에 사용하는 비누로도 사용된다.
| 해설| ⓑ before → after ⓓ face → hair

18 | 해설| ⓐ 계속적 용법의 관계대명사로 which가 알맞다.
ⓒ 진주어인 that절이 뒤에 있으므로 주어 자리에 가주어 It이 쓰여야 한다.
ⓓ Karel Čapek 자신을 나타내는 재귀대명사 himself가 알맞다.
ⓔ decide는 to부정사를 목적어로 취하는 동사이므로 to use로 써야 한다.

19 | 해석| ① 희곡들 ② 로봇들 ③ 단어들 ④ 인간들 ⑤ 공장들
| 해설| 바로 앞 문장의 robots를 가리킨다.

20 | 해석| Q. Karel Čapek이 roboti라는 단어를 처음 생각해냈는가?
→ 아니다. <u>그의 형이 roboti를 제안했는데, (그것은 체코어로 '노예 근로자들'을 뜻하고,) Karel Čapek이 그의 제안을 받아들였다.</u>

21 | 해설| 앞에 콤마가 있으므로 huracán에 대한 부가적인 정보를 제공하는 계속적 용법의 관계대명사절이 들어가는 것이 알맞다. 따라서 사물을 선행사로 하는 계속적 용법의 주격 관계대명사 which를 추가하여 문장을 완성한다.

22 | 해설| ⓑ 결과적으로 Huracán이 홍수를 일으켰다는 내용이 이어지는 것으로 보아 '기쁘게 했다'라는 의미의 pleased를 '화나게 했다'라는 뜻의 angered로 바꿔야 자연스럽다.

23 | 해설| hamburger라는 단어의 기원에 대한 내용이므로, 빈칸에는 originally의 명사형인 origin(기원, 유래)이 알맞다.

24 | 해석| 독일어 단어인 Hamburger는 '독일의 도시, 함부르크에서 온 사람이나 물건'을 의미한다. 오늘날, 이 단어는 빵 두 조각 사이에 함부르크 스타일의 스테이크를 넣은 음식에 사용된다. 사람들은 햄버거가 <u>함부르크(→ 미국 텍사스)</u>의 한 요리사에 의해 발명되었다고 여긴다.
| 해설| ⑤ 햄버거는 미국 텍사스의 한 요리사가 발명했다고 여겨진다.

25 | 해석| (1) 우리는 Empire State Building을 방문했는데, 그것은 한때 세계에서 가장 높은 건물이었다.
(2) 어떤 원숭이들은 사람의 머리카락으로 치실질을 하는데, 그것은 놀라운 일이다.
| 해설| (1) 계속적 용법의 관계대명사 which를 콤마(,)와 함께 사용하여 the Empire State Building에 대한 추가적인 정보를 제공하는 관계대명사절을 쓴다.
(2) 진주어인 that절이 문장의 뒤로 가고 주어 자리에 가주어 It이 사용된 형태로 쓴다.

01 ②　　**02** ④　　**03** ⑤　　**04** (A) Spain (B) Italian (C) Spanish
05 ③　　**06** Can you please say that again? / Can you say that again, please?　　**07** ③　　**08** It means "I wish you good luck."　　**09** (1) can't go to his soccer game (tomorrow) (2) I'll keep my fingers crossed for you　　**10** ②　　**11** ④
12 ③　　**13** It is important that we did our best in the final match.　　**14** My uncle, who lives in New York, is an actor.
15 (1) ⓒ → which (2) ⓔ → was designed　　**16** (1) 머리 감기 (2) 머리에 쓰는 특별한 비누　　**17** In(in)　　**18** ④　　**19** which was written in 1920 by a Czech writer Karel Čapek
20 ④　　**21** ⑤　　**22** ⑤　　**23** ⑤　　**24** ③　　**25** (A) is believed (B) was invented

01 |해석| • 당신의 현재 주소가 어떻게 되나요?
• 이모가 나에게 멋진 생일 선물을 보내 주셨다.
① 최근의 ③ 창의적인 ④ 원래의 ⑤ 전통적인
|해설| 첫 번째 빈칸에는 '현재의'라는 의미의 형용사 present, 두 번째 빈칸에는 '선물'이라는 의미의 명사 present가 공통으로 알맞다.

02 |해석| • 많은 영어 단어들이 라틴어에서 유래한다.
• 이 상자들은 내 오래된 장난감들을 보관하는 것으로 사용된다.
• 이 배는 수에즈 운하를 통과할 것이다.
|해설| originate from: ~에서 유래하다 / be used for: ~로 사용되다 / pass through: ~을 지나가다, 통과하다

03 |해석| ① 이 음식은 내가 살게.
② 그건 식은 죽 먹기야.
③ 나는 그것을 좋아하지 않아.
④ 나는 몸이 좋지 않아.
⑤ 나는 날씨 아래 있어. (나는 몸이 좋지 않아.)
|해설| 반복 설명을 요청하는 말에 I feel under the weather.라고 반복하여 말한 것으로 보아 ⑤가 알맞다.

04 |해석| 나는 이번 여름에 이탈리아인 친구 Cara와 스페인을 방문할 계획이다. 나는 그곳 사람들과 의사소통을 하기 위해 스페인어를 배우고 있다.
|해설| (A) 방문하는 장소가 되어야 하므로 나라명인 Spain이 알맞다.
(B) '이탈리아인 친구'라는 의미가 되어야 하므로 형용사 Italian이 알맞다.
(C) '스페인어를 배운다'는 의미가 되어야 하므로 스페인어를 뜻하는 Spanish가 알맞다.

05 |해설| (A) 뒤에서 앞의 말을 반복하고 있으므로 '뭐라고 했니?'라고 반복 설명을 요청하는 ⓑ가 알맞다.
(B) 뒤에서 앞에 한 말의 의미를 설명하고 있으므로 의미를 묻는 ⓒ가 알맞다.
(C) 이어서 우산이 있다고 말하고 있으므로 걱정하지 말라는 말인 ⓐ가 알맞다.

06 |해석| Emily는 도서관에서 과학책을 찾고 있다. 그녀는 그 책을 어디서 찾을 수 있는지 사서에게 묻는다. 사서는 그녀에게 과학책 코너가 어디에 있는지 말해 주지만, 그녀는 잘 알아듣지 못한다.
|해설| 상대방의 말을 알아듣지 못한 상황이므로 '다시 말씀해 주시겠어요?'라고 반복 설명을 요청하는 말을 하는 것이 적절하다.

07 |해석| ⓒ 너는 손가락을 교차시킬 수 있니?
|해설| ⓒ 다음에 이어지는 응답에서 A는 앞에서 한 말을 똑같이 반복하고 있으므로, '다시 한번 말해 주겠니?'에 해당하는 표현이 알맞다.

08 |해설| '그건 ~라는 뜻이야.'라는 의미는 It means ~.로 나타내고, '행운을 빌게.'라는 표현은 I wish you good luck.이라고 쓴다.

09 |해설| (1) Lucy는 왜 지호에게 안타깝다고 말하는가?
→ 그녀가 (내일) 그의 축구 경기에 가지 못하기 때문이다.
(2) Lucy는 지호의 행운을 빌기 위해 뭐라고 말하는가?
→ 그녀는 "너를 위해 내 손가락을 교차할게."라고 말한다.

10 |해설| 주어진 단어들로 문장을 완성하면 It is exciting that we'll visit Europe.이다.

11 |해석| • 남동생이 내 컴퓨터를 고장 냈는데, 그것이 나를 속상하게 했다.
• Steve Jobs는 Apple 주식회사의 설립자인데, 그는 나의 롤모델이다.
|해설| 첫 번째 빈칸에는 앞 문장 전체에 대한 부연 설명을 하는 관계대명사절을 이끄는 주격 관계대명사 which가 알맞다. 두 번째 빈칸에는 선행사 Steve Jobs에 대한 부연 설명을 하는 관계대명사절을 이끄는 계속적 용법의 주격 관계대명사 who가 알맞다.

12 |해석| 우리는 어젯밤에 액션 영화를 봤는데, 그것은 정말 흥미진진했다.
|해설| ③ that 앞에 콤마(,)가 있으므로 계속적 용법의 관계대명사를 사용해야 한다. that은 계속적 용법으로 쓸 수 없으므로 선행사 an action movie에 맞는 관계대명사 which로 고쳐야 한다.

13 |해석| 우리는 결승전에서 최선을 다했다.
|해설| 주어진 문장이 주어가 되는 문장으로, 접속사 that을 사용하여 명사절로 만든 후 문장의 뒤로 보내고 주어 자리에 가주어 It을 사용하여 나타낼 수 있다.

14 |해석| 나의 삼촌은 영화배우이다. 그는 뉴욕에 살고 있다.
|해설| 두 번째 문장이 첫 번째 문장의 My uncle에 대한 부연 설명을 하는 계속적 용법의 관계대명사절이 되도록 쓴다. 선행사가 사람이고, 계속적 용법이므로 주격 관계대명사 who를 콤마(,)와 함께 쓴다.

15 |해석| 나는 루브르 박물관을 방문하고 싶은데, 그곳에는 약 40만 점의 예술 작품이 있다. 그곳에서 나는 '모나리자'를 보고 싶은데, 그것은 레오나르도 다빈치가 그렸다. 나는 또한 에펠탑도 가보고 싶은데, 그것은 Gustave Eiffel이 디자인했다.
|해설| ⓒ 선행사가 작품명인 '모나리자'이므로 계속적 용법의 관계대명사 which가 쓰여야 한다.
ⓔ 선행사인 the Eiffel Tower는 Gustave Eiffel에 의해 '디자인된' 것이므로 수동태로 써야 한다.

16 |해설| shampoo는 19세기에 'washing the hair'라는 현재의 의미를 갖게 되었고, 그 후 'a special soap for the hair'를 나타내는 데에도 쓰이기 시작했다.

17 |해설| ⓑ '~에서'라는 의미로 넓은 장소 앞에 쓰이는 전치사 In이 알맞다.
ⓒ, ⓓ '~세기에'는 「in the+서수+century」로 표현한다.

18 |해설| (A) 경험한 것을 영국에 '소개했다(introduced)'라는 의미가 문맥상 자연스럽다.
(B) 이어지는 문장이 1762년 이후에 새로운 의미를 가지게 되었다는 내용이므로 접속사 after(~ 후에)가 알맞다.
(C) 형용사 present의 수식을 받는 명사 meaning(의미)이 알맞다.

19 |해설| the play R.U.R.을 부연 설명하는 내용이므로 콤마(,) 뒤에 계

② A: 이 셔츠에 무슨 문제가 있었나요?

　　B: 네. 구멍이 있어요.

③ A: 이 모자를 다른 사이즈로 교환할 수 있을까요?

　　B: 물론이에요. 어떤 색을 원하세요?

④ A: 이 가방을 무엇으로 교환하고 싶으세요?

　　B: 지갑으로 교환하고 싶어요.

⑤ A: 실례합니다. 이 스마트폰 케이스를 환불할 수 있을까요?

　　B: 어디 봅시다. 영수증을 가지고 계신가요?

|해설| ③ 모자를 다른 사이즈로 교환할 수 있는지 묻는 말에 그렇다고 답한 후 어떤 색상을 원하는지 묻는 것은 어색하다.

04 |해석| Tom은 어제 검은색 운동화를 한 켤레 샀다. 그는 디자인은 마음에 들지만 운동화가 그에게 조금 크다. 점원은 그것이 다른 사이즈로는 없다고 말한다. 그는 그것을 환불해야겠다고 생각한다.

① 영수증을 가지고 계신가요?

② 이 운동화를 환불할 수 있을까요?

③ 이 운동화를 교환하고 싶어요.

④ 죄송하지만, 환불해 드릴 수 없습니다.

⑤ 이 운동화 다른 사이즈로 있나요?

|해설| 어제 구입한 운동화가 큰데 다른 사이즈는 없어서 환불해야겠다고 생각하는 상황이므로 Tom이 점원에게 할 말로 가장 적절한 것은 ②이다.

05 |해설| 우리말을 영어로 옮기면 Can I exchange this T-shirt for a bigger one?이므로 5번째로 오는 단어는 T-shirt이다.

06 |해석| 위 대화에서 답할 수 있는 질문은?

① 가게의 이름은 무엇인가?

② 소년에게는 영수증이 있는가?

③ 소년은 티셔츠를 언제 구입했는가?

④ 소년이 산 티셔츠는 무슨 색인가?

⑤ 소년은 왜 티셔츠를 교환하고 싶어 하는가?

|해설| ⑤ 소년은 구입한 티셔츠가 작아서 큰 사이즈로 교환하고 싶어 한다.

07 |해설| 영수증이 없으면 환불이 불가능하다는 말이 이어지므로 환불을 요청하는 말이 되어야 알맞다. 환불을 요청하는 표현으로 I'd like to get a refund for ~. / I'd like to return ~. / Can I get a refund for ~? 등이 있다.

08 |해설| 위의 대화 내용에 따라서, 질문에 영어로 답하시오.

(1) 소녀는 왜 영수증을 갖고 있지 않은가?

　　→ 그녀는 모자를 선물로 받았기 때문이다.

(2) 소녀는 모자를 무엇으로 교환했는가?

　　→ 그녀는 그것을 파란색 가방으로 교환했다.

09 |해설| 소녀는 선물(→ 영수증)이 없어서 모자를 환불하지 못했다. 그래서 그녀는 그 모자를 파란색 모자(→ 파란색 가방)로 교환했다.

|해설| 소녀는 모자를 환불하고 싶어 했으나 영수증이 없어서 환불하지 못하고 대신 파란색 가방으로 교환했다.

10 |해설| 둘 다 소년이 사이즈 교환을 요청한 노란색 티셔츠를 가리킨다.

11 |해석| 소년은 티셔츠가 그에게 너무 작아서 교환하고 싶어 했다. 그는 그것을 중간 사이즈의 빨간색 티셔츠로 교환했다.

|해설| 소년은 노란색 티셔츠가 너무 작아서 중간 사이즈의 빨간색 티셔츠로 교환했다.

12 |해석| Alex는 파란색 배낭을 환불하고 싶었지만 영수증을 잃어버려서

환불할 수 없었다. 대신에, 그는 그것을 지갑으로 교환했다.

점원: 안녕하세요. 무엇을 도와드릴까요?

Alex: 이 (파란색) 배낭을 환불하고 싶어요.

점원: 영수증을 가지고 계신가요?

Alex: 아니요, 없어요. 잃어버렸어요.

점원: 그럼, 환불하실 수 없습니다. 그러나 그것을 다른 것으로 교환하실 수는 있어요.

|해설| Alex는 파란색 배낭을 환불하고 싶었지만 영수증이 없어서 환불할 수 없었다. 대신에 그는 그것을 지갑으로 교환했다.

ⓖ Grammar 고득점 맞기　　pp. 128~130

01 ②　**02** ⑤　**03** ①, ⑤　**04** ②　**05** ④　**06** ④
07 ③　**08** ③　**09** ②　**10** ⑤　**11** ③

[서술형]

12 has been studying　**13** He wants to learn how to manage his time effectively.　**14** The teacher has been reading the students' reports since this morning.
15 ⓒ → thinking　**16** what to buy for her　**17** (1) has been making pizza for 30 minutes　(2) has been using the sewing machine for 35 years　(3) have been repairing the car since this morning　(4) has been working as a pilot since last month　**18** (1) where to go for winter vacation (2) what to wear to Tom's wedding　(3) when to finish the science report　(4) how to save the Earth　**19** (1) ⓒ → Mina hasn't(has not) been playing the piano for a week. (2) ⓔ → Have you had the piano since you were a child?

01 |해석| • 은행에 어떻게 가는지 알려 주겠니?

　　• 그들은 그 문제를 어떻게 해결해야 할지 모른다.

|해설| 첫 번째 빈칸에는 '은행에 가는 방법'을 알려 달라는 내용이 되도록 의문사 how가 들어가는 것이 알맞고, 두 번째 빈칸도 그들이 문제를 '어떻게 해결해야 할지'를 모른다는 내용이 자연스러우므로 의문사 how가 알맞다.

02 |해설| 문장을 완성하면 Have they been decorating her room for two hours?가 되므로 4번째로 올 단어는 decorating이다.

03 |해설| '어디에서 사야 할지'는 「의문사 where+to부정사」의 형태로 나타낼 수 있으며, 「의문사+to부정사」는 「의문사+주어+should+동사원형」으로 바꿔 쓸 수 있다.

04 |해석| ① 얼마나 오랫동안 눈이 오고 있니?

② 그는 최근에 열심히 공부하지 않고 있다.

③ 아빠는 오후 내내 벽을 페인트칠하고 계시니?

④ 나는 지난 학기부터 그 프로젝트를 해 오고 있다.

⑤ Dan과 Kate는 일주일째 그 TV 프로그램에 관해 이야기하고 있다.

|해설| ② 현재완료 진행형의 부정문은 「have(has) not been -ing」의 형태로 쓴다. (doesn't have been studying → has not been studying)

05 |해석| • 그녀는 나에게 디저트로 <u>무엇을</u> 먹을지 물었다.
• 너는 약을 <u>언제</u> 먹어야 하는지 아니?
• 나는 <u>어떻게</u> 하면 좋은 작가가 될 수 있는지 알고 싶다.
|해설| 첫 번째 빈칸에는 '무엇을 먹을지'라는 의미가 되도록 what이,
두 번째 빈칸에는 '약을 언제 먹을지'의 의미가 되도록 when이 알맞
다. 세 번째 빈칸은 '좋은 작가가 되는 방법'을 알고 싶다는 의미가 자
연스러우므로 how가 알맞다.

06 |해석| 그들은 6개월 전에 그들의 집을 짓기 시작했는데, 아직도 그것을
짓고 있다.
|해설| 과거에 집을 짓기 시작하여 지금도 계속 짓고 있는 상황이므로
현재완료 진행형(have been -ing)으로 나타낸다. 기간을 나타내는
말 앞에는 전치사 for를 쓰고 since 뒤에는 시점이 온다.

07 |해석| 나는 _____ 모르겠어.
① 언제 쇼핑하러 가야 할지
② 방과 후에 무엇을 해야 할지
④ 어떻게 새로운 단어를 암기해야 할지
⑤ 어디에 야자수를 심어야 할지
|해설| know의 목적어로 「의문사+to부정사」가 쓰일 수 있으나 ③은
'무엇을 먹을지'라는 의미의 what to eat 뒤에 목적어(waffles)가 있
어서 어색하다. (→ what to eat for breakfast)

08 |해석| ① 김 선생님은 그 영화를 감독해 오고 있다.
② 나는 6살 때부터 안경을 쓰고 있다.
③ 그는 Baker 씨를 2010년부터 알고 지냈다.
④ 그들은 한 시간째 계속 그 게임을 하고 있다.
⑤ 그 음악가는 지난달부터 신곡을 작곡하고 있다.
|해설| ③ know는 상태를 나타내는 동사이므로 현재완료 진행형으로
쓰이지 않는다. (→ has known)

09 |해석| • 나는 바이올린을 연주하는 <u>방법</u>을 배우고 싶다.
• 소년은 <u>누구와</u> 이야기해야 할지 몰랐다.
• 그는 우리에게 스파게티를 <u>어떻게</u> 만드는지 보여 주었다.
• 파티에 <u>무엇을</u> 가져가야 할지 말해 주겠니?
|해설| 의미상 ⓐ, ⓒ에는 how, ⓑ에는 who(m), ⓓ에는 what이 알
맞다.

10 |해석| ⓐ 나에게 건조기를 어떻게 사용하는지 알려 줘.
ⓑ 나는 여행을 위해 무엇을 준비해야 할지 몰랐다.
ⓒ 나에게 취업 면접에서 무슨 말을 해야 할지 말해 줘.
ⓓ 그는 30분째 계속 기차를 기다리고 있다.
ⓔ Sue는 어제부터 첼로를 연습하지 않고 있다.
|해설| ⓔ 앞에 hasn't been이 있고 문맥상 능동의 의미이므로 현재
완료 진행형이 되도록 -ing 형태로 써야 한다. (→ practicing)

11 |해석| ⓐ 너는 누구를 믿어야 하는지 어떻게 아니?
ⓑ 그녀는 무엇에 대해 글을 쓸지 결정하지 않았다.
ⓒ 그는 그 차를 10년 동안 소유하고 있다.
ⓓ 그들은 2년째 계속 옥수수를 재배하고 있다.
ⓔ 너는 네 스마트폰을 얼마나 오랫동안 사용하고 있니?
|해설| ⓒ 소유를 나타내는 동사 have는 현재완료 진행형으로 쓰이지
않는다. (been having → had)
ⓓ 기간을 나타내는 말 앞에는 '~ 동안'이라는 의미의 전치사 for를
써야 한다. (since → for)
ⓔ '얼마나 오랫동안 써 오고 있냐'는 의미이므로 현재완료 진행형

(have(has) been -ing)의 형태로 써야 한다. (used → using)

12 |해설| '~해 오고 있다'라는 의미로 과거에 시작한 일이 현재에도 계속
진행되고 있는 일을 나타낼 때는 현재완료 진행형(have(has) been
-ing)을 사용한다.

13 |해석| 그는 어떻게 자신의 시간을 효율적으로 관리해야 할지 배우고 싶
어 한다.
|해설| 「의문사+주어+should+동사원형」은 to부정사를 사용하여 「의
문사+to부정사」로 바꿔 쓸 수 있다.

14 |해석| 선생님은 오늘 아침 학생들의 보고서를 읽기 시작했다. 그는 여
전히 그것들을 읽고 있다.
→ <u>선생님은 오늘 아침부터 학생들의 보고서를 읽고 있다.</u>
|해설| 오늘 아침에 시작한 일을 지금도 계속 하고 있는 상황이므로 현
재완료 진행형인 「have(has) been -ing」로 나타내며, '오늘 아침부
터'는 since this morning으로 쓴다.

15 |해석| 나는 런던에서 어디를 방문할지는 이미 결정했지만, 거기에서 무
엇을 먹을지는 여전히 생각하고 있다.
|해설| ⓒ 무엇을 먹을지 계속 생각하고 있는 상황이므로 「have been
-ing」 형태의 현재완료 진행형으로 나타낸다.

16 |해석| A: 내일은 Jenny의 생일인데, <u>그녀에게 무엇을 사 줘야 할지</u> 모
르겠어.
B: 그녀에게 노란색 모자를 사 주는 건 어때? 그녀는 모자가 필요한
것 같아. 그리고 그녀가 가장 좋아하는 색은 노란색이야.
|해설| 내일이 Jenny의 생일인데 그녀에게 무엇을 사 줘야 할지 모르
겠다는 의미가 되도록 완성한다. '무엇을 ~해야 할지'는 「what+to부
정사」로 나타낸다.

17 |해석| (1) Sam은 <u>30분째 계속 피자를 만들고 있다.</u>
(2) 할머니는 <u>35년째 계속 그 재봉틀을 사용해 오고 계신다.</u>
(3) 엄마와 아빠는 <u>오늘 아침부터 자동차를 수리하고 있다.</u>
(4) Davis 씨는 지난달부터 조종사로 일하고 있다.
|해설| 현재완료 진행형(have(has) been -ing)을 사용하여 과거에 시
작한 일을 지금도 계속 하고 있는 상황을 표현한다. for 뒤에는 기간을
쓰고, since 뒤에는 시작한 시점을 쓴다.

18 |해석| (1) A: 나는 <u>겨울 휴가로 어디에 가야 할지</u> 모르겠어.
　　　B: 아이슬란드는 어때?
(2) A: 나는 <u>Tom의 결혼식에 무엇을 입어야 할지</u> 결정하지 못하겠어.
　　　B: 녹색 원피스가 네게 잘 어울리는 것 같아.
(3) A: 너는 <u>과학 보고서를 언제 끝내야 하는지</u> 아니?
　　　B: 우리는 그 보고서를 다음주 금요일까지 끝내야 해.
(4) A: Cho 선생님은 우리에게 <u>지구를 구하는 방법</u>에 관해 조사하라고
　　　하셨어.
　　　B: 그러면, 먼저 인터넷으로 검색해 보자.
|해설| 의미상 〈A〉의 의문사와 어울리는 표현을 〈B〉에서 골라 「의문
사+to부정사」의 형태로 완성한다.

19 |해석| ⓐ 너는 그 책을 얼마나 오랫동안 읽고 있니?
ⓑ 나는 이 기회를 오랫동안 기다려 오고 있다.
ⓒ 미나는 일주일째 피아노를 치지 않고 있다.
ⓓ Chris는 아침 내내 날씨에 대해 불평하고 있다.
ⓔ 너는 어렸을 때부터 피아노가 있었니?
|해설| ⓒ 현재완료 진행형의 부정문은 「have(has) not been -ing」
의 형태로 쓴다.

ⓔ 소유를 나타내는 동사 have는 현재완료 진행형으로 쓸 수 없으므로 현재완료로 고쳐야 한다.

R Reading 고득점 맞기 　　　　　pp. 133~135

01 ③　**02** ①　**03** ④　**04** ⑤　**05** ②　**06** ④　**07** ⑤
08 ③　**09** ④　**10** ②, ⑤　**11** ④

[서술형]
12 I don't know how to solve this problem.　**13** (1) at the beginning of the week　(2) carry around all of your weekly allowance　(3) divide the money(your allowance) into days (and carry only the money you need for each day)
14 have difficulty saving money　**15** ⓑ → |모범 답| ⓑ는 명사절을 이끄는 접속사이고, 나머지는 모두 관계대명사이다.
16 on sale, doesn't need, really needs　**17** ⓒ → Dr. Money advised Minji to make a shopping list (before she goes shopping).

01 |해석| 윗글의 제목으로 가장 알맞은 것은?
　① 당신은 얼마나 똑똑한가?
　② 돈을 절약하는 방법
　③ 10대들의 소비 습관
　④ 현명한 소비자들은 누구인가?
　⑤ 돈을 쓰는 다양한 방법
　|해설| 중학교 학생들이 돈을 현명하게 소비하고 있는지에 대해 설문 조사를 한 결과에 대한 글이다.

02 |해석| ① Tom의 형은 수줍어하는 반면에 Tom은 외향적이다.
　② 나는 샤워하는 동안 노래를 불렀다.
　③ 기다리는 동안에 차를 좀 마실래?
　④ 빨간색 신호일 동안에는 우회전해서는 안 된다.
　⑤ 나는 농구를 하던 중 팔을 다쳤다.
　|해설| (A), (B)와 ①의 while은 '~인데 비해, 반면에'라는 뜻의 대조를 나타내는 접속사로 쓰였고, 나머지는 모두 '~하는 동안에'라는 뜻의 시간을 나타내는 접속사로 쓰였다.

03 |해설| ⓓ 이어지는 절이 shows의 목적어 역할을 하는 명사절이며, 의미상 '~하는 것'이 알맞다. 따라서 명사절을 이끄는 접속사 that으로 고쳐야 한다.

04 |해석| ① 미나: Green 중학교의 100명의 학생들이 설문 조사에 응답했다.
　② 수진: 그래프 1에서, 학생들 70%가 자신들이 돈과 관련하여 현명하지 못하다고 생각한다.
　③ 진호: 그래프 2는 학생들의 돈과 관련한 가장 큰 걱정거리에 대한 것이다.
　④ 보라: 그래프 2에서 60%의 학생들이 자신의 용돈이 충분하다고 생각하지 않는다.
　⑤ 태호: 대부분의 학생들이 자신들이 돈과 관련하여 현명하다고 생각한다.
　|해설| ⑤ 마지막 단락에서 대다수의 학생들이 자신들이 돈과 관련하여 현명하지 못하다고 생각한다고 했다.

05 |해설| ⓐ all of+명사: 모든 ~
　ⓑ how+to부정사: 어떻게 ~해야 할지
　ⓒ carry around: 가지고 다니다
　ⓓ divide A into B: A를 B로 나누다

06 |해석| ① Jason은 목요일마다 용돈을 받는다.
　② Jason은 자신의 용돈이 충분하다고 생각한다.
　③ Jason의 용돈은 보통 주말에 모두 없어진다.
　④ Jason은 용돈 기입장을 쓴다.
　⑤ Dr. Money는 Jason에게 용돈을 전부 가지고 다니라고 조언했다.
　|해설| Dr. Money가 Jason의 용돈 기입장을 보고 조언을 하고 있으므로 ④가 본문의 내용과 일치한다.
　① Jason이 일주일 용돈을 어느 요일에 받는지는 언급되지 않았다.
　② Jason은 자신의 용돈이 부족하다고 느낀다고 했다.
　③ Jason은 용돈을 보통 목요일쯤에 다 쓴다고 했다.
　⑤ Dr. Money는 Jason에게 용돈을 모두 가지고 다니지 말고 하루에 필요한 만큼만 가지고 다니라고 조언했다.

07 |해설| ⓐ, ⓒ 뒤에 각각 앞 문장에 대한 예시에 해당하는 내용이 이어지므로 For example이 알맞다.
　ⓑ 두 달 동안 저축해 오고 있지만 여전히 돈이 충분하지 않다는 내용이므로 However가 알맞다.

08 |해설| (A) 현재완료 진행형은 「have(has) been -ing」의 형태로 쓴다.
　(B) '돈을 모으기 위해서'라는 목적의 의미를 나타내는 부사적 용법의 to부정사가 알맞다.
　(C) '~함으로써'는 by 뒤에 동명사를 사용해 「by+동명사」로 나타낸다.

09 |해석| 윗글에서 답할 수 없는 것은?
　① Steve의 돈과 관련한 문제는 무엇인가?
　② Steve는 왜 돈을 저축해 오고 있는가?
　③ Steve는 얼마나 오랫동안 돈을 저축해 오고 있는가?
　④ Steve는 매달 얼마의 용돈을 받는가?
　⑤ Steve는 지난 몇 주 동안 용돈의 몇 퍼센트를 썼는가?
　|해설| ④ Steve가 받는 용돈의 액수는 언급되지 않았다.

10 |해석| Dr. Money는 Steve에게 _____ 조언했다.
　① 쇼핑 목록을 작성하라고
　② 더 빠듯한 예산을 세우라고
　③ 자선 단체에 많은 돈을 기부하라고
　④ 콘서트 표에 지출을 그만하라고
　⑤ 50%-40%-10% 규칙에 따라 돈을 덜 쓰라고
　|해설| Dr. Money는 Steve가 돈을 너무 많이 쓰고 있다고 지적하며, 50%-40%-10% 규칙을 따르는 것을 예로 들며 더 빠듯한 예산을 세우라고 조언했다.

11 |해설| ⓓ 쇼핑하러 가기 전에 일기를 쓰라는 것은 어색하다. 목록에 없는 것은 사지 말라는 말이 이어지는 것으로 보아 문맥상 make a shopping list(쇼핑 목록을 만드세요)가 알맞다.

12 |해설| don't know의 목적어 역할을 하는 '어떻게 해결해야 할지'는 「의문사 how+to부정사」의 형태로 나타낸다.

13 |해설| Jason의 문제: 나는 (1) 주초에 일주일 용돈을 거의 다 써 버린다.
　Dr. Money의 조언:
　• (2) 일주일 용돈 전부를 가지고 다니지 말아야 한다.
　• (3) 돈(용돈)을 요일별로 나눠야 한다.

| 해설 | Jason은 매주 용돈을 받지만 주초에 대부분의 용돈을 다 써 버려서 목요일쯤이면 용돈이 사라지고 없다고 했고, Dr. Money는 용돈을 전부 가지고 다니지 말고 하루 단위로 나눠서 하루에 필요한 만큼만 가지고 다니라고 조언했다.

14 | 해설 | 내용의 흐름상 돈을 모으는 것에 어려움이 있다는 것이 Steve의 고민이므로 '~하는 데 어려움이 있다'라는 의미의 have difficulty -ing를 사용하여 나타낼 수 있다.

15 | 해설 | ⓑ는 보어 역할을 하는 명사절을 이끄는 접속사로 쓰였고, ⓐ, ⓒ는 앞의 선행사를 수식하는 관계대명사절을 이끄는 목적격 관계대명사, ⓓ는 주격 관계대명사로 쓰였다.

16 | 해석 | 민지는 필요하지 않은데도 할인 판매 중인 물건을 사는 것을 좋아한다. Dr. Money는 그녀에게 무언가를 사기 전에 그것이 정말로 필요한지 생각해 보라고 조언한다.

17 | 해석 | ⓐ 민지는 지난주에 얼마를 썼나요?
ⓑ 민지는 티셔츠를 어디에서 구입했나요?
ⓒ Dr. Money는 민지에게 쇼핑하러 가기 전에 무엇을 만들라고 조언했나요?
| 해설 | Dr. Money는 민지에게 쇼핑하러 가기 전에 쇼핑 목록을 만들라고 조언했다.

서술형 100% TEST

01 (1) divide (2) allowance (3) donate (4) budget
02 save **03** (1) look good on (2) use up (3) have difficulty understanding **04** (1) like to exchange, size
(2) Can I get a refund, back **05** (1) Can I return this smartphone case? (2) I'd like to get a refund for this smartphone case. **06** I'd like to buy this jacket. → I'd like to exchange this jacket. **07** (A) May I help you?
(B) I received it as a gift. (C) What would you like to get?
08 return, refund, receipt, exchanged, blue bag
09 (1) have been running for (2) has been fixing the table since (3) has been playing online games since
10 (1) what to say (2) when to leave (3) whom to invite
11 has been learning how to play the guitar since last year **12** (1) don't have enough allowance (2) have difficulty saving money (3) spend money on things I don't need **13** ⓑ → not smart **14** ⓒ → Don't carry around all of your weekly allowance. **15** I don't know how to solve this problem. **16** (1) since → for (2) to do what → what to do **17** ⓐ spending ⓑ To save ⓒ following
18 remaining **19** on sale **20** although, you really need, buy, make a shopping list before

---

01 | 해석 | (1) 나누다: 어떤 것을 부분이나 무리로 나누다
(2) 용돈: 부모가 자녀에게 정기적으로 주는 돈
(3) 기부하다: 도움이 필요한 단체에 돈을 주다
(4) 예산: 개인이나 회사가 쓸 수 있는 돈의 액수

02 | 해석 | • 의사들은 그녀의 생명을 구하려고 최선을 다했다.
• 나는 새 휴대전화를 사기 위해 돈을 저축할 것이다.
• 나는 물을 절약하기 위해 샤워를 짧게 하려고 노력했다.
| 해설 | '구하다', '저축하다', '절약하다'의 의미로 모두 쓰이는 단어는 save이다.

03 | 해설 | (1) look good on: ~와 잘 어울리다
(2) use up: 다 써 버리다
(3) have difficulty -ing: ~하는 데 어려움이 있다

04 | 해석 | (1) A: 이 티셔츠를 교환하고 싶어요. 제게 너무 작아서요.
B: 물론이에요. 어떤 사이즈를 원하세요?
A: 큰 사이즈로 주세요.
(2) A: 안녕하세요. 도와드릴까요?
B: 네. 이 시계를 환불할 수 있을까요?
A: 어디 봅시다. 영수증을 가지고 계시면 돈을 돌려받으실 수 있습니다.
| 해설 | (1) 티셔츠가 작아 사이즈(size)를 교환하는 내용이므로 I'd like to exchange ~.를 사용하여 대화를 완성한다.
(2) 환불을 요청하는 내용이므로 Can I get a refund for ~?를 사용하고, 환불을 하면 돈을 돌려받을(get back) 수 있으므로 마지막 빈칸에는 back이 알맞다.

05 | 해설 | 환불을 요청할 때 I'd like to get a refund for ~. 또는 I'd like to return ~.으로 말한다. 의문문의 형태인 Can I get a refund for ~? 또는 Can I return ~?으로도 말할 수 있다.

06 | 해석 | A: 안녕하세요. 도와드릴까요?
B: 네. 저는 이 재킷을 사고 싶어요.(→ 저는 이 재킷을 교환하고 싶어요.) 너무 커서요.
A: 네. 어떤 사이즈로 교환하시겠어요?
B: 작은 사이즈로 주세요.
A: 알겠습니다. 여기 있습니다.
| 해설 | 재킷을 더 작은 사이즈로 교환하고 있는 상황이므로 교환을 요청하는 표현이 알맞다.

07 | 해석 | • 어떤 것으로 원하세요?
• 도와드릴까요?
• 저는 그것을 선물로 받았어요.
| 해설 | (A)에는 점원이 손님을 맞이하는 표현이 알맞고, (B)에는 영수증이 없는 이유로 모자를 선물로 받았다고 덧붙여 말하는 문장이 알맞다. (C)에는 교환이 가능하다고 한 후에 어떤 것으로 교환하고 싶은지 묻는 말이 알맞다.

08 | 해설 | 소녀는 모자를 환불하러 가게에 갔으나, 영수증이 없어서 환불하지 못했다. 대신에, 그녀는 모자를 파란색 가방으로 교환했다.

09 | 해석 | (1) 소년들은 30분 전에 달리기 시작했다. 그들은 여전히 달리고 있다.
→ 소년들은 30분째 달리고 있다.
(2) 아빠는 오늘 아침에 식탁을 고치기 시작했다. 그는 지금도 여전히 그것을 고치고 있다.
→ 아빠는 오늘 아침부터 식탁을 고치고 있다.
(3) 준수는 3시에 온라인 게임을 하기 시작했다. 그는 여전히 그것을 하고 있다.
→ 준수는 3시부터 온라인 게임을 하고 있다.

|해설| 과거에 시작해서 지금도 진행 중인 일을 나타낼 때는 현재완료 진행형(have(has) been -ing)을 사용한다. '~부터'는 「since+시작 시점」으로, '~ 동안'은 「for+기간」으로 나타낸다.

10 |해석| (1) 그녀에게 무엇을 말해야 할지 모르겠다.
(2) 공항으로 언제 떠나야 할지 내게 알려 줘.
(3) 나는 그에게 그의 생일 파티에 누구를 초대해야 할지 물었다.
|해설| 모두 동사의 목적어 역할을 하는 「의문사+to부정사」의 형태로 쓴다.

11 |해설| 현재완료 진행형(~해 오고 있다)과 「의문사 how+to부정사」(~하는 방법)를 사용하여 문장을 완성한다.

12 |해석| 돈에 관한 당신의 가장 큰 걱정거리는 무엇인가요?
(1) 나는 용돈이 충분하지 않다.
(2) 나는 돈을 모으는 데 어려움이 있다.
(3) 나는 필요하지 않은 것에 돈을 쓴다.
|해설| 돈에 관한 가장 큰 걱정거리를 묻는 질문에 대해 60%의 학생은 용돈이 부족하다고 응답했고, 28%는 돈을 모으는 데 어려움이 있다고 응답했고, 12%는 필요하지 않은 것에 돈을 소비한다고 응답했다.

13 |해설| 본문의 설문 조사에서 70%의 학생들이 자신들이 돈에 관해 현명하지 못하다고 했으므로, 대다수의 학생들이 돈에 관해 스스로 현명하지 않다고 생각한다는 것을 알 수 있다.

14 |해설| 마지막에 이어지는 조언이 하루에 필요한 돈만 들고 다니라는 내용이므로 ⓒ는 일주일 용돈을 한꺼번에 전부 가지고 다니지 말라는 말이 되어야 자연스럽다.

15 |해설| 「의문사+to부정사」는 「의문사+주어+should+동사원형」으로 바꿔 쓸 수 있다.

16 |해설| (1) '~ 동안'이라는 의미를 나타내는 for가 알맞다. since는 '~ 이후로 (쭉, 계속)'이라는 의미로 뒤에 시점이 온다.
(2) 「의문사+to부정사」 형태로 '무엇을 해야 할지'라는 의미를 나타내야 한다.

17 |해설| ⓐ '써 오고 있다'라는 의미의 현재완료 진행형(have(has) been -ing)이 되도록 spending을 써야 한다.
ⓑ '돈을 모으기 위해서'라는 목적의 의미를 나타내는 것이 자연스러우므로 부사적 용법의 to부정사 형태로 쓴다.
ⓒ '~함으로써'는 by 뒤에 동명사를 사용해서 나타낸다.

18 |해설| '다른 것들이 모두 사라지고 없을 때 여전히 있는'은 remaining(남아 있는, 남은)의 영영풀이이다.

19 |해설| '할인 판매 중인 물건을 필요하지 않아도 사는 것이 고민'이라는 말에 조언을 하는 내용이므로 '필요하다면 할인 판매 중인 물건을 사는 것은 좋다'라는 말이 되는 것이 알맞다.

20 |해석| **Dr. Money의 조언**
민지: 저는 필요하지 않아도 할인 판매 중인 물건을 사요.
답장: 민지야, 너는 그것들을 사기 전에 그것이 네게 정말 필요한지 생각해야 해. 또한, 너는 쇼핑하러 가기 전에 쇼핑 목록을 만들어야 해.
|해설| 민지의 문제점은 필요하지 않아도 할인 중인 물건을 산다는 것이며, 이에 대해 Dr. Money는 민지에게 물건을 구입하기 전에 그것이 정말 필요한지 스스로에게 물어보라고 했고 쇼핑하러 가기 전에 쇼핑 목록을 만들 것을 조언했다.

제 1 회 대표 기출로 내신 **적중** 모의고사   pp. 140~143

01 ③   **02** ③   **03** on   **04** ③   **05** (C)-(D)-(B)-(A)
06 ⑤   **07** ④   **08** ③   **09** ②   **10** what to wear
11 ③   **12** (1) what to cook (2) have been watching
13 ③   **14** ③   **15** ③   **16** ⑤   **17** (A) Don't carry
(B) days   **18** divide   **19** ⑤   **20** ⑤   **21** (A) have been
saving (B) what to do   **22** ③   **23** ③   **24** ②
25 ⓑ likes → needs

01 |해석| ① 느슨한 – 꽉 조이는 ② 똑똑한 – 어리석은 ③ 쉬운 – 다른
④ 비싼 – 싼 ⑤ 대다수 – 소수
|해설| ③을 제외한 나머지는 모두 반의어 관계이다. ③의 easy는 '쉬운', different는 '다른'이라는 의미이고 easy의 반의어는 difficult(어려운)이다.

02 |해석| 어떤 것을 사거나 금액을 지불하기 위해 돈을 사용하다
① 해결하다 ② 기부하다 ④ 나누다 ⑤ 관리하다
|해설| spend((돈을) 쓰다)의 영영풀이이다.

03 |해석| • 이 코트들은 반값에 할인 판매되고 있다.
• 선생님은 내 실수를 즉석에서 바로잡지 않으셨다.
|해설| 첫 번째 문장에는 '할인 판매 중인'이라는 의미의 on sale이 쓰였고, 두 번째 문장에는 '즉석에서'라는 의미의 on the spot이 쓰였으므로, 빈칸에 공통으로 들어갈 말은 on이다.

04 |해석| • 나는 종종 내 자신을 표현하는 데 어려움이 있다.
• 환경을 보호하는 것은 노력을 필요로 한다.
• 나는 이 운동화가 너무 헐렁해서(→꽉 껴서) 더 큰 운동화가 필요하다.
• 가격이 싸더라도 목록에 없는 품목은 사지 마라.
• 내 남동생은 자신의 용돈을 다 써 버려서 지금은 돈이 없다.
|해설| ⓒ 더 큰 사이즈가 필요하다고 했으므로 loose(헐렁한)가 아닌 tight(꽉 끼는)가 알맞다.

05 |해석| (C) 안녕하세요. 특별히 찾는 것이 있으세요?
(D) 아니요. 이 티셔츠를 교환하고 싶어요. 너무 작아서요.
(B) 네. 어떤 사이즈를 원하세요?
(A) 큰 사이즈로 주세요.
|해설| 특별히 찾는 것이 있는지 묻는 점원의 질문(C)에 티셔츠가 너무 작아서 교환하고 싶다고 말하자(D) 원하는 사이즈를 묻고(B) 원하는 사이즈를 말하는(A) 흐름이 자연스럽다.

06 |해석| ① 그냥 둘러보는 중이에요.
② 어떤 색을 원하세요?
③ 바로 처리해 드릴게요.
④ 이 스마트폰 케이스는 얼마인가요?
⑤ 이 스마트폰 케이스를 환불하고 싶어요.
|해설| 이어지는 대화에서 영수증이 있다고 하자 가능하다고 하는 것으로 보아, 빈칸에는 구입한 물건을 환불하고 싶다는 말이 알맞다.

07 |해석| ① 어머니 – 아들 ② 친구 – 친구 ③ 의사 – 환자
④ 점원 – 손님 ⑤ 선생님 – 학생

|해설| 영수증을 가지고 와서 물건을 환불하는 대화이므로 가게 점원과 손님의 관계가 알맞다.

08 |해설| ⓐ 환불하려던 물건을 환불하지 못하자 교환할 수 있냐고 묻는 질문이므로, it은 환불하려던 모자를 가리킨다.
ⓑ 교환하려고 하는 물건을 가져갈 수 있다는 말이므로 파란색 가방을 가리킨다.

09 |해석| ① 소녀는 처음에는 모자를 환불하고 싶어 했다.
② 소녀는 모자를 선물로 샀다.
③ 소녀는 영수증을 가지고 있지 않아서 환불할 수 없었다.
④ 소녀는 모자를 다른 물건으로 교환하기로 결정했다.
⑤ 모자와 파란색 가방은 가격이 같다.
|해설| ② 소녀는 모자를 선물로 받았기 때문에 영수증이 없다고 했다.

10 |해석| 나는 행사에 무엇을 입어야 할지 결정하지 못하겠다.
|해설| '무엇을 입어야 할지'의 의미이므로 「의문사 what+to부정사」 형태로 쓴다. 「의문사+주어+should+동사원형」은 「의문사+to부정사」로 바꿔 쓸 수 있다.

11 |해석| ① 그 개는 6일 동안 잘 먹지 않고 있다.
② 아빠는 오늘 아침부터 내 자전거를 수리하고 계신다.
③ 나는 지난 주말에 돈을 너무 많이 쓴 것 같다.
④ 그는 2015년부터 우리 학교에서 영어를 가르치고 있다.
⑤ 아이들은 2시간 넘게 농구를 하고 있다.
|해설| 현재완료 진행형은 과거의 한 시점에 시작된 동작이 현재까지 계속 진행되고 있을 때 사용한다. ③은 과거를 나타내는 부사구 last weekend가 있으므로 과거시제로 써야 한다. (→ spent)

12 |해설| ⑴ '무엇을 요리해야 할지'는 「의문사 what+to부정사」 형태로 쓴다.
⑵ 과거의 한 시점에 시작된 일이 현재에도 계속되고 있음을 나타내므로, 「have(has) been -ing」 형태의 현재완료 진행형으로 쓴다.

13 |해석| ⓐ 그는 얼마나 오랫동안 자고 있니?
ⓑ 언제 우회전해야 할지 말해 주겠니?
ⓒ 나는 이 가방을 오랫동안 가지고 있다.
ⓓ 그들은 2시간째 계속 쿠키를 굽고 있다.
ⓔ 김 선생님은 그 문제를 푸는 방법을 친절하게 설명했다.
|해설| ⓑ '언제 우회전해야 할지'이므로 when to turn right 또는 when I should turn right로 써야 한다. (should → to 또는 I should)
ⓒ 소유를 나타내는 동사 have는 현재완료 진행형으로 쓰이지 않는다. (been having → had)
ⓓ 2시간째 계속 굽고 있다는 내용으로, 기간을 나타내는 말 앞에는 '~ 동안'이라는 뜻의 전치사 for를 써야 한다. (since → for)

14 |해설| ⓒ '~인데 비해, ~하는 반면에'의 의미로 쓰이는 접속사 while이 들어가야 알맞다.

15 |해석| ① 용돈이 충분하다
② 현명한 소비 습관을 지니고 있다
③ 돈에 관해 현명하지 않다
④ 돈을 잘 관리하는 방법을 안다
⑤ 돈을 저축하는 데 어려움이 없다
|해설| 그래프 1, 2의 내용에 따르면 학생들의 대부분이 자신들이 현명하게 돈을 쓰고 있지 않다고 생각한다는 것을 알 수 있다.

16 |해석| ① 몇 명의 학생들이 설문 조사를 받았는가?
② 그래프 1의 질문은 무엇이었는가?
③ 자신이 돈에 관해 현명하다고 생각하는 학생들은 몇 퍼센트인가?
④ 그래프 2에서 가장 큰 비율의 학생들이 가진 돈에 관한 가장 큰 걱정거리는 무엇인가?
⑤ 그래프 2에서 자신에게 돈이 충분하다고 생각하는 학생들은 몇 퍼센트인가?
|해설| ⑤ 자신의 용돈이 충분하지 않다고 생각하는 학생들이 몇 퍼센트인지는 알 수 있으나 자신에게 돈이 충분하다고 생각하는 학생들이 몇 퍼센트인지는 알 수 없다.

17 |해설| 이어지는 내용이 하루에 필요한 돈만 가지고 다니라는 내용이므로 각각 Don't carry와 days가 알맞다.

18 |해석| 어떤 것을 부분이나 무리로 나누다
|해설| divide(나누다)의 영영풀이이다.

19 |해설| ③ Jason은 주초에 용돈의 대부분을 다 써 버렸다.

20 |해설| ⓔ by는 전치사이므로 뒤에 동사가 올 때는 동명사의 형태로 써야 한다. (→ following)

21 |해설| (A) 과거에 시작해서 두 달 동안 저축해 오고 있다는 내용이므로 현재완료 진행형(have(has) been -ing)으로 나타낸다.
(B) '무엇을 해야 할지'는 「의문사 what+to부정사」의 형태로 쓴다.

22 |해석| 예를 들어, 50%-40%-10% 규칙을 따를 수 있다.
|해설| 주어진 문장이 '더 빠듯한 예산(a tighter budget)'에 대한 예시이므로 ③에 들어가는 것이 자연스럽다.

23 |해석| ① 나의 쇼핑 목록　　② 내가 가장 좋아하는 티셔츠
③ 나의 소비 습관　　④ 현명한 쇼핑을 위한 나의 조언
⑤ 할인 판매 제품을 구매하는 다양한 방법
|해설| 필요하지 않아도 할인 판매하는 물건을 사는 자신의 소비 습관에 관한 글이다.

24 |해설| ⓐ '필요한 물건을 산다면' 할인 판매 중인 물건을 사는 것이 좋다는 내용이므로 조건을 나타내는 부사절을 이끄는 접속사 if가 알맞다.
ⓑ '할인 판매 중이더라도' 쇼핑 목록에 없으면 사지 말라는 내용이므로 '~일지라도'를 의미하는 even if가 알맞다.

25 |해석| ⓐ 민지의 문제는 필요하지 않아도 물건을 사는 것이다.
ⓑ 민지는 무언가를 사기 전에 그것이 정말 좋은지(→ 필요한지) 스스로에게 물어봐야 한다.
ⓒ 민지는 쇼핑하러 가기 전에 쇼핑 목록을 만들어야 한다.
ⓓ 민지는 쇼핑 목록에 없는 물건을 사지 말아야 한다.
|해설| ⓑ Dr. Money는 물건을 사기 전에 그 물건이 자신에게 정말 필요한지 물어보라고 했다.

제**2**회 대표 기출로 내신 **적중** 모의고사　　pp. 144~147

01 ②　　**02** ④　　**03** ③　　**04** ③　　**05** ⑤　　**06** ⑤　　**07** ⓑ
→ I'd like to exchange this T-shirt. 또는 Can I exchange this T-shirt?　　**08** (E)-(A)-(D)-(C)-(B)　　**09** ⑤　　**10** since an hour → since an hour ago 또는 for an hour　　**11** ②
12 ④　　**13** ⑴ have been reading　⑵ what(which) to wear

01 |해석| [보기] 선물 – 선물

① 사실이 아닌 – 사실인　② 받다 – 받다　③ 꽉 조이는 – 느슨한

④ 주 – 매주의　⑤ 대다수의 – 대다수

|해설| [보기]와 ②는 유의어 관계이다. (①, ③ 반의어 관계 ④ '명사 – 형용사' 관계 ⑤ '형용사 – 명사' 관계)

02 |해석| ① 빠듯한: (돈이나 시간이) 제한된 또는 한정적인

② 쓰다: 어떤 것을 사거나 금액을 지불하기 위해 돈을 사용하다

③ 남아 있는: 다른 것들이 모두 사라지고 없을 때 여전히 있는

④ 교환하다: 어떤 것을 부분이나 무리로 나누다 (×)

⑤ 용돈: 부모가 자녀에게 정기적으로 주는 돈

|해설| ④ exchange는 '교환하다'라는 의미이며 to give something to someone and receive something from that person이 적절한 영영풀이이다. 주어진 영영풀이는 divide(나누다)에 대한 설명이다.

03 |해석| • 티켓 판매는 8시에 시작한다.

• 저는 모자를 찾고 있어요. 이 파란색 모자는 <u>할인 판매</u> 중인가요?

• 그 가방 가게는 봄 <u>할인 판매</u>를 하고 있으니 거기에서 가방을 싸게 살 수 있다.

|해설| '판매'와 '할인 판매'의 의미를 모두 가지는 단어인 sale이 알맞다.

04 |해석| • 그는 자신의 모든 돈을 쇼핑에 썼다.

• 케이크를 네 조각으로 나눠 주겠니?

|해설| spend ~ on ...: …에 (돈)을 쓰다 / divide A into B: A를 B로 나누다

05 |해석| A: 실례합니다. <u>이 모자를 다른 색으로 교환할 수 있을까요?</u>

B: 물론이에요. 어떤 색을 원하세요?

A: 저는 노란색을 원해요.

B: 알겠습니다. 여기 있어요.

① 이 가방을 환불하고 싶어요.

② 이 노란색 티셔츠는 얼마인가요?

③ 어떤 것으로 교환하시겠어요?

④ 이 선글라스를 환불할 수 있을까요?

|해설| 어떤 색상을 원하는지 묻는 질문이 이어지는 것으로 보아 빈칸에는 구매한 물건의 색상 교환을 요청하는 말이 알맞다.

06 |해석| A: 안녕하세요. 도와드릴까요?

B: 네. 이 손목시계를 <u>환불</u>하고 싶어요.

A: 알겠습니다. 이것에 <u>무슨 문제</u>가 있었나요?

B: 아니요, 그냥 마음이 바뀌었어요. 제 돈을 돌려받을 수 있을까요?

A: 알겠습니다. 바로 처리해 드릴게요.

|해설| ⓐ 뒤에 Can I get my money back?이라는 말이 이어지는 것으로 보아 환불하는 표현이 되도록 return이나 get a refund for가 들어가는 것이 알맞다.

ⓑ 손목시계를 환불하려는 손님에게 그 이유를 묻는 말인 Was there anything wrong with it?이 되는 것이 알맞다.

07 |해석| A: 안녕하세요. 특별히 찾는 것이 있으세요?

B: 아니요. <u>이 티셔츠를 환불(→ 교환)하고 싶어요. 너무 작아서요.</u>

A: 네. 어떤 사이즈를 원하세요?

B: 큰 사이즈로 주세요.

A: 여기 있습니다.

B: 고맙습니다.

|해설| ⓑ I'd like to get a refund for ~.는 환불을 요청할 때 사용하는 표현이다. 너무 작아서 티셔츠를 교환하는 내용이 이어지므로, 다른 물건으로 교환을 요청하는 표현으로 바꿔야 한다.

08 |해설| 손님을 맞이하는 점원의 말에 모자를 환불하고 싶다고 하자(E) 점원이 영수증이 있는지 묻고(A), 선물로 받아서 영수증이 없다는 대답(D)에 그러면 환불이 불가능하다고 하자(C), 손님이 다른 것으로 교환할 수 있는지 묻는 말(B)이 이어지는 것이 흐름상 자연스럽다.

09 |해석| Q: 소녀는 가게에서 무엇을 했는가?

A: <u>그녀는 모자를 파란색 가방으로 교환했다.</u>

① 그녀는 모자를 환불했다.

② 그녀는 파란색 가방을 샀다.

③ 그녀는 선물로 모자를 샀다.

④ 그녀는 그 파란색 가방을 환불했다.

|해설| 소녀는 모자를 환불하러 갔지만 영수증이 없어서 환불하지 못하고 대신 파란색 가방으로 교환했다.

10 |해석| Susan은 한 시간 <u>동안</u> 전화 통화를 하고 있다.

|해설| 현재완료 진행형 문장이므로 '한 시간 전부터(since an hour ago)' 또는 '한 시간째(for an hour)' 계속 통화 중이라는 내용이 되어야 알맞다.

11 |해설| 목적어인 '무엇을 ~해야 할지'는 「의문사 what+to부정사」 또는 「의문사 what+주어+should+동사원형」의 형태로 쓸 수 있다.

12 |해석| • 문제는 언제 그에게 전화하느냐 하는 것이다.

• 나는 그 차를 어떻게 운전해야 하는지 전혀 모른다.

• 우리는 30분째 계속 버스를 기다리고 있다.

|해설| (A) '언제 그에게 전화해야 할지'라는 의미로 문장의 보어 역할을 하는 「의문사 when+to부정사」 형태가 되어야 한다.

(B) 「의문사+to부정사」는 「의문사+주어+should+동사원형」의 형태로 바꿔 쓸 수 있다.

(C) '30분째' 계속 기다리고 있다는 내용이므로 현재완료 진행형(have(has) been -ing)으로 쓴다.

13 |해석| (1) A: 너는 그 책을 다 읽었니?

B: 나는 지난주부터 그 책을 읽고 있는데, 아직 다 읽지 못했어.

(2) A: 오늘 무엇(어느 것)을 입어야 할지 모르겠어요, 아빠.

B: 매우 춥단다. 너는 이 외투를 입어야 해.

|해설| (1) 지난주부터 책을 읽기 시작해서 지금도 읽고 있는 중이므로 현재완료 진행형(have(has) been -ing)으로 쓴다.

(2) '무엇(어느 것)을 입을지' 고민하는 모습이므로 「의문사 what(which)+to부정사」로 쓴다.

14 |해석| 우리는 먼저 학생들에게 "당신은 돈에 관해 현명한가?"라고 물었다.

|해설| 주어진 문장의 We first asked를 통해 설문 조사의 첫 질문임을 알 수 있다. 따라서 응답자인 100명의 학생들이 어떻게 답했는지를 설명한 내용 앞인 ③에 들어가는 것이 자연스럽다.

15 |해설| ⓐ '얼마나 ~한가요?'라는 의미의 「How+형용사 ~?」가 알맞다.

ⓑ 수여동사 asked의 직접목적어로 '무엇이 ~인지'라는 의미의 간접

의문문이 오는 것이 자연스러우므로 의문사 what이 알맞다.

16 |해설| '일주일에 한 번, 또는 매주'는 weekly(매주의, 주 1회의)의 영영 풀이이며, 주초에 용돈을 다 쓰는 것을 지적하며 요일별로 용돈을 나누라는 조언이 이어지는 것으로 보아 Steve는 일주일 용돈(weekly allowance)을 받는다는 것을 알 수 있다.

17 |해설| ⓐ 주어가 물질명사(all of my money)이므로 be동사 is를 써야 한다.
ⓔ each(각각의 ~) 뒤에는 단수명사가 쓰인다.

18 |해설| ① Jason은 자신의 용돈이 충분하지 않다고 생각한다.
② Jason은 보통 주초에 그의 용돈의 대부분을 쓴다.
③ Dr. Money는 Jason에게 그의 용돈을 현명하게 쓰는 방법에 대해 조언하고 있다.
④ Dr. Money는 Jason에게 용돈 기입장을 쓰라고 조언한다.
⑤ Dr. Money는 Jason에게 용돈을 가지고 다니지 말라고 말한다.
|해설| ④ Dr. Money가 Jason의 용돈 기입장을 보면서 조언하고 있으며, 용돈 기입장을 작성하라는 조언은 하지 않았다.
⑤ Dr. Money는 Jason에게 용돈을 요일별로 나눠서 하루에 필요한 만큼만 가지고 다니라고 조언했다.

19 |해설| ⓐ '~하기 위해서'라는 의미의 부사적 용법으로 쓰인 to부정사 형태가 알맞다.
ⓑ '무엇을 ~해야 할지'라는 의미의 「의문사 what+to부정사」 형태가 되는 것이 알맞다.

20 |해설| 과거에 시작하여 지금까지 계속 진행 중이라는 말이므로 현재완료 진행형(have(has) been -ing)을 사용한다.

21 |해설| 돈을 너무 많이 써 오고 있다고 지적하면서 돈을 더 모으기 위한 조언을 하는 문장이므로 '더 빠듯한 예산을 세우라'는 내용이 들어가는 것이 알맞다.

22 |해설| ① Steve의 돈과 관련한 문제는 무엇인가?
② Steve는 왜 두 째 달 돈을 모으고 있는가?
③ Steve는 지금까지 돈을 얼마나 모았는가?
④ Steve는 지난 몇 주간 용돈의 몇 퍼센트를 저축했는가?
⑤ 50%-40%-10% 규칙이란 무엇인가?
|해설| ③ Steve가 콘서트에 가기 위해 두 째 달 돈을 모으고 있다는 언급은 있으나 얼마를 모았는지는 언급되지 않았다.

23 |해설| ⓐ 필요하지 않아도 할인 판매 중인 물건을 산다는 내용이므로, '비록 ~일지라도'라는 의미의 접속사 although가 알맞다.
ⓑ 물건을 사기 전에 그것이 정말로 필요한지 스스로에게 물어보라는 말에 추가하여 쇼핑 목록도 만들라고 했으므로, 부가의 의미를 나타내는 접속사 Also가 알맞다.

24 |해설| 할인 판매 중이어도 목록에 없는 물품을 사지 말라는 의미가 되어야 하므로, 선행사인 items를 수식하는 관계대명사절이 되도록 「주격 관계대명사+동사 ~」의 어순으로 배열한다. '~라고 할지라도'라는 뜻은 접속사 even if를 사용하여 나타낸다.

25 |해설| ⓑ 민지는 할인 판매 중이면 필요하지 않더라도 물건을 사는 것이 고민이다.
ⓒ 민지는 티셔츠를 많이 가지고 있지만 지난주에 할인 판매 중인 티셔츠를 샀다.

01 ④   02 tight   03 ②   04 ⑤   05 ②   06 ④   07 to exchange this backpack   08 ③   09 Can I get a refund for this cap?   10 ④   11 ②   12 how to use   13 ⑤
14 (1) has been making sandwiches since (2) has been eating sandwiches for   15 ⑤   16 (1) 30% (of students (them)) think (that) they are smart with their money.   (2) It shows (that) the majority of students think (that) they are not smart with their money.   17 ②   18 ③   19 ①, ⑤
20 ③   21 ①, ③   22 (1) difficulty saving money (2) you've been spending too much   (3) tighter budget
23 ⓔ → Then you won't buy things on the spot.
24 ①, ④   25 The boys have been playing soccer since two o'clock.

01 |해설| 무리 중 대부분의 사람 또는 사물
① 자선 단체 ② 예산 ③ 습관 ④ 대다수 ⑤ 설문 조사
|해설| majority(대다수)의 영영풀이이다.

02 |해설| 사실이 아닌 : 사실인 = 느슨한 : 꽉 조이는
|해설| false(사실이 아닌)와 true(사실인)는 반의어 관계이므로 loose(느슨한)의 반의어인 tight(꽉 조이는)가 빈칸에 알맞다.

03 |해설| ① 그들은 상자들을 옮기는 데 어려움이 있었다.
② Tony는 이곳이 처음인데도 서울을 잘 알고 있다.
③ 그는 우리의 활동지를 즉석에서 돌려줬다.
④ 현명한 소비자가 되는 것은 많은 노력을 필요로 한다.
⑤ 아빠는 케이크를 구울 때 모든 우유를 다 써 버렸다.
|해설| ② even if는 '~에도 불구하고, ~라고 할지라도'라는 의미이므로 '그가 이곳이 처음인데도'라는 뜻이 알맞다.

04 |해설| • 파란색 스카프가 너와 잘 어울린다.
• 이번 주말에 무엇을 할지는 너에게 달려 있다.
• 누가 정원 청소를 처리할 거니?
|해설| look good on: ~와 잘 어울리다 / be up to: ~에 달려 있다 / take care of: ~을 처리하다, ~을 돌보다

05 |해설| A: 안녕하세요. 도와드릴까요?
B: 네. 이 손목시계를 환불하고 싶어요.
A: 네. 시계에 무슨 문제가 있었나요?
B: 아니요, 그냥 마음이 바뀌었어요. 제 돈을 돌려받을 수 있을까요?
A: 알겠습니다. 여기 있습니다.
① 손목시계는 얼마인가요?
③ 무엇으로 하시겠어요?
④ 영수증을 가지고 계신가요?
⑤ 저는 이것을 다른 것으로 교환하고 싶어요.
|해설| 마음이 바뀌어서 구입한 물건을 환불하는 상황이므로 돈을 돌려받을 수 있는지 묻는 말이 들어가는 것이 자연스럽다.

06 |해설| ① A: 그것에 무슨 문제가 있나요?
   B: 아니요, 그냥 색이 마음에 안 들어요.
② A: 안녕하세요. 도와드릴까요?
   B: 네. 이 신발을 환불하고 싶어요.
③ A: 영수증을 가지고 계신가요?

B: 여기 있어요. 그것을 3일 전에 샀어요.

④ **A:** 안녕하세요. 특별히 찾는 것이 있으세요?

    B: 네. 그냥 둘러보는 거예요.

⑤ **A:** 이 모자를 다른 색으로 교환할 수 있나요?

    B: 물론이에요. 어떤 색을 원하세요?

|해설| ④ 특별히 찾는 것이 있는지 묻는 말에 '그렇다'라고 대답한 후 그냥 둘러보는 중이라고 덧붙이는 것은 어색하다.

07 |해석| **A:** 안녕하세요. 도와드릴까요?

B: 네. 이 배낭을 교환하고 싶어요.

A: 네. 어떤 것으로 교환하기를 원하세요?

B: 이 운동화를 원해요.

|해설| 구입한 물건을 다른 물건으로 교환하고자 할 때 I'd like to exchange ~.로 말할 수 있다.

08 |해설| 소녀는 모자를 파란색 가방으로 교환했다.

09 |해설| 환불을 요청하는 말은 Can I get a refund for ~?로도 할 수 있다.

10 |해석| ① 나는 다음에 무슨 말을 해야 할지 모르겠어.

② 언제 내려야 할지 내가 알려 줄게.

③ 꽃병을 어디에 둬야 할지 말해 주겠니?

④ 나는 어떻게 현명한 소비자가 되어야 할지 배우고 싶어.

⑤ 그녀는 나에게 한글 읽는 방법을 보여 줬다.

|해설| ④는 「의문사＋주어＋should＋동사원형」 형태이므로 should가 들어가야 알맞고, 나머지는 모두 「의문사＋to부정사」 형태이므로 빈칸에 to가 알맞다.

11 |해석| **A:** 너는 얼마나 오랫동안 베이징에 살고 있니?

B: 나는 2015년부터 여기에 살고 있어.

|해설| '~해 오고 있다'라는 의미의 현재완료 진행형은 「have(has) been -ing」 형태로 쓴다.

12 |해석| **A:** Amy, 이 기계를 <u>어떻게 사용하는지</u> 말해 주겠니?

B: 물론이지. 쉬워. 그냥 초록색 버튼을 눌러.

|해설| 이어지는 대답이 기계를 사용하는 방법을 알려 주고 있으므로 '사용하는 방법'을 묻는 말이 되도록 「의문사 how＋to부정사」 형태로 쓰는 것이 알맞다.

13 |해석| ① 너는 돈을 너무 많이 써 오고 있는 것 같아.

② 나는 그 지도를 어디서 찾아야 할지 모르겠다.

③ 나는 지난달부터 스키를 배우고 있다.

④ 나는 Alex에게 내일 쇼핑하러 어디로 가야 할지 물었다.

⑤ 나는 2주째 컴퓨터 게임을 하지 않고 있다.

|해설| ⑤ 현재완료 진행형의 부정문은 「have(has) not been -ing」 형태로 쓴다.

14 |해석| (1) Kate의 아빠는 1시부터 샌드위치를 만들고 있다.

(2) Kate는 1시간째 계속 샌드위치를 먹고 있다.

|해설| 1시간 동안 계속하고 있는 일을 나타내므로 현재완료 진행형으로 쓴다. 시작 시간인 one o'clock 앞에는 since, 진행 기간을 나타내는 an hour 앞에는 for를 쓴다.

15 |해설| (A) '~인 데 비해, ~하는 반면'이라는 대조의 의미를 나타내는 접속사 while이 알맞다.

(B) asked의 직접목적어인 간접의문문에서 '무엇'이라는 의미로 쓰인 의문사 what이 알맞다.

(C) '~하는 데 어려움이 있다'는 have difficulty -ing로 쓴다.

16 |해석| (1) 학생들의 몇 퍼센트가 자신들이 돈과 관련하여 현명하다고 생각하는가?

→ 학생들의 30%가 자신들이 돈과 관련하여 현명하다고 <u>생각한다.</u>

(2) 설문 조사는 대다수의 학생들에 대해 무엇을 보여 주는가?

→ 대다수의 학생들이 자신들이 돈과 관련하여 현명하지 <u>않다고 생각한다는 것을 보여 준다.</u>

|해설| (1) 설문 조사에 응답한 학생들 중 30%가 자신들이 돈과 관련하여 현명하다고 답했다.

(2) 설문 조사를 통해 대다수의 학생들이 자신들이 돈과 관련하여 현명하지 못하다고 생각한다는 것을 알 수 있다.

17 |해석| ① 쇼핑 목록   ② 돈과 관련된 걱정거리

③ 쇼핑을 위한 조언   ④ 부모님과의 문제

⑤ 용돈 기입장을 쓰는 것에 있어서의 어려움

|해설| 이어지는 내용이 돈과 관련한 자신의 걱정거리를 상담하는 내용이므로 빈칸에는 ②가 알맞다.

18 |해설| ① 「all of＋단수명사」는 단수로 취급하므로 is gone이 알맞다.

② '어떻게 ~해야 할지'는 「how＋to부정사」 형태로 나타낸다.

19 |해설| ① Dr. Money는 용돈의 액수에 대한 조언은 하지 않았다.

⑤ Dr. Money는 Jason의 용돈 기입장을 확인하고 조언을 했지만, 용돈 기입장을 빠짐없이 기입하라는 조언은 하지 않았다.

20 |해설| ⓒ you spent 80% of your allowance와 등위접속사 and로 연결되므로 saved가 알맞다.

21 |해설| Steve는 50%-40%-10% 규칙을 지킴으로써 어떻게 돈과 관련한 문제를 해결할 수 있는가? 두 개 고르시오.

① 더 많은 돈을 저축할 수 있다.

② 즉석에서 물건을 사지 않을 것이다.

③ 돈을 더 잘 관리할 수 있다.

④ 일주일 용돈을 더 많이 받을 것이다.

⑤ 더 이상 빠듯한 예산이 필요 없다.

|해설| ① Steve가 현재는 용돈의 20%만 저축하고 있는데 50%-40%-10% 규칙을 따르면 50%를 저축할 것이라고 했다.

③ 50%-40%-10% 규칙을 따르면 돈을 더 잘 관리할 수 있다(you can manage your money better)고 했다.

22 |해설| **Steve의 돈에 관한 문제:** 저는 <u>돈을 모으는 데 어려움</u>이 있어요.

Dr. Money의 조언: 당신의 문제는 <u>당신이 돈을 너무 많이 써 오고 있다</u>는 것이에요. 돈을 모으기 위해 당신은 더 <u>빠듯한 예산</u>을 세워야 한다고 생각해요.

|해설| Steve의 돈에 관한 문제는 돈을 모으는 데 어려움이 있는 것이고, 그에 대한 Dr. Money의 조언은 좀 더 빠듯한 예산을 세우라는 것이다.

23 |해설| ⓔ 즉석에서 물건을 사지 않도록 쇼핑 목록을 만들어서 목록에 있는 물건만 사라고 조언하는 것이 자연스러우므로 will을 won't로 고쳐야 한다.

24 |해석| ① 나는 정원이 있는 집에서 살고 싶다.

② 문제는 내가 너무 자주 쇼핑하러 간다는 것이다.

③ 우리 축구팀이 경기에서 이긴 것은 사실이다.

④ 긴 갈색 머리의 소녀는 내 사촌이다.

⑤ 설문 조사는 사람들이 할인 판매하는 물건을 사는 것을 좋아한다는

것을 보여 준다.

|해설| (A)와 ①, ④의 that은 주격 관계대명사이고, 나머지는 모두 명사절을 이끄는 접속사로 쓰였다.

25 |해석| 소년들은 2시에 축구를 하기 시작했다. 그들은 여전히 축구를 하고 있다.

→ 소년들은 2시부터 계속 축구를 하고 있다.

|해설| 2시에 축구를 시작해서 아직도 축구를 하고 있는 상황이므로 현재완료 진행형(have(has) been -ing)으로 쓴다. since는 '~ 이후로'라는 의미의 전치사로 뒤에 시점을 나타내는 말이 온다.

제 **4** 회 고난도로 내신 **적중** 모의고사   pp. 152~155

01 charity   **02** ③   **03** ②   **04** ③   **05** I exchange, for a different color   **06** ④   **07** I'd like to exchange it for something else   **08** refund, exchanged it for a blue bag **09** ⓑ → (It's because) She doesn't have the receipt (with her).   **10** ②   **11** ③   **12** ③   **13** Minho has been looking for a part-time job for six months.   **14** ④ **15** ⑤   **16** (A) what their biggest money worry is (B) becoming a smart spender takes effort   **17** ③ **18** ②   **19** ⑤   **20** since → for   **21** ②   **22** ②   **23** ④ **24** if   **25** |모범 답| (1) wants to know which bus to take (2) Monica wants to know whom to have lunch with. (3) Monica wants to know how to introduce herself.

01 |해석| 몡 필요한 사람들에게 돈이나 도움을 주는 단체
어린이들을 위한 자선 단체에 돈을 좀 기부하자.
|해설| charity(자선 단체)의 영영풀이이다.

02 |해석| ① 그 셔츠는 너에게 잘 어울린다.
② 이 신발은 오늘 할인 판매 중이다.
③ 종이를 모두 다 써 버리지 마세요.
④ 그 소년은 내 질문에 즉석에서 대답했다.
⑤ Rachel과 나는 옷에 많은 돈을 쓴다.
|해설| ③에는 up이 알맞고, 나머지는 모두 on이 알맞다.
① look good on: ~와 잘 어울리다
② on sale: 할인 판매 중인
③ use up: 다 써 버리다
④ on the spot: 즉석에서
⑤ spend+시간/돈+on: ~에 시간을 보내다, ~에 돈을 쓰다

03 |해석| ⓐ 나는 시험 결과에 만족하지 않았다.
ⓑ 너는 일주일 용돈을 벌써 다 썼니?
ⓒ 그들은 자신의 돈을 현명하게 관리하는 방법을 배웠다.
ⓓ 외국어를 능통하게 하는 것은 많은 노력을 필요로 한다.
① 노력 ② 기부하다 ③ 결과 ④ 관리하다 ⑤ 용돈
|해설| ② donate는 '기부하다'라는 뜻이다.
(ⓐ result ⓑ allowance ⓒ manage ⓓ effort)

04 |해석| A: 안녕하세요. 무엇을 도와드릴까요?
B: 이 검은색 우산을 다른 색으로 교환할 수 있을까요?
A: 물론이에요. 어떤 색을 원하세요?
B: 저는 노란색을 원해요.
A: 알겠습니다. 여기 있어요.
|해설| (A) 상점에서 직원이 고객을 응대하는 표현인 ⓑ가 알맞다.
(B) 다른 색으로 교환이 가능한지 묻는 말에 대해 어떤 색을 원하는지 물어보는 표현인 ⓐ가 알맞다.
(C) 물건을 건네줄 때 사용하는 표현인 ⓓ가 알맞다.

05 |해석| 나는 이 빨간색 치마를 지난주에 샀다. 나는 그 치마가 마음에 들지만 내 여동생은 색이 나에게 잘 어울리지 않는다고 말한다. 그것을 다른 색으로 교환해야겠다.
점원: 안녕하세요. 도와드릴까요?
소미: 네. 이 빨간색 치마를 다른 색으로 교환할 수 있을까요?
|해설| 다른 색으로 교환을 요청하는 말이 알맞으며, 교환을 요청할 때는 Can I exchange A for B?로 말할 수 있다.

06 |해석| A: 안녕하세요. 도와드릴까요?
B: 네. 이 손목시계를 환불하고 싶어요.
A: 어디 봅시다. 영수증을 가지고 계신가요?
B: 여기 있습니다. (곧 살 거예요.)
A: 아, 그러면 가능합니다. 바로 처리해 드릴게요.
|해설| ④ 물건을 환불하는 상황에서 영수증을 제시하면서 곧 구매할 것이라고 덧붙이는 것은 어색하다. 물건을 언제 구매했는지 말하는 것이 자연스럽다.

07 |해설| 교환을 요청하는 말은 I'd like to exchange A for B.로 할 수 있다.

08 |해석| - 그 모자는 환불했니?
- 아니요, 못했어요. 대신에, 그것을 파란색 가방으로 교환했어요.
|해설| 소녀는 모자를 환불하지 못했고, 대신 파란색 가방으로 교환했다.

09 |해석| ⓐ 소녀는 왜 모자를 환불하고 싶어 하는가?
ⓑ 소녀는 왜 모자를 환불할 수 없는가?
ⓒ 누가 소녀에게 선물로 모자를 줬는가?
|해설| ⓑ 소녀는 모자를 선물로 받아서 영수증이 없기 때문에 환불하지 못했다.

10 |해설| 우리말을 영어로 옮기면 It has been snowing since last Sunday.가 되므로 4번째로 올 단어는 snowing이다.

11 |해석| ⓐ 나는 그에게 내가 무엇을 읽을 것인지 물어볼 것이다.
ⓑ, ⓒ 나는 그에게 내가 무엇을 읽어야 할지 물어볼 것이다.
ⓓ 나는 그에게 무엇을 읽고 있는지 물어볼 것이다.
|해설| 「의문사+to부정사」는 「의문사+주어+should+동사원형」으로 바꿔 쓸 수 있다.

12 |해석| ① Jim 삼촌은 그녀에게 운전하는 방법을 가르쳤다.
② 그 고양이는 1시간째 계속 자고 있다.
③ 5일째 비가 계속 오고 있다.
④ 그는 어느 버스를 타야 하는지 내게 말해 주지 않았다.
⑤ 그들은 2시간째(2시간 전부터) 배드민턴을 치고 있다.
|해설| ① → how to drive ② → has been sleeping ④ → which bus to take ⑤ → for two hours 또는 since two hours ago

13 |해석| 민호는 6개월 전에 시간제 일을 찾기 시작했다. 그는 아직도 찾

고 있다.

|해설| 과거에 찾기 시작하여 지금까지도 찾고 있다는 내용은 현재완료진행형(have(has) been -ing)으로 나타내며, '~ 동안'은 「for+기간」으로 나타낸다.

14 |해석| • 나는 바이올린을 연주하는 방법을 배우고 싶다.
• 내게 이 책들을 어디에 놓아야 하는지 알려 줘.
|해설| 첫 번째 빈칸은 learn how to play the violin, 두 번째 빈칸은 know where to put these books 순서로 배열한다. 따라서 두 문장의 빈칸에서 세 번째로 오는 단어는 모두 to이다.

15 |해설| 앞선 설문 조사의 결과로 보아, ⓔ에는 majority(대다수)가 알맞다. (the majority of: ~의 대다수)

16 |해설| (A) 4형식 문장의 직접목적어로 쓰인 간접의문문(의문사+주어+동사 ~)으로 쓴다.
(B) Managing과 등위접속사 and로 연결된 주어이므로 동명사 becoming을 쓴다. 동명사 주어는 단수 취급하는 것에 유의한다.

17 |해설| (A) by: ~쯤에는
(B) at the beginning of: ~의 초반에
(C) divide A into B: A를 B로 나누다

18 |해설| how to solve this problem 또는 how I should solve this problem이므로 that은 필요하지 않다.

19 |해석| 일주일 용돈 전부를 가지고 다니지 마라.
|해설| 주어진 문장은 일주일 용돈을 한꺼번에 들고 다니지 말라는 내용이므로 요일별로 돈을 나누라는 말 앞인 ⑤에 들어가는 것이 자연스럽다.

20 |해설| '지난 두 달 동안' 돈을 저축해 왔다는 뜻이 되어야 하므로, 「for+기간」을 사용하여 for the last two months가 되어야 알맞다.

21 |해설| 더 꼼꼼한 예산을 세우라고 조언하고(B), 그 예시로 50%-40%-10% 규칙을 들며(A), '그 규칙(the rule)'을 따르면 돈을 더 빨리 모을 수 있다고(C) 이야기하는 흐름이 알맞다.

22 |해석| ① 다른 것들이 모두 사라지고 없을 때 여전히 있는
② 돌려받는 금액
③ 부모가 자녀에게 정기적으로 주는 돈
④ 사람이나 회사가 쓸 수 있는 돈의 액수
⑤ 필요한 사람들에게 돈이나 도움을 주는 단체
|해설| ②에 해당하는 단어인 refund는 사용되지 않았다.
(① remaining ③ allowance ④ budget ⑤ charity)

23 |해설| ⓐ → to buy 또는 buying ⓑ → although ⓒ → many
ⓔ → make

24 |해설| (A) '필요한 물건을 산다면' 할인 판매 중인 물건을 사는 것이 좋다는 의미가 되어야 하므로 조건을 나타내는 부사절을 이끄는 접속사 if가 알맞다.
(B) '할인 판매 중이더라도' 목록에 없으면 사지 말라는 내용이므로 even if의 if가 들어가는 것이 알맞다.

25 |해석| (1) 나는 어느 버스를 타야 할까?
(2) 나는 점심을 누구와 먹어야 할까?
(3) 나는 자기소개를 어떻게 해야 할까?
|해설| 문장의 목적어로 쓰이는 '어느 버스를 타야 할지', '누구와 점심을 먹어야 할지', '어떻게 자신을 소개해야 할지'는 모두 「의문사+to부정사」의 형태로 나타낼 수 있다.

Lesson 5
The Team Behind the Team

STEP A

W Words 연습 문제

p. 159

A
01 제안하다, 추천하다
02 보이지 않는, 볼 수 없는
03 동쪽의
04 고용하다
05 달성하다, 성취하다
06 주목, 관심
07 격식을 차린
08 숨 쉬다
09 몇몇의
10 (함께 일하는) 팀, 조
11 지원하다; 지지하다
12 정중한
13 페이서, 보조를 맞춰 걷는 사람
14 허락하다
15 특정한
16 그러므로
17 종족, 부족
18 경험이 풍부한, 능숙한
19 특히
20 숨기다, 감추다

B
01 twice
02 weekday
03 direct
04 flag
05 possible
06 harmony
07 once
08 perfect
09 patient
10 cheer
11 register
12 race
13 target
14 pit
15 spirit
16 limit
17 trophy
18 join
19 recommend
20 hidden

C
01 요컨대, 요약하면
02 (강좌에) 등록하다
03 (낡아서) 닳다, 해지다
04 혼자서, 혼자 힘으로
05 (계속해서) ~을 파악하다
06 연설하다
07 수업을 받다, 강습을 받다
08 무엇보다도
09 역할을 맡다, 한몫을 하다
10 ~에 따라

D
01 wear out
02 most of all
03 lead A to B
04 depending on
05 do stretching exercises
06 in short
07 on one's own
08 sign up
09 give a speech
10 keep track of

W ▶ Words Plus 연습 문제   p. 161

A 1 invisible, 보이지 않는, 볼 수 없는   2 several, 몇몇의
    3 target, 목표   4 particular, 특정한   5 breathe, 숨 쉬다
    6 hire, 고용하다   7 support, 돕다, 지원하다
    8 tribe, 종족, 부족
B 1 register   2 attention   3 hide   4 harmony
    5 suggest
C 1 wear out   2 on his own   3 sign up   4 depending
    on   5 In short
D 1 particular   2 impolite   3 invisible   4 register
    5 breathe

A |해석| 1 보이지 않는
     2 몇몇, 그러나 많지 않은
     3 성취하고자 노력하는 목표나 결과
     4 특정한 사람, 사물 또는 장소와 관련된
     5 체내로 공기를 들여보내고 그것을 다시 내보내다
     6 특정 일을 하도록 누군가를 고용하거나 돈을 지불하다
     7 종종 문제에 맞닥뜨린 누군가를 돕다
     8 자신들만의 언어와 생활방식을 가진 사람들의 집단
B |해석| 1 요리 수업에 등록하고 싶어요.
     2 그는 관심을 받기 위해 아픈 척했다.
     3 그 개는 뼈를 숨기기 위해 구멍을 파고 있었다.
     4 그 학생들은 완벽한 조화를 이루며 함께 일했다.
     5 김 선생님은 우리에게 매일 책을 읽으라고 제안했다.
D |해석| 1 목표 : 목표 = 특정한 : 특정한
     2 직접적인 : 간접적인 = 정중한 : 무례한
     3 참을성 있는 : 못 견디는 = (눈에) 보이는 : 보이지 않는
     4 제안하다 : 제안 = 등록하다 : 등록
     5 추천하다 : 추천 = 숨 쉬다 : 숨

W ▶ Words 실전 TEST   p. 162

01 ④   02 breath   03 twice   04 ④   05 ②   06 ①
07 ③   08 track of

01 |해석| ① 사실인 - 사실이 아닌 ② 보이는 - 보이지 않는
     ③ 정중한 - 무례한 ④ 특정한 - 특정한 ⑤ 참을성 있는 - 못 견디는
    |해설| ④는 유의어 관계이고, 나머지는 모두 반의어 관계이다.
02 |해석| 제안하다 : 제안 = 숨 쉬다 : 숨
    |해설| '동사(제안하다) : 명사(제안)'의 관계이므로 breathe(숨 쉬다)의
    명사형 breath(숨, 호흡)가 알맞다.
03 |해석| 하나 : 한 번 = 둘 : 두 번
    |해설| '하나 : 한 번'과 같은 관계가 되도록 빈도를 나타내는 twice(두
    번)가 들어가는 것이 알맞다.
04 |해석| ① 고용하다: 특정 일을 하도록 누군가를 고용하거나 돈을 지불
     하다

② 목표: 성취하고자 노력하는 목표나 결과
③ 주목: 무언가를 주의 깊게 보거나 듣는 행위
④ 등록하다: 종종 문제에 맞닥뜨린 누군가를 돕다 (×)
⑤ 팀, 조: 함께 일하는 특정한 기술을 가진 사람들
|해설| ④ register(등록하다)의 영영풀이는 to put someone's or
something's name on an official list이다. 주어진 영영풀이는
support(돕다, 지원하다)에 해당한다.

05 |해석| Angela는 혼자 힘으로 그 문제를 해결했다.
    ① 쉽게 ② 그녀 혼자서 ③ 함께 ④ 하나씩 ⑤ 즉석에서
    |해설| on one's own은 '혼자서, 혼자 힘으로'라는 뜻으로 by oneself
    로 바꿔 쓸 수 있다.

06 |해석| • 날씨에 따라 우리는 캠핑을 갈 수도 있고 안 갈 수도 있다.
     • 요컨대, 우리는 정보로 가득 찬 세상에서 살고 있다.
    |해설| 첫 번째 문장은 '~에 따라'라는 의미의 depending on, 두 번째
    문장은 '요컨대, 요약하면'이라는 의미의 In short가 되어야 알맞다.

07 |해석| • 그들은 일 년에 두 번 뉴욕에 간다.
     • 우리를 도와줄 경험이 풍부한 안내원이 있나요?
     • 나는 항상 비밀 장소에 내 일기장을 고용한다(→ 숨긴다).
     • 경기의 승자는 트로피나 메달을 받을 것이다.
     • 그녀는 가수가 되는 꿈을 성취하기 위해 열심히 노력했다.
    |해설| ⓒ에는 '고용하다'라는 뜻의 hire가 아니라 '숨기다'라는 뜻의
    hide가 알맞다.

08 |해설| '~을 파악하다'는 keep track of로 나타낸다.

L·T ▶ Listen and Talk 만점 노트   pp. 164~165

Q1 ⓑ   Q2 스트레칭을 할 것을 제안했다   Q3 ⓐ   Q4 더 가벼
운 공을 사용할 것   Q5 매일   Q6 화요일과 목요일   Q7 T
Q8 일주일에 두 번   Q9 T

L·T ▶ Listen and Talk 빈칸 채우기   pp. 166~167

Listen and Talk A-1 How often do you, once a week,
often, suggest, join, three times
Listen and Talk A-2 How often, four times a week, That
often, suggest, do
Listen and Talk A-3 do you take, Twice a week, looks
heavy, I suggest you
Listen and Talk A-4 how often do you, Every day, I
suggest you wear
Listen and Talk C to register for, first time taking, how to
swim, How often, on weekdays, on weekends, suggest
that, on, sign up, How big, limit
Review - 1 every day, go swimming, suggest you bring,
allowed

Review - 2 over, do you practice, twice a week
Review - 3 came to register, often, twice, on weekends,
suggest that, meets

Listen and Talk 대화 순서 배열하기 pp. 168~169

1 ⓓ – ⓐ, ⓑ	**2** ⓒ – ⓑ, ⓐ – ⓓ
3 ⓑ – ⓐ – ⓒ	**4** ⓓ – ⓒ – ⓐ
5 ⓕ – ⓗ, ⓖ – ⓐ – ⓔ – ⓑ	**6** ⓑ – ⓐ, ⓒ
7 ⓑ – ⓐ – ⓓ	**8** ⓔ – ⓓ, ⓐ – ⓕ

Listen and Talk 실전 TEST pp. 170~171

01 ②	**02** ①	**03** ⑤	**04** ⑤	**05** ③	**06** ③	**07** ③
08 ②	**09** ③					

[서술형]
10 three times a week, (I exercise) Once a week.
11 I suggest you use a lighter ball.　**12** ⓒ → join my
basketball club

01 |해석| A: 너는 얼마나 자주 책을 읽니?
　　　B: 나는 한 달에 두 번 책을 읽어.
　　　A: 네가 책을 더 많이 읽는 것을 제안해.
　　　B: 알았어. 해 볼게.
　　① 네가 가장 좋아하는 책은 뭐니?
　　③ 너는 어떤 종류의 책을 좋아하니?
　　④ 너는 보통 언제 책을 읽니?
　　⑤ 너는 다음 달에 무엇을 할 거니?
　　|해설| 대답으로 책을 읽는 빈도를 말하고 있으므로 책을 얼마나 자주
읽는지 묻는 말이 빈칸에 알맞다.

02 |해석| A: 너는 얼마나 자주 기타 수업을 듣니?
　　　B: ＿＿＿＿＿＿＿＿＿＿＿
　　① 한 시간 동안 들어.
　　② 일주일에 두 번 들어.
　　③ 한 달에 네 번 들어.
　　④ 나는 일주일에 세 번 기타 수업을 들어.
　　⑤ 일주일에 한 번 듣지만, 여가 시간에 열심히 연습해.
　　|해설| 빈도를 묻는 말에 대한 답이므로 빈도나 횟수를 나타내는 「횟
수+a week/month」로 답하는 것이 알맞다. 횟수는 「숫자+times」
로 표현하는데, 보통 '한 번'은 once로, '두 번'은 twice로 쓴다. ①은
걸리는 시간을 나타내는 표현이다.

03 |해석| A: 지선아, 너는 패스트푸드를 얼마나 자주 먹니?
　　　B: 나는 일주일에 세 번 패스트푸드를 먹어.
　　　A: 네가 그것을 덜 먹는 것을 제안해.
　　|해설| 「I suggest (that) you (should)+동사원형 ~.」은 상대방에게
어떤 일을 할 것을 제안하거나 권유할 때 사용하는 표현이다.

04 |해석| A: 너는 이곳에 달리기를 하러 얼마나 자주 오니?
　　　B: 매일 와.
　　① 얼마나 오랫동안　② 몇 시에　③ 얼마나 많이　④ 어떤 종류
　　⑤ 일주일에 몇 번
　　|해설| How often do you ~?는 어떤 일을 얼마나 자주 하는지 묻는
표현으로, How many times a day/week/month do you ~?로
바꿔 쓸 수 있다.

05 |해석| A: 나는 수영을 자주 하지 않아. 너는 어때, Kate? 너는 얼마나
　　　　자주 수영을 하니?
　　　(B) 나는 일주일에 네 번 수영을 해.
　　　(C) 그렇게 자주? 어쨌든, 오늘 함께 수영하면 재미있을 거야.
　　　(D) 그래, 그런데 수영하기 전에, 우리가 스트레칭 하는 것을 제안해.
　　　(A) 좋은 생각이야.
　　|해설| 얼마나 자주 수영을 하는지 묻는 말에 일주일에 네 번 한다고(B)
대답하자 그렇게 자주 하냐고 놀란 후 오늘 함께 수영을 해서 재미있
겠다고 말하고(C), 그 말을 듣고 수영하기 전에 스트레칭부터 먼저 하
자고 제안하는 말(D)을 하는 흐름이 자연스럽다.

06 |해석| ① A: 나 두통이 심해.
　　　　　B: 병원에 가는 것을 제안해.
　　② A: 우리가 축구 동아리에 가입하는 것을 제안해.
　　　　B: 좋아.
　　③ A: 너는 방 청소를 얼마나 자주 하니?
　　　　B: 곧 청소할 거야.
　　④ A: 나는 매일 배드민턴을 쳐. 너는 어때?
　　　　B: 나는 그렇게 자주 치지 않아.
　　⑤ A: 소풍 가자.
　　　　B: 좋아. 우리가 카메라를 가져가는 것을 제안해.
　　|해설| ③ 방 청소를 얼마나 자주 하는지 묻는 말에 곧 방 청소를 할 거
라고 답하는 것은 어색하다.

[07~09] |해석|
여자: 안녕하세요. Sports World에 오신 것을 환영합니다. 도와드릴까요?
소년: 네, 저는 수영 수업에 등록하려고 왔어요.
여자: 수영 강습을 받는 것이 이번이 처음이세요?
소년: 네. 저는 수영하는 법을 전혀 몰라요.
여자: 그렇군요. 얼마나 자주 수업을 듣고 싶으세요?
소년: 일주일에 두 번 수업을 듣고 싶어요. 주말은 아니고 주중에 수업을 듣
　　　고 싶습니다.
여자: 그러면, 초급 2반을 수강하기를 권해요. 이 수업은 화요일과 목요일
　　　에 있습니다.
소년: 좋아요. 그 수업으로 등록할게요. 그 수업은 규모가 얼마나 되나요?
여자: 그 수업은 제한 인원이 10명이에요.
소년: 딱 좋네요.

07 |해설| 주어진 문장은 일주일에 두 번 수강하고 싶다는 말로 횟수를 나
타내므로, 빈도를 묻는 말 바로 뒤인 ③에 들어가는 것이 알맞다.

08 |해설| 첫 번째 빈칸에는 '수영하는 방법'을 나타내는 how to swim의
how가 알맞고, 두 번째 빈칸에는 어떤 것의 규모를 물을 때 사용하는
How big ~?의 How가 알맞다.

09 |해설| ③ 소년은 주말이 아니라 주중에 두 번 수업을 듣고 싶어 한다.

10 |해석| Andy: 나는 일주일에 세 번 운동해. 너는 어때? 너는 얼마나 자
　　　　　주 운동을 하니?

Brian: <u>나는 일주일에 한 번 운동해.</u>

Andy: 네가 더 자주 운동하는 것을 제안해.

Brian: 알았어. 해 볼게.

|해설| Andy는 일주일에 운동을 세 번 하므로 three times a week라고 말하고, 얼마나 자주 운동을 하는지 묻는 말에 Brian은 일주일에 한 번 운동하므로 once a week를 사용하여 대답하는 것이 자연스럽다.

11 |해석| A: 너는 얼마나 자주 볼링 수업을 받니?

B: 일주일에 두 번. 나는 그냥 초보야. 너는 아주 잘한다고 들었어.

A: 음, 나는 볼링을 정말 좋아해. 흠. 네 볼링 공이 너에게 무거워 보여. 더 가벼운 공을 쓰는 걸 권해.

B: 알았어. 그러면 더 가벼운 공을 찾아 볼게.

|해설| 상대방에게 어떤 일을 할 것을 제안하거나 권유할 때 「I suggest (that) you (should)+동사원형 ~.」으로 말한다.

12 |해석| A: 너는 얼마나 자주 농구를 하니?

B: 일주일에 두 번 농구를 하는데, 더 자주 하고 싶어.

A: 우리 축구(→ 농구) 동아리에 가입하는 것을 제안해. 우리는 일주일에 네 번 농구를 해.

B: 좋아! 너와 함께 농구 하면 재미있을 거야.

|해설| ⓒ 농구를 더 자주 하고 싶다는 상대방의 말에 대한 제안으로 일주일에 네 번 농구를 하는 자신의 농구(basketball) 동아리에 가입하라는 내용이 알맞다.

Ⓖ Grammar 핵심 노트 1 QUICK CHECK   p. 172

1 (1) shining (2) built (3) dancing

2 (1) flying (2) wearing (3) carrying

1 |해석| (1) 하늘에서 빛나고 있는 별을 봐라.

(2) 그는 10년 전에 지어진 집에서 산다.

(3) 방에서 춤추고 있는 소년들은 내 남동생들이다.

2 |해석| (1) 날아다니고 있는 새들을 봐라.

(2) 안경을 쓰고 있는 소녀는 내 반 친구이다.

(3) 큰 가방을 들고 있는 한 남자가 버스에서 내렸다.

Ⓖ Grammar 핵심 노트 2 QUICK CHECK   p. 173

1 (1) as (2) old (3) well

2 (1) busy (2) as (3) not as(so) large

1 |해석| (1) 나는 너만큼 빨리 달리지 못한다.

(2) 엄마는 아빠와 연세가 같으시다.

(3) Jenny는 Andrew 만큼 프랑스어를 잘한다.

2 |해석| (1) Rita는 Lucy만큼 바빴다.

(2) 그 책은 그 CD만큼 오래되었다.

(3) 이 도시는 서울만큼 크지 않다.

Ⓖ Grammar 연습 문제 1   p. 174

A **1** crying **2** studying **3** working **4** are **5** made

B **1** driving **2** playing **3** covered **4** showing

C **1** 동명사 **2** 현재분사 **3** 현재분사 **4** 현재분사

D **1** Look at the falling leaves.

2 I threw away the broken glasses.

3 Jane told us a shocking story.

4 The boring movie made me sleepy.

A |해석| **1** 울고 있는 소년은 자신의 아버지를 찾고 있었다.

2 도서관에서 공부하고 있는 학생들이 많이 있었다.

3 정원에서 일하고 있는 남자는 나의 할아버지이다.

4 김 선생님과 대화하고 있는 학생들은 캐나다에서 왔다.

5 이 공장에서 만들어진 신발들은 매우 비싸다.

|해설| **1~3** 명사를 앞이나 뒤에서 수식하는 현재분사 형태가 되어야 알맞다. 현재분사 뒤에 이어지는 어구가 있을 때는 명사를 뒤에서 수식한다.

4 현재분사가 수식하는 명사인 The students가 주어이므로 be동사 are를 써야 한다.

5 수식하는 명사와 분사의 관계가 수동일 때는 과거분사를 사용한다.

B |해석| **1** 차를 운전하고 있는 여자는 Baker 선생님이다.

2 배드민턴을 치고 있는 소녀들은 내 좋은 친구들이다.

3 그들은 눈으로 덮인 산을 올라갔다.

4 나는 가장 가까운 버스 정류장과 지하철역을 보여 주는 지도가 필요하다.

|해설| 뒤따르는 어구와 함께 명사를 수식하는 현재분사의 형태로 쓰는 것이 알맞다. 단, **3**과 같이 수식하는 명사와 분사의 관계가 수동일 때는 과거분사를 쓴다.

C |해석| **1** 내 직업은 영어를 가르치는 것이다.

2 나는 네가 그의 손을 잡고 있는 것을 봤다.

3 그들은 지나가는 기차에 손을 흔들었다.

4 우리는 채소가 가득 담긴 바구니를 들고 있는 한 소녀를 만났다.

|해설| **1** 보어 역할을 하는 동명사

2 지각동사 saw의 목적격보어로 쓰인 현재분사

3 명사 train을 수식하는 현재분사

4 명사 a girl을 뒤에서 수식하는 현재분사

D |해설| 수식하는 명사와의 관계가 능동일 때는 현재분사를, 수동일 때는 과거분사를 사용하여 문장을 쓴다.

Ⓖ Grammar 연습 문제 2   p. 175

A **1** as tall as **2** not as expensive as **3** has lived here as long as **4** doesn't(does not) get up as early as

B **1** more difficult → difficult

2 careful → carefully

3 as fast not as → not as(so) fast as

C **1** colder **2** not as(so) diligent **3** worked more

D 1 This book is as heavy as my laptop.
  2 Today is as windy as yesterday.
  3 Badminton is not as(so) dangerous as skydiving.
  4 The cheerleaders worked as hard as the players.

A |해석| 1 Sophia는 키가 160cm이다. Helen도 키가 160cm이다.
  → Sophia는 Helen만큼 키가 크다.
  2 빨간색 가방은 50달러이다. 파란색 가방은 70달러이다.
  → 빨간색 가방은 파란색 가방만큼 비싸지 않다.
  3 진수는 20년 동안 여기서 살았다. Sora도 여기서 20년 동안 살았다.
  → 진수는 Sora만큼 여기서 오래 살았다.
  4 Nick은 6시에 일어난다. Amy는 7시에 일어난다.
  → Amy는 Nick만큼 일찍 일어나지 않는다.
  |해설| 비교 대상의 정도가 같으면 「as+형용사/부사의 원급+as」의 형태로 나타내고, 같지 않으면 「not as(so)+형용사/부사의 원급+as」의 형태로 쓴다.

B |해석| 1 이 시험은 지난번 시험만큼 어렵니?
  2 그는 자신의 여동생만큼 조심스럽게 운전했다.
  3 원숭이는 호랑이만큼 빠르지 않다.
  |해설| 1 「as+형용사의 원급+as」로 써야 한다.
  2 동사를 수식하는 부사의 원급이 쓰여야 한다.
  3 '…만큼 ~하지 않은'은 「not as(so)+형용사의 원급+as」의 형태로 쓴다.

C |해석| 1 오늘은 어제만큼 춥지 않다.
  = 어제는 오늘보다 더 추웠다.
  2 민지의 오빠는 민지보다 더 부지런하다.
  = 민지는 자신의 오빠만큼 부지런하지 않다.
  3 유리는 Tom만큼 일을 많이 하지 않았다.
  = Tom은 유리보다 일을 더 많이 했다.
  |해설| '…만큼 ~하지 않은/않게'를 뜻하는 「A ~ not as(so)+형용사/부사의 원급+as B」는 「B ~ 비교급+than A」 형태로 바꿔 쓸 수 있다.

D |해설| '…만큼 ~한/하게'는 「as+형용사/부사의 원급+as」의 형태로 나타내고, '…만큼 ~하지 않는/않게'는 「not as(so)+형용사/부사의 원급+as」의 형태로 쓴다.

G Grammar 실전 TEST pp. 176~179

01 ③	02 ①	03 ②	04 ④	05 ①	06 ④	07 ①
08 ①	09 ③	10 ④	11 ⑤	12 ③, ⑤	13 ①, ⑤	
14 ③, ⑤	15 ②	16 ③	17 ⑤	18 ④	19 ③	
20 ③						

[서술형]
21 (1) The boy drinking water (2) The boy listening to music (3) The girl reading a book 22 (1) as big as (2) as expensive as (3) as heavy as 23 (1) Somin runs as fast as Yuna. (2) The man taking pictures is my new English teacher. 24 (1) ⓐ longer → long (2) ⓑ as not

→ not as(so) 25 (1) The man watering the flowers is my dad. (2) There are many people walking their dogs.

01 |해석| 버스정류장에서 기다리고 있는 소녀는 내 여동생이다.
  |해설| 주어가 The girl이고 동사가 is인 문장이므로 빈칸에는 주어인 The girl을 뒤에서 수식하는 현재분사 형태가 알맞다.

02 |해석| 내 여행 가방은 네 것만큼 무겁다.
  |해설| '…만큼 ~한'을 나타내는 「as+형용사의 원급+as」의 형태가 되어야 한다.

03 |해석| 나무 아래에서 책을 읽고 있는 소년은 Dave다.
  |해설| 현재분사가 단독으로 명사를 수식할 때는 명사 앞에 오지만, 현재분사에 뒤따르는 어구가 있을 경우에는 명사를 뒤에서 수식한다. 따라서 reading의 목적어에 해당하는 a book이 이어지고 앞에 수식할 명사가 있는 ②에 들어가는 것이 알맞다.

04 |해석| Dan과 Ryan은 나의 사촌들이다. Dan은 Ryan만큼 나이가 많지 않다. Dan은 15살이고, Ryan은 16살이다.
  |해설| ④ 15살인 Dan은 16살인 Ryan과 나이가 같지 않으므로 「A ~ not as(so)+형용사의 원급+as B」로 나타내는 것이 알맞다.

05 |해석| 경주에서 달리고 있는 선수는 다친 것 같아 보인다.
  |해설| 명사와 현재분사 사이의 「주격 관계대명사+be동사」는 생략할 수 있다.

06 |해석| 그 여자는 나의 담임 선생님이다. 그녀는 안경을 쓰고 있다.
  → 안경을 쓰고 있는 여자는 나의 담임 선생님이다.
  |해설| 문장의 동사가 is이므로 빈칸에는 앞에 있는 주어 The woman을 수식하는 형용사 역할을 하는 현재분사 형태가 알맞다.

07 |해석| 이 다리는 저 다리만큼 길지 않다.
  = 이 다리는 저 다리보다 더 짧다.
  = 저 다리는 이 다리보다 더 길다.
  |해설| 「A ~ not as(so)+형용사/부사의 원급+as B」의 형태는 'A는 B만큼 ~하지 않다'라는 뜻을 나타내며 「B ~ 비교급+than A」 형태로 바꿔 쓸 수 있다.

08 |해석| ① 오래된 동전을 모으는 것은 나의 취미다.
  ② 파란 모자를 쓰고 있는 소녀는 누구니?
  ③ 저기에서 요리하고 있는 요리사는 나의 아버지다.
  ④ 큰 가방을 들고 있는 노부인을 봐.
  ⑤ 구내 식당에는 점심을 먹고 있는 학생들이 많이 있다.
  |해설| ①은 주어 역할을 하는 동명사이고, 나머지는 모두 앞에 있는 명사를 수식하는 현재분사이다.

09 |해석| 수지는 민호만큼 영어를 잘하지 못한다.
  = 민호는 수지보다 영어를 더 잘한다.
  |해설| 「A ~ not as+원급+as B」는 「B ~ 비교급+than A」로 바꿔 쓸 수 있다. 민호가 수지보다 영어를 더 잘한다는 내용이 되도록 부사 well의 비교급 better를 사용하는 것이 알맞다.

10 |해석| 건강을 유지하는 것은 돈을 버는 것만큼 중요하다.
  |해설| '…만큼 ~한'을 나타내는 「as+형용사의 원급+as」 형태가 되도록 형용사의 원급인 important가 쓰여야 한다.

11 |해석| • 소파에 앉아 있는 고양이는 정말 귀엽다.
  • 쿠키를 굽고 있는 여자는 나의 이모이다.
  • 저기서 전화 통화하고 있는 남자를 아니?

- <u>잠자고 있는</u> 아기를 깨우지 않도록 볼륨을 낮춰라.
- <u>선글라스를 쓰고 있는</u> 남자를 아니?

|해설| 모두 명사를 수식하는 형용사 역할을 하는 현재분사 형태가 들어가는 것이 알맞다. ⓐ, ⓑ, ⓒ, ⓔ와 같이 현재분사가 뒤따르는 어구와 함께 명사를 수식할 때는 명사와 현재분사 사이에 「주격 관계대명사+be동사」가 생략되었다고 볼 수 있다.

12 |해석| 나무에서 <u>노래하는(노래하고 있는)</u> 새들을 봐.
|해설| 빈칸에는 명사 the birds를 뒤에서 수식하는 현재분사나 주격 관계대명사가 이끄는 관계대명사절 형태가 알맞다. 이때 관계대명사절의 주격 관계대명사(which/that)와 be동사(are)는 생략할 수 있다.

13 |해석| ① Tom은 Jane만큼 키가 크다.
② Tom은 Jane보다 키가 더 크다.
④ Tom은 Jane만큼 키가 크지 않다.
⑤ Tom은 Jane과 키가 같다.
|해설| 'Tom은 Jane과 키가 같다.'라는 의미의 ①과 ⑤가 알맞다.

14 |해석| ① 초록색 모자가 빨간색 모자보다 더 싸다.
② 빨간색 모자는 초록색 모자만큼 비싸다.
③ 빨간색 모자는 초록색 모자만큼 비싸지 않다.
④ 초록색 모자는 빨간색 모자만큼 비싸지 않다.
⑤ 초록색 모자는 빨간색 모자보다 더 비싸다.
|해설| '빨간색 모자는 초록색 모자만큼 비싸지 않다.', '초록색 모자가 빨간색 모자보다 더 비싸다.'가 그림의 내용에 맞는 문장이다. 「*A* ~ not as+형용사/부사의 원급+as *B*」는 'A는 B만큼 ~하지 않다'라는 뜻을 나타내며, 「*B* ~ 비교급+than *A*」로 바꿔 쓸 수 있다.

15 |해석| ⓐ 사진을 찍고 있는 소년은 내 사촌이다.
ⓑ 기차는 비행기만큼 빠르지 않다.
ⓒ 너는 노란색 드레스를 입고 있는 여자아이를 보았니?
ⓓ 너는 큰 배낭을 가지고 다니는 키 큰 남자를 보았니?
ⓔ 한국에서는 농구가 야구만큼 인기 있는 것 같지 않아.
|해설| ⓑ, ⓔ '…만큼 ~하지 않은'은 「not as(so)+형용사의 원급+as」 형태로 나타낸다. ⓐ, ⓒ, ⓓ는 모두 명사를 뒤에서 수식하는 현재분사 형태가 알맞다.

16 |해석| A: 사진에서 밝게 <u>웃고 있는</u> 이 여자아이는 누구니?
B: 런던에 <u>사는</u> 내 사촌이야.
A: 이 남자아이들은?
B: 내 남자 형제들이야. 야구 배트를 <u>들고 있는</u> 남자아이가 내 남동생이야.
A: 아, 그는 너만큼 <u>키가 크구나.</u>
|해설| ⓒ '야구 방망이를 들고 있는 남자아이'라는 의미가 되어야 하므로 The boy를 뒤에서 수식하는 현재분사 형태가 되어야 알맞다. (→ holding)

17 |해설| Is your room as big as mine?이 되어야 하므로 5번째로 올 단어는 big이다.

18 |해석| ⓐ 너는 소파에 앉아 있는 소년을 아니?
ⓑ 바닥에 깨진 병이 있었다.
ⓒ 어제 나는 영어로 쓰여진 책을 읽었다.
ⓓ 병에 끓는 물을 채울 때는 조심해라.
|해설| ⓑ 명사와 명사를 수식하는 분사의 관계가 수동일 때는 과거분사를 쓴다. (breaking → broken)

19 |해석| ① Eric은 지호만큼 키가 크다.
② Eric은 지호보다 나이가 더 많다.
③ Eric은 지호만큼 몸무게가 나간다.
④ 지호는 Eric만큼 나이가 많지 않다.
⑤ 지호는 Eric만큼 가볍지 않다.
|해설| ③ Eric은 지호만큼 몸무게가 나가지 않으므로 Eric is not as (so) heavy as Jiho.가 되어야 알맞다.

20 |해석| ⓐ 그는 잃어버린 개를 찾고 있다.
ⓑ 나는 아빠만큼 일찍 일어나야 했다.
ⓒ 야구는 축구만큼 흥미진진하지 않다.
ⓓ 악기를 연주하고 있는 소년은 Ted이다.
ⓔ 내 여동생과 나는 아침으로 계란프라이와 우유를 좀 먹었다.
|해설| ⓑ '아빠만큼 일찍'은 as early as my dad로 나타낸다. (so → as)
ⓓ 명사를 수식하는 분사와 명사의 관계가 능동이므로 현재분사를 써야 한다. (played → playing)

21 |해석| [예시] 선생님과 대화하고 있는 소녀는 미나이다.
(1) <u>물을 마시고 있는</u> 소년은 Mike이다.
(2) <u>음악을 듣고 있는</u> 소년은 지호다.
(3) <u>책을 읽고 있는</u> 소녀는 Lucy다.
|해설| 뒤따르는 어구와 함께 명사를 뒤에서 수식하는 현재분사 형태로 문장을 완성한다. (1) 물을 마시고 있으므로 drinking water, (2) 음악을 듣고 있으므로 listening to music, (3) 책을 읽고 있으므로 reading a book을 사용한다.

22 |해석| (1) <u>파란색 배낭은 빨간색 배낭만큼 크다.</u>
(2) <u>빨간색 배낭은 검은색 배낭만큼 비싸다.</u>
(3) <u>검은색 배낭은 파란색 배낭만큼 무겁다.</u>
|해설| 가격, 크기, 무게가 같은 두 배낭을 「as+형용사의 원급+as」의 형태로 써서 비교한다. 크기는 big, 가격은 expensive, 무게는 heavy를 사용하여 나타낸다.

23 |해석| (1) 유나는 100m를 16초에 달린다. 소민도 100m를 16초에 달린다.
→ <u>소민이는 유나만큼 빠르게 달린다.</u>
(2) 그 남자는 나의 새로운 영어 선생님이다. 그는 사진을 찍고 있다.
→ <u>사진을 찍고 있는 남자는 나의 새로운 영어 선생님이다.</u>
|해설| (1) 「as+부사의 원급+as」의 형태로 써서 두 사람의 100미터 달리기 속력이 같음을 나타낸다.
(2) '사진을 찍고 있는 남자'라는 의미가 되도록 두 번째 문장을 현재분사구가 되도록 수정하여 문장을 연결한다.

24 |해석| ⓐ 이 강은 한강만큼 길다.
ⓑ 이 전화기는 내 전화기만큼 가볍지 않다.
ⓒ David는 Amy만큼 자주 나에게 전화를 했다.
ⓓ 내 손목시계는 내 남동생의 손목시계만큼 크다.
|해설| ⓐ '…만큼 ~한'은 「as+형용사의 원급+as」로 나타낸다.
ⓑ '…만큼 ~하지 않은'은 「not as(so)+형용사의 원급+as」 형태로 나타낸다.

25 |해설| 현재분사에 뒤따르는 어구가 있을 경우에는 명사를 뒤에서 수식한다. (1)은 주어 The man 뒤에 현재분사구 watering the flowers를 쓰고 is my dad를 덧붙인다. (2)는 There are many people 뒤에 현재분사구 walking their dogs를 쓴다.

R Reading 빈칸 채우기

01 on their own　**02** who　**03** hidden, get attention
04 as important as　**05** examples　**06** run, and lead
07 experienced, to help, manage　**08** There can be
09 Each pacer, finishes　**10** showing　**11** depending
on, target　**12** if, wants, follow　**13** keeps track of,
goal of finishing　**14** In short, to win　**15** run for
16 may, during, behind　**17** is called　**18** on the side
of, during　**19** check, change　**20** especially
important, wear out　**21** as short as　**22** Therefore,
perfect harmony　**23** get, attention, as　**24** which,
eastern　**25** know their way around　**26** have little
difficulty breathing　**27** hire, help them climb
28 lead, to　**29** in many ways　**30** put up　**31** are
often called, invisible

R Reading 바른 어휘·어법 고르기　pp. 184~185

01 on　**02** who　**03** hidden　**04** important　**05** are
06 run　**07** manage　**08** pacers　**09** finishes
10 showing　**11** on　**12** wants, will　**13** time,
finishing　**14** In short　**15** others　**16** during　**17** is
called　**18** pit　**19** to check　**20** out　**21** as　**22** has
to　**23** are won　**24** which　**25** know　**26** have little
difficulty　**27** climb　**28** to　**29** in　**30** For example
31 invisible

R Reading 틀린 문장 고치기　pp. 186~187

01 ○　**02** ×, who help　**03** ×, hidden　**04** ×, as
important　**05** ○　**06** ×, lead them　**07** ×, other
runners manage　**08** ○　**09** ×, runs at different
speeds　**10** ×, showing　**11** ○　**12** ×, wants to finish
13 ○　**14** ○　**15** ○　**16** ○　**17** ×, is called　**18** ×,
during　**19** ×, change the tires　**20** ×, is　**21** ×, as
short as　**22** ○　**23** ○　**24** ○　**25** ○　**26** ×, have
little difficulty breathing　**27** ○　**28** ×, lead　**29** ×, in
many ways　**30** ○　**31** ×, often see

R Reading 실전 TEST　pp. 190~193

01 ④　**02** ①　**03** ⑤　**04** ③　**05** ③　**06** ②　**07** ⑤
08 ④　**09** ③　**10** ②　**11** ⑤　**12** ③　13 crew
14 ④　**15** ②　**16** ⑤　**17** ⑤　**18** ④

[서술형]
19 특정 시간 안에 마라톤을 완주하는 것　**20** follow the
three-hour pacer　**21** (B)-(C)-(A)　**22** ⓒ → is　**23** They
also have little difficulty breathing high up in the
mountains.　**24** help, lead, top, support(help)

[01~03] |해석|
스포츠에서는 선수들만 트로피나 메달을 받지만, 그들이 혼자 힘으로 우승
하는 것은 아니다. 그 선수들을 돕는 사람들이 있다. 이 사람들은 종종 숨겨
져 있고 주목을 받지 못한다. 하지만 그들은 선수들만큼 중요하다. 여기 몇
가지 예가 있다.

01 |해설| ⓓ '숨겨져 있다'라는 의미의 수동태(be동사+과거분사) 형태가
되어야 하므로 과거분사 hidden이 알맞다.

02 |해석| ② 그들은 선수들보다 덜 중요하다
　　③ 그들은 선수들만큼 중요하지 않다
　　④ 그들은 선수들보다 더 중요하다
　　⑤ 선수들은 그들보다 더 중요하다
　　|해설| '…만큼 ~한'은 「as+형용사의 원급+as」 형태로 나타낸다.

03 |해설| 스포츠 분야에서 우승자들을 돕는 조력자들이 있고 그 조력자들
의 예시가 여기 있다고 말하고 있으므로 이 글 다음에는 스포츠에서
숨은 조력자들의 예시가 이어질 것이다.

[04~09] |해석|
마라톤의 페이서들
페이서들은 마라톤에서 다른 선수들과 함께 달리며 그들을 이끈다. 페이서
들은 경험이 많은 선수들이며, 그들의 역할은 다른 선수들이 경주를 더 잘
운영하도록 돕는 것이다. 한 경주에는 여러 명의 페이서들이 있을 수 있다.
각각의 페이서는 다른 속도로 달리고 다른 시간대에 경주를 마친다. 페이서
들은 보통 자신들의 완주 시간을 나타내는 깃발이나 풍선을 가지고 있다.
선수들은 자신들의 목표 완주 시간에 따라 페이서를 선택할 수 있다. 예를
들어, 한 선수가 4시간 안에 경주를 마치고 싶다면, 그 선수는 4시간 페이
서를 따라갈 것이다. 페이서가 시간을 계속해서 파악하기 때문에, 선수는
특정 시간 안에 마라톤을 완주하려는 자신의 목표를 더 쉽게 달성할 수 있
다. 요컨대, 페이서들은 달리기는 하지만 우승을 하기 위해 달리는 것은 아
니다. 그들은 다른 이들을 위해 달린다.

04 |해설| ⓒ 앞에 있는 flags or balloons를 수식하는 현재분사 형태인
showing이 되어야 한다. 나머지는 모두 어법상 올바르다.

05 |해설| (A) depending on: ~에 따라
　　(B) keep track of: (계속해서) ~을 파악하다, ~에 주의를 기울이다

06 |해석| ① 그런데　③ 예를 들어　④ 게다가　⑤ 반면에
　　|해설| 앞서 언급한 내용을 요약하는 문장이 이어지므로 '요컨대'라는
의미의 연결어 In short가 알맞다.

07 |해석| ① 그는 오늘 해야 할 숙제가 많다.
　　② 나는 언젠가 에베레스트산을 오르고 싶다.
　　③ 그를 직접 만나는 것은 놀라운 일이었다.
　　④ 내 장래희망은 로봇 과학자가 되는 것이다.
　　⑤ 그들은 마지막 기차를 타기 위해 역으로 서둘러 갔다.
　　|해설| (D)와 ⑤는 목적을 나타내는 부사적 용법의 to부정사로 쓰였다.
　　(① 형용사적 용법의 to부정사 ② 목적어 역할을 하는 명사적 용법의
to부정사 ③ 진주어로 쓰인 명사적 용법의 to부정사 ④ 보어 역할을

하는 명사적 용법의 to부정사)

08 |해설| 마라톤 경주에서 페이서가 하는 역할을 설명하는 글이다.

09 |해석| ① 그들은 마라톤에서 다른 선수들을 이끈다.
② 그들은 다른 선수들이 마라톤에서 더 잘하도록 돕는다.
③ 그들은 각자 한 명의 선수와 달려야 한다.
④ 그들은 깃발이나 풍선을 가지고 달린다.
⑤ 그들은 자신들을 위해서가 아니라 다른 사람들을 위해서 뛴다.
|해설| ③ 한 경주에는 여러 명의 페이서가 있고 선수들은 자신들이 원하는 목표 시간에 맞는 페이서를 따라간다고 했다.

[10~14] |해석|
여러분은 대부분의 자동차 경주에서 자동차와 레이서만 볼지도 모르겠지만, 그 레이서 뒤에는 팀이 있다. 이 팀은 피트 크루라고 불린다. 피트는 경주 트랙의 옆에 있는 공간으로, 레이서들이 경주 도중에 그곳에 여러 번 정지한다. 피트 크루가 하는 주요 역할은 자동차를 점검하고 타이어를 교체하는 것이다. 빠른 속도의 경주에서는 타이어가 쉽게 마모되기 때문에 타이어를 교체하는 것이 특히 중요하다.
피트에서의 정지는 짧게는 2초 정도가 될 수 있고, 한 크루에 많게는 20명에 이르는 구성원이 있다. 그러므로 피트 크루는 완벽한 조화를 이루며 일해야 한다. 레이서만 모든 주목을 받을지 모르지만 사람들이 말하는 것처럼, "경주의 우승은 피트에서 이루어진다."

10 |해석| ① 자동차 경주에서 우승하는 방법
② 자동차 경주에서의 피트 크루
③ 자동차 레이서의 주요 업무
④ 안전한 자동차 경주를 위한 몇 가지 조언
⑤ 타이어 교체의 중요성
|해설| 자동차 경주에서 중요한 역할을 하는 피트 크루에 관한 내용이다.

11 |해설| (A) '~으로 불린다'라는 의미의 수동태(be동사+과거분사) 형태가 알맞다.
(B) 문장의 주어 역할을 하는 동명사 형태가 알맞다.
(C) 「as+형용사의 원급+as」의 형태가 되어야 하므로 short가 알맞다.

12 |해설| 타이어 교체가 특히 중요한 이유가 빈칸 뒤에 이어지므로 이유를 나타내는 접속사 because가 알맞다.

13 |해석| 함께 일하는 특정한 기술을 가진 사람들
|해설| crew(팀, 조)의 영영풀이이다.

14 |해석| ① 자동차 경주에서 피트는 무엇인가?
② 피트 크루는 경주를 하는 동안 어디에서 일하는가?
③ 피트 크루의 주요 업무는 무엇인가?
④ 레이서들은 각 경주에서 타이어를 몇 번 교체할 수 있는가?
⑤ 자동차 경주에서 타이어를 교체하는 것이 왜 특히 중요한가?
|해설| ④ 각 경주에서 타이어를 몇 번 교체할 수 있는지는 언급되지 않았다.

[15~18] |해석|
등반에서의 셰르파
Sherpa라는 단어는 셰르파족에서 유래되었는데, 셰르파족은 네팔의 동쪽 지역에 산다. 셰르파는 훌륭한 등반 기술을 가졌으며 산의 지리에 밝다. 그들은 또한 산의 높은 곳에서 호흡하는 데 어려움이 거의 없다. 그래서 등산가들은 자신들이 에베레스트산을 등반하는 것을 돕는 셰르파를 고용하기 시작했다.
셰르파는 등산가들을 산 정상까지 이끈다. 그들은 여러 방식으로 등산가들을 지원한다. 예를 들어, 그들은 텐트를 치고 등산가들의 가방을 운반한다. 셰르파는 종종 에베레스트산의 보이지 않는 사람들로 불리는데, 왜냐하면 사람들은 흔히 산 정상에서 등산가들만 찍힌 사진을 보기 때문이다.

15 |해설| ⓑ '~하는 데 어려움이 있다'는 have difficulty -ing로 표현하므로 breathing이 되어야 한다.

16 |해설| 주어진 문장은 셰르파가 등산가들을 지원하는 방법의 예시이므로 '셰르파는 여러 방식으로 등산가들을 지원한다.'라는 문장 바로 뒤인 ⑤에 들어가는 것이 자연스럽다.

17 |해석| ① 등산 ② 격식을 차린 ③ 동쪽의 ④ 어려운
|해설| 사람들이 흔히 사진에서 그들을 볼 수 없고 등산가들만 볼 수 있다는 이유가 이어지는 것으로 보아 셰르파들은 '보이지 않는 사람들'로 불린다는 내용이 되는 것이 자연스럽다.

18 |해석| ① Sherpa라는 단어의 기원
② 셰르파가 잘하는 것
③ 등반가들이 셰르파를 고용하는 이유
④ 셰르파를 고용하는 방법
⑤ 등산에서 셰르파의 역할
|해설| ④ 셰르파를 고용하는 방법에 대해서는 언급되지 않았다.

[19~20] |해석|
선수들은 자신들의 목표 완주 시간에 따라 페이서를 선택할 수 있다. 예를 들어, 한 선수가 4시간 안에 경주를 마치고 싶다면, 그 선수는 4시간 페이서를 따라갈 것이다. 페이서가 시간을 계속해서 파악하기 때문에, 선수는 특정 시간 안에 마라톤을 완주하려는 자신의 목표를 더 쉽게 달성할 수 있다. 요컨대, 페이서들은 달리기는 하지만 우승을 하기 위해 달리는 것은 아니다. 그들은 다른 이들을 위해 달린다.

19 |해설| his or her goal은 of 뒤에 이어지는 finishing the marathon in a particular time과 동격이다.

20 |해석| Q. 만약 한 선수가 3시간 안에 경주를 완주하고 싶으면, 어떤 페이서를 따라갈 것인가?
→ 선수는 3시간 페이서를 따라갈 것이다.
|해설| 선수들은 자신의 목표 완주 시간에 맞는 페이서를 따라간다고 했으므로 '3시간 페이서'를 따라갈 것이다.

[21~22] |해석|
여러분은 대부분의 자동차 경주에서 자동차와 레이서만 볼지도 모르겠지만, 그 레이서 뒤에는 팀이 있다.
(B) 이 팀은 피트 크루라고 불린다. 피트는 경주 트랙의 옆에 있는 공간으로, 레이서들이 경주 도중에 그곳에 여러 번 정지한다. 피트 크루가 하는 주요 역할은 자동차를 점검하고 타이어를 교체하는 것이다.
(C) 빠른 속도의 경주에서는 타이어가 쉽게 마모되기 때문에 타이어를 교체하는 것이 특히 중요하다. 피트에서의 정지는 짧게는 2초 정도가 될 수 있고, 한 크루에 많게는 20명에 이르는 구성원이 있다.
(A) 그러므로 피트 크루는 완벽한 조화를 이루며 일해야 한다. 레이서만 모든 주목을 받을지 모르지만 사람들이 말하는 것처럼, "경주의 우승은 피트에서 이루어진다."

21 |해설| 레이서 뒤에 팀이 있다는 문장 뒤에 그 팀을 소개하는 내용(B)이 나오고 그에 대한 자세한 설명(C)과 함께 피트 크루가 하는 일의 중요성을 강조하는 내용(A)이 이어지는 것이 자연스럽다.

22 |해설| ⓒ 동명사가 주어 역할을 할 때는 단수 취급하므로 are가 아니라 is가 되어야 한다.

⑤ A: 내가 오늘 너와 같이 뛰어도 될까?

　B: 물론이지. 하지만 네가 운동화를 신는 것을 제안해. 네 신발은 달리기에 좋지 않아.

|해설| ② 매일 아침 운동을 한다는 상대방에게 운동을 규칙적으로 할 것을 제안하는 것은 어색하다.

03 |해석| A: 너는 얼마나 자주 볼링 수업을 받니?

　B: 일주일에 두 번. 나는 그냥 초보야. 너는 아주 잘한다고 들었어.

　A: 음, 나는 볼링을 정말 좋아해. 흠. 네 볼링공이 너에게 무거워 보여. 더 가벼운 공을 쓰는 걸 권해.

　B: 알았어. 그러면 더 무거운(→ 더 가벼운) 공을 찾아 볼게.

|해설| ⑤ A는 B에게 볼링공이 무거워 보인다고 말하면서 더 가벼운 공을 사용할 것을 제안했고, B가 그러겠다고 답했으므로 이어서 더 무거운 공을 찾아 보겠다고 말하는 것은 흐름상 어색하다.

04 |해석| 지수는 감자튀김, 햄버거, 피자 같은 패스트푸드를 먹는 것을 좋아한다. 그녀는 거의 매일 패스트푸드를 먹는다. 준호는 패스트푸드가 그녀의 건강에 해롭다고 생각한다. 그는 지수가 패스트푸드를 덜 먹기를 원한다.

① 나는 패스트푸드를 덜 먹고 싶어.

② 나는 네가 살을 빼야 한다고 생각해.

③ 네가 패스트푸드를 덜 먹는 것을 제안해.

④ 나는 패스트푸드를 덜 먹어야겠어.

⑤ 나는 네가 패스트푸드를 덜 먹어서 기뻐.

|해설| 준호는 지수가 건강에 해로운 패스트푸드를 덜 먹기를 바라는 상황이므로, 지수에게 패스트푸드를 덜 먹을 것을 제안하는 말을 하는 것이 자연스럽다.

05 |해석| 위 대화의 빈칸 ⓐ에 적합한 것은? 두 개 고르시오.

① 나는 우리가 스트레칭을 할 것을 제안해

② 우리는 스트레칭을 할 필요가 없어

③ 우리는 스트레칭을 해야겠어

④ 나는 우리가 스트레칭을 해야 한다는 것에 동의해

⑤ 나는 스트레칭을 해서는 안 돼

|해설| 빈칸 다음에 '좋은 생각이야.'라고 동의하는 말이 이어지므로, 문맥상 수영하기 전에 스트레칭을 하자고 제안하는 내용이 알맞다. 어떤 일을 하자고 제안할 때 「I suggest (that) we (should)+동사원형 ~.」 또는 「(I think) We should+동사원형 ~.」 등을 사용할 수 있다.

06 |해석| ① 소년은 수영을 자주 하는가?

② 소년은 얼마나 자주 수영을 하는가?

③ 소녀는 일주일에 몇 번 수영을 하는가?

④ 소녀는 보통 언제 수영을 하는가?

⑤ 소녀와 소년은 오늘 무엇을 함께 할 것인가?

|해설| ② 소년이 얼마나 자주 수영하는지는 알 수 없다.

④ 소녀는 일주일에 4번 수영을 한다고 했지만 언제 수영하는지는 언급하지 않았다.

07 |해설| 빈도를 물을 때는 How often do you ~?라고 말한다.

08 |해석| ⓐ 소년은 수영하는 법을 배운 적이 없다.

ⓑ 소년은 한 달에(→ 일주일에) 두 번 수업을 듣기를 원한다.

ⓒ 소년은 주말에 수업을 듣고 싶어 하지 않는다.

ⓓ 소년은 초급 2반 수업을 수강할 것이다.

ⓔ 소년이 등록하고자 하는 수업은 제한 인원이 10명이다.

|해설| 소년은 일주일에 두 번(twice a week) 수업을 받고 싶다고 했다.

09 |해석| A: 미나야, 너는 얼마나 자주 수영을 하니?

　B: 나는 매일 수영해.

　A: 오늘 오후에 너랑 수영하러 가도 될까?

　B: 물론이지, 호준아. 하지만 네가 수영 모자를 가져오는 것을 제안해. 수영 모자가 없으면 수영장에 들어갈 수가 없거든.

→ 미나와 호준이는 오늘 오후에 함께 <u>수영하러</u> 갈 것이다. 미나는 호준이에게 <u>수영 모자를</u> 가져오라고 말했다.

|해설| 미나와 호준이는 오늘 오후에 함께 수영하러 갈 것이고, 미나는 호준이에게 수영 모자를 가져올 것을 제안했다.

10 |해석| A: 나 감기에 걸린 것 같아.

|해설| 상대방에게 제안할 때는 I suggest (that) you (should) ~.로 말할 수 있다.

11 |해석| A: 수지야, 너는 얼마나 자주 운동하니?

　B: 나는 매일 운동해.

　A: 좋다. 그러면 얼마나 자주 아침을 먹니?

　B: (나는) 일주일에 두 번 (아침을 먹어).

　A: <u>네가 더 자주 아침을 먹는 것을 제안해.</u> 아침을 먹는 것이 건강에 좋아.

　B: 알았어. 해 볼게.

|해설| 빈도를 물을 때는 How often do you ~?를 사용해서 말할 수 있고, 제안이나 권유를 할 때는 I suggest (that) you (should) ~.를 사용하여 말할 수 있다.

G Grammar 고득점 맞기　　　　　pp. 202~204

01 ④	**02** ①	**03** ①, ④	**04** ①	**05** ①, ②	**06** ⑤
07 ①	**08** ③	**09** ④	**10** ④	**11** ④	**12** ③	**13** ①
14 ②

[서술형]

15 (1) The woman carrying books is my grandma. (2) She cleared up the plate broken by Tom. **16** is not as(so) popular as **17** The violinists playing in the orchestra are from Austria. **18** taking → taken **19** (1) Tom runs as fast as Jerry. 또는 Jerry runs as fast as Tom. (2) Ted is as tall as the tree. 또는 The tree is as tall as Ted. (3) The red book is not as thick as the yellow book. (4) The smartphone(cell phone) is not as expensive as the laptop. **20** (1) running on the track (2) playing basketball (3) holding a soccer ball

01 |해석| • 공을 <u>차고 있는</u> 소년은 나의 가장 친한 친구다.

• 공원에는 <u>걷고 있는</u> 사람들이 많이 있었다.

|해설| 첫 번째 빈칸에는 '공을 차고 있는 소년'이라는 의미가 되도록 현재분사 kicking이 알맞고, 두 번째 빈칸에는 '걷고 있는 사람들'이라는 의미가 되도록 현재분사 walking이 알맞다.

02 |해석| ① 미국에서는 축구가 야구만큼 인기 있다.

② , ③ 미국에서는 축구가 야구만큼 인기 있지 않다.

④ 미국에서는 축구가 야구보다 덜 인기 있다.

⑤ 미국에서는 야구가 축구보다 더 인기 있다.

|해설| ①은 미국에서 축구가 야구만큼 인기 있다는 의미이고, 나머지는 모두 미국에서 야구가 축구보다 더 인기 있다는 의미이다.

03 |해석| ① 한국은 호주만큼 크지 않다.

② 다이아몬드만큼 단단한 것은 없다.

③ 우리 엄마는 내 여동생만큼 요가를 잘하신다.

④ 빨간색 차를 운전하고 있는 여자는 나의 영어 선생님이다.

⑤ 무대에서 노래를 부르고 있는 여자는 유명한 영화배우다.

|해설| ② 「as＋형용사의 원급＋as」의 형태가 되어야 알맞다. (hardest → hard)

③ 요가를 '잘' 한다는 의미이므로 부사 well의 원급이 쓰여야 한다. (good → well)

⑤ '노래하고 있는 여자'라는 의미가 되어야 하므로 현재분사 singing을 사용해야 한다. (sang → singing)

04 |해설| The cat sleeping over there is Tom's.가 알맞은 문장이므로 6번째로 올 단어는 is이다.

05 |해설| I swim as well as her.가 되어야 하므로 as와 well이 반드시 필요하다.

06 |해석| ① 그녀는 내가 깨뜨린 꽃병을 버렸다.

② Bill이 만든 스파게티는 너무 짰다.

③ 너는 햄버거를 먹고 있는 소년을 아니?

④ 많은 오래된 책들로 가득 찬 방이 있었다.

⑤ 제과점 앞에서 기다리고 있는 소녀는 내 여동생이다.

|해설| ⑤ 소녀가 '기다리고 있는' 것이므로 진행·능동의 의미를 나타내는 현재분사 waiting으로 써야 한다.

07 |해석| 지수는 6시에 일어난다. 그녀의 엄마도 6시에 일어난다.

① 지수는 자신의 엄마만큼 일찍 일어난다.

② 지수는 자신의 엄마보다 일찍 일어난다.

③ 지수는 자신의 엄마보다 덜 일찍 일어난다.

④ 지수는 자신의 엄마만큼 늦게 일어나지 않는다.

⑤ 지수는 자신의 엄마만큼 일찍 일어나지 않는다.

|해설| 지수와 엄마는 둘 다 6시에 일어난다고 했으므로 as ~ as … 구문을 사용한 ①이 알맞다.

08 |해석| ⓐ 내 뒤에 서 있는 소녀는 Alice이다.

ⓑ 나는 우산을 들고 있는 여자를 안다.

ⓒ Tom은 식탁에 놓인 케이크를 다 먹어 치웠다.

ⓓ 그들은 1970년대에 지어진 집에서 산다.

ⓔ 그녀는 전 세계를 여행하는 한 가족에 관한 소설을 읽었다.

|해설| ⓒ 명사를 뒤에서 수식하는 분사가 들어가야 하는데, 케이크가 탁자 위에 '놓여 있는' 것이므로 과거분사 placed를 써야 한다.

(ⓐ standing ⓑ holding ⓓ built ⓔ traveling)

09 |해석| ⓐ 나는 테니스를 치고 있는 소년들을 안다.

ⓑ 나는 몇 분 전에 Tom이 길을 건너는 것을 보았다.

ⓒ Kate는 교통사고를 당한 후 운전하는 것을 멈췄다.

ⓓ 내 문제는 옷에 너무 많은 돈을 쓰는 것이다.

ⓔ 저기서 손을 흔들고 있는 남자는 나의 삼촌이야.

|해설| ⓐ, ⓑ, ⓔ는 현재분사로 쓰였고, ⓒ와 ⓓ는 동명사로 쓰였다.

10 |해석| ① A폰은 B폰만큼 크다.

② B폰은 A폰만큼 오래되었다.

③ B폰은 A폰보다 더 무겁다.

④ A폰은 B폰만큼 가볍지 않다.

⑤ B폰은 A폰만큼 비싸지 않다.

|해설| ④ Phone A가 Phone B보다 무겁지 않다(not as heavy as)는 내용이 되어야 알맞다.

11 |해석| ⓐ 동물원에서 일하는 남자는 매우 친절하다.

ⓑ 상어는 악어만큼 위험하지 않다.

ⓒ 사람들이 버린 쓰레기를 주워라.

ⓓ 이 사과들은 유기농 사과만큼 비싸다.

ⓔ Nick은 그의 형만큼 참을성이 있다.

|해설| ⓓ 「as＋형용사의 원급＋as」의 형태로 써야 한다. (→ as expensive)

12 |해석| ① 호랑이는 원숭이보다 더 빠르다.

= 원숭이는 호랑이만큼 빠르지 않다.

② 이 책은 저 책만큼 유용하지 않다.

= 이 책은 저 책보다 덜 유용하다.

③ 새 공원은 예전 공원만큼 좋지 않다.

≠ 새 공원은 예전 공원보다 더 좋다.

④ 이 모자는 저 가방만큼 비싸다.

= 이 모자와 저 가방의 가격은 같다.

⑤ 결과는 과정만큼 중요하지 않다.

= 과정이 결과보다 더 중요하다.

13 |해석| 배드민턴을 치고 있는 두 소년이 있다. 한 소녀는 영어로 쓰여진 책을 읽고 있다. 한 소년은 나무에서 노래하고 있는 새들을 보고 있다.

|해설| ⓐ '배드민턴을 치고 있는 두 소년'이라는 의미가 되도록 현재분사 playing을 사용하는 것이 알맞다.

14 |해석| ⓐ 한 남자가 나무에 오르고 있었다.

ⓑ 나의 여가 활동은 영화 감상이다.

ⓒ Katie를 따라 뛰고 있는 개는 그녀의 애완동물이 아니다.

ⓓ 너는 길거리에서 춤추고 있는 소녀를 아니?

|해설| ⓑ의 watching은 주격보어로 쓰인 동명사이다.

15 |해석| (1) 그 여자는 나의 할머니이다. 그녀는 책을 나르고 있다.

→ 책을 나르고 있는 여자는 나의 할머니이다.

(2) 그녀는 접시를 치웠다. 그 접시는 Tom에 의해 깨졌다.

→ 그녀는 Tom에 의해 깨진 접시를 치웠다.

|해설| (1) 현재분사를 사용하여 carrying books가 주어 The woman을 뒤에서 수식하는 형태로 문장을 연결한다.

(2) 과거분사를 사용하여 broken by Tom이 목적어 the plate를 뒤에서 수식하는 형태로 문장을 연결한다.

16 |해석| 그의 새 노래는 그의 첫 번째 노래보다 덜 인기 있다.

= 그의 새 노래는 그의 첫 번째 노래만큼 인기 있지 않다.

|해설| '그의 새 노래는 그의 첫 번째 노래보다 덜 인기 있다.'는 「not as〔so〕＋형용사의 원급＋as」를 사용하여 '그의 새 노래는 그의 첫 번째 노래만큼 인기 있지 않다.'로 바꿔 쓸 수 있다.

17 |해설| 바이올린 연주자들이 '연주하고 있는' 것이므로 현재분사 playing을 사용하여 주어인 The violinists를 playing in the orchestra가 뒤에서 수식하는 형태로 쓰고, 주어가 복수이므로 동사는 are를 쓴다.

18 |해석| 엄마는 전문 사진작가가 <u>찍은</u> 사진에 만족했다.
|해설| 사진은 '찍히는' 것이므로 명사 the pictures를 뒤에서 수식하는 분사의 형태는 수동의 의미를 나타내는 과거분사 taken이 되어야 한다.

19 |해석| (1) Tom은 Jerry만큼 빠르게 달린다. / Jerry는 Tom만큼 빠르게 달린다.
(2) Ted는 나무만큼 키가 크다. / 나무는 Ted만큼 키가 크다.
(3) 빨간색 책은 노란색 책만큼 두껍지 않다.
(4) 스마트폰은 노트북만큼 비싸지 않다.
|해설| 비교하는 두 대상의 정도나 상태가 같을 때 「as+형용사/부사의 원급+as」로 표현하고, 부정형은 「not as(so)+형용사/부사의 원급+as」로 표현한다.

20 |해석| 내 운동 동아리를 너에게 소개할게. <u>트랙을 달리고 있는</u> 소년들은 내 반 친구인 민수, 윤호, 지호야. <u>농구를 하고 있는</u> 소녀는 내 여동생이야. <u>축구공을 들고 있는</u> 남자는 코치님이야.
|해설| 각 사람의 행동을 묘사하는 표현을 현재분사를 사용하여 목적어나 부사구와 함께 주어를 뒤에서 수식하는 형태로 쓴다.

ⓡ Reading 고득점 맞기 · pp. 207~209

01 ③ **02** ⑤ **03** ③ **04** ③, ④ **05** ③ **06** ②
07 ① **08** ③ **09** ② **10** ③ **11** ② **12** ③
[서술형]
13 flags or balloons showing their finish time
14 depending on **15** |모범 답| (1) They choose a pacer depending on their target finish time. (2) They run for others(other runners). **16** attention **17** |모범 답| 경주 도중 피트 크루가 레이서의 자동차를 점검하고 타이어를 교체해 주는 중요한 일을 하는 공간이기 때문이다. **18** ⓑ driver → car

01 |해설| ⓐ 스포츠에서 선수들만 트로피나 메달을 받지만 혼자 힘으로 이기는 것이 아니라(don't win on their own)는 내용이 되는 것이 문맥상 알맞다.
ⓑ '그리고 주목을 받지 못한다'라는 말이 이어지는 것으로 보아 종종 숨겨져 있다(hidden)는 내용이 되는 것이 알맞다.

02 |해설| 윗글에서 밑줄 친 ⓒthey는 무엇을 나타내는가?
① 스포츠 ② 몇 가지 예시 ③ 선수들 ④ 메달 또는 트로피들
⑤ 선수들을 도와주는 사람들
|해설| they는 앞부분의 people who help the players, 즉 '선수들을 도와주는 사람들'을 가리킨다.

03 |해설| (A) 각각의 페이서는 '다른(different)' 속도로 달리고 다른 시간대에 경주를 마친다는 내용이 알맞다.
(B) 목표를 쉽게 '달성할(achieve)' 수 있다는 내용이 알맞다.
(C) 페이서들은 자신들이 아니라 '다른 사람들(others)'을 위해 달린다는 내용이 알맞다.

04 |해석| ① 그녀는 금메달을 따는 것을 상상했다.
② 너는 주말에 무엇을 하는 것을 즐기니?
③ 숨바꼭질을 하고 있는 아이들을 봐.
④ 전화 통화하는 남자는 나의 할아버지다.
⑤ 그들은 자동차 경주에서 우승하기를 고대했다.
|해설| ⓐ와 ③, ④의 밑줄 친 부분은 뒤따르는 어구와 함께 명사를 뒤에서 수식하는 현재분사이고, ①, ②, ⑤는 동명사이다. look forward to -ing는 '~하기를 고대하다'라는 뜻으로 여기서 to는 전치사이므로 뒤에 동명사를 쓴다.

05 |해설| ⓑ 선수들이 목표 완주 시간에 따라 페이서를 선택하는 예시가 이어지므로 For example(예를 들어)이 알맞다.
ⓒ 앞의 내용을 요약하는 내용이 이어지므로 In short(요컨대)가 알맞다.

06 |해석| ⓐ 그들은 다른 선수들과 함께 달리고 그들을 돕는다.
ⓑ 각 마라톤에서 오직 한 명의 페이서만이 달릴 수 있다.
ⓒ 그들은 모두 동시에 경주를 마쳐야 한다.
ⓓ 그들은 깃발이나 풍선을 가지고 있는데, 그것은 그들의 시작 시간을 보여 준다.
|해설| ⓑ 한 경주에 여러 명의 페이서(several pacers)가 있을 수 있다고 했다.
ⓒ 페이서들은 모두 다른 시간대(in different times)에 경주를 마친다고 했다.
ⓓ 페이서들은 완주 시간(finish time)을 나타내는 깃발이나 풍선을 가지고 있다고 했다.

07 |해석| 이 팀은 피트 크루라고 불린다.
|해설| 주어진 문장의 This team은 첫 번째 문장의 a team behind the driver를 가리키므로 ①에 들어가는 것이 자연스럽다.

08 |해설| ⓑ 뒤에 「주어+동사」 형태의 절이 이어지므로 접속사 because가 쓰여야 한다. (→ because)
ⓒ '2초만큼 짧은'이라는 의미를 나타내는 「as+형용사의 원급+as」 형태가 알맞다. (→ short)

09 |해석| ① A: 피트란 무엇인가?
B: 경주 트랙의 옆에 있는 장소이다.
② A: 레이서들은 얼마나 자주 피트에 정지할 수 있는가?
B: 그들은 경주 중에 한 번 정지할 수 있다.
③ A: 피트 크루의 주요 업무는 무엇인가?
B: 차를 점검하고 타이어를 교체하는 것이다.
④ A: 자동차 경주에서 타이어를 교체하는 것은 왜 중요한가?
B: 타이어는 자동차 경주 중에 쉽게 마모된다.
⑤ A: 피트 정지는 시간이 얼마나 걸리는가?
B: 그것은 2초만큼 짧을 수 있다.
|해설| ② 레이서들은 경주 중에 피트에 여러 번(several times) 정지한다.

10 |해설| ⓒ 준사역동사 help는 목적격보어로 동사원형이나 to부정사를 쓰므로 climb이나 to climb으로 고쳐야 한다.

11 |해석| ① 사진작가들
② 보이지 않는 사람들
③ 등산하는 사람들
④ 유명한 등산가들
⑤ 훌륭한 등산가들

|해설| 셰르파들은 등산가들을 돕기 위해 함께 등반하지만 사람들은 정상에서 등산가들만 찍힌 사진을 보기 때문에 셰르파를 빈칸과 같이 부른다는 내용이므로, 빈칸에는 ② '보이지 않는 사람들'이 적절하다.

12 |해석| 윗글에서 답할 수 <u>없는</u> 것은?
① Sherpa라는 단어는 어디에서 유래되었는가?
② 셰르파 부족은 어디에 사는가?
③ 셰르파는 어떻게 등반 기술을 배우는가?
④ 등산가들은 왜 셰르파를 고용하기 시작했는가?
⑤ 셰르파는 등산가들을 위해 무엇을 하는가?
|해설| ③ 셰르파가 등반 기술을 어떻게 배우는지는 언급되지 않았다.

13 |해설| 현재분사를 사용하여 showing their finish time이 목적어로 쓰인 명사구 flags or balloons를 뒤에서 수식하는 형태로 쓴다.

14 |해석| 재료에 따라 다양한 종류의 김밥을 만들 수 있다.
|해설| '재료에 따라'라는 의미가 적절하므로 빈칸에는 본문에 사용된 depending on(~에 따라)이 알맞다.

15 |해석| (1) 마라톤에서 선수들은 어떻게 페이서를 선택하는가?
(2) 페이서는 누구를 위해 달리는가?
|해설| (1) 선수들은 자신의 목표 완주 시간에 따라 페이서를 선택한다.
(2) 페이서들은 우승하기 위해서가 아니라 다른 사람들(선수들)을 위해 달린다고 했다.

16 |해석| 어떤 것을 주의 깊게 보거나 듣는 행동
|해설| attention(관심, 주목)의 영영풀이이다.

17 |해설| 완벽한 조화를 이룬 피트 크루의 역할이 레이서의 우승을 좌우할 수 있을 정도로 중요하다는 내용이다.

18 |해석| ⓐ 자동차 경주에서 레이서 뒤에 있는 팀이다.
ⓑ 자동차 경주 도중에 <u>운전자(→ 자동차)</u>를 점검하고 타이어를 교체한다.
ⓒ 많게는 20명에 이르는 구성원이 있다.
|해설| ⓑ 피트 크루의 주요 역할은 자동차를 점검하고 타이어를 교체하는 일이라고 했다.

서술형 100% TEST

pp. 210~213

01 (1) particular (2) achieve (3) hide (4) register
02 (1) on his own (2) depending on (3) keep track of
03 (1) impolite (2) invisible (3) informal (4) impatient
04 how often do you play basketball, three times, how often do you, Every day, Once, Tuesdays
05 (1) Beginner 1 (2) twice a week (3) (on) Saturdays and Sundays　**06** I suggest that you take the Beginner 2 class.　**07** registered, know how to swim, twice, Tuesdays and Thursdays　**08** (1) The dog following me is Jina's. (2) The boy shaking his legs is Mike. (3) The woman wearing glasses is my English teacher.
09 (1) as fast as (2) not as smart as　**10** (1) swimming

(2) sleeping under the umbrella (3) playing with sand are
11 (1) ⓑ → I know the girl waiting for a bus. (2) ⓓ → My dad cooks as well as the chef.　**12** (1) sings as well as
(2) is as good as (3) run as fast as　**13** to help other runners manage their race better　**14** (1) ⓓ → finishes
(2) **|모범 답|** 주어가 Each pacer로 단수이므로 동사 finishes를 써야 한다.　**15** depending on their target finish time, keep track of the time, more easily, for others　**16** a place on the side of the race track　**17** Races are won in the pits.
18 (1) It(A pit crew's main job) is to check the car and change the tires. (2) (It is because) The tires wear out easily in a high speed race.　**19** (1) ⓐ → which (2) ⓒ → little (3) ⓔ → called　**20** (1) 셰르파는 훌륭한 등반 기술을 가졌다.
(2) 셰르파는 산의 지리에 밝다. (3) 셰르파는 높은 산에서 호흡하는 데 어려움이 거의 없다.

01 |해석| (1) 특정한: 특정한 사람, 사물 또는 장소와 관련된
(2) 성취하다: 원하는 것을 하거나 얻는 데 성공하다
(3) 숨기다: 무언가를 아무도 볼 수 없는 곳에 두다
(4) 등록하다: 누군가 또는 무언가의 이름을 공식적인 목록에 올리다

02 |해석| (1) on one's own: 혼자서, 혼자 힘으로
(2) depending on: ~에 따라
(3) keep track of: (계속해서) ~을 파악하다

03 |해석| (1) 나는 누군가의 나이를 물어보는 것은 <u>무례하다</u>고 생각한다.
(2) 공기는 어디에나 있지만 눈에 <u>보이지 않는다.</u>
(3) 그것은 <u>격식에 얽매이지 않는</u> 회의이므로 너는 정장을 입을 필요가 없다.
(4) 우리는 30분째 계속 기다리고 있어서 <u>참을성이 없어지고</u> 있다.
|해설| 접두어 in- 또는 im-을 앞에 붙여 반의어를 만들어 맥락에 맞게 문장을 완성한다. ((1) impolite: 무례한 (2) invisible: 보이지 않는
(3) informal: 격식에 얽매이지 않는 (4) impatient: 참을성 없는)

04 |해석| A: 민지야, 너는 얼마나 자주 농구를 하니?
B: 나는 일주일에 세 번 농구를 해.
A: 그럼 너는 얼마나 자주 트랙에서 달리기를 하니?
B: 매일 해.
A: 그렇게 자주? 볼링 수업은 어때? 얼마나 자주 볼링 수업을 받니?
B: 일주일에 한 번, 화요일에 받아.
|해설| 상대방이 하는 일의 빈도를 물을 때는 How often do you ~?로 말한다. 횟수를 말할 때 '세 번'은 three times, '한 번'은 once로 나타내고 '매일'은 every day, '~요일마다'는 「on+요일-s」로 나타낸다.

05 |해석| 여자: 안녕하세요. 도와드릴까요?
소년: 네, 저는 축구 수업에 등록하러 왔어요.
여자: 그렇군요. 얼마나 자주 수업을 듣고 싶으세요?
소년: 일주일에 두 번 듣고 싶어요. 주말에 수업을 듣고 싶습니다.
여자: 그러면, 초급 1반을 수강하실 수 있어요. 이 수업은 토요일과 일요일마다 있어요.
소년: 그거 좋네요.
|해설| 소년이 축구 수업을 일주일에 두 번, 주말에 수강하고 싶다고 하자 여자가 토요일과 일요일마다 하는 Beginner 1 수업을 제안하였고, 소년이 좋다고 대답하였다.

06 |해설| 상대방에게 어떤 일을 할 것을 제안하거나 권유할 때 「I suggest (that) you (should)+동사원형 ~.」으로 표현한다.

07 |해석| 오늘 나는 Sports World에서 수영 수업에 <u>등록했다</u>. 나는 <u>수영하는 법을 알지</u> 못하기 때문에 초급 반에 등록했다. 나는 지금부터 일주일에 <u>두 번 화요일과 목요일마다</u> 수영하러 갈 것이다.
|해설| 소년은 수영할 줄을 전혀 모르며, 일주일에 두 번 화요일과 목요일에 하는 초보 수영 수업에 등록했다.

08 |해석| (1) 그 개는 지나의 개이다. 그것은 나를 따라오고 있다.
　→ <u>나를 따라오고 있는 개는 지나의 개이다.</u>
(2) 그 소년은 Mike이다. 그는 다리를 흔들고 있다.
　→ <u>다리를 흔들고 있는 소년은 Mike이다.</u>
(3) 그 여자는 나의 영어 선생님이다. 그녀는 안경을 쓰고 있다.
　→ <u>안경을 쓰고 있는 여자는 나의 영어 선생님이다.</u>
|해설| 현재분사가 이끄는 구가 주어를 뒤에서 수식하는 형태로 바꿔 쓴다.

09 |해석| (1) 고속철도는 비행기<u>만큼</u> 빠르다.
(2) 어떤 개들은 돌고래<u>만큼</u> 영리하지 않다.
|해설| (1) as fast as를 사용하여 고속철도가 비행기만큼 빠르다는 것을 표현한다.
(2) 어떤 개들은 돌고래만큼 영리하지 않다는 내용이므로 not as smart as를 사용한다.

10 |해석| (1) <u>수영하고 있는</u> 여자는 우리 엄마야.
(2) <u>우산 아래에서 자고 있는</u> 남자는 우리 아빠야.
(3) <u>모래를 가지고 노는</u> 남자아이들은 내 남동생들이야.
|해설| (1)과 같이 현재분사가 단독으로 명사를 수식할 때는 명사 앞에 위치하지만, (2), (3)과 같이 뒤따르는 어구가 있을 경우에는 명사를 뒤에서 수식한다. (3)에서는 주어와 동사의 수 일치에 유의한다.

11 |해석| ⓐ Jake는 떨어지는 낙엽을 잡았다.
ⓑ 나는 버스를 기다리고 있는 소녀를 안다.
ⓒ 수진이는 자신의 언니들만큼 창의적이다.
ⓓ 우리 아빠는 그 요리사만큼 요리를 잘하신다.
ⓔ 너는 TV에서 노래하고 있는 남자 그룹을 아니?
|해설| ⓑ '버스를 기다리고 있는'의 의미가 되어야 하므로 현재분사 waiting이 알맞다.
ⓓ as와 as 사이에 '잘'이라는 의미의 부사 well의 원급을 써야 한다.

12 |해석| (1) 지나는 민지<u>만큼</u> 노래를 잘한다. 그들은 둘 다 목소리가 아름답다.
(2) 네 노트북은 내 것<u>만큼</u> 좋아. 너는 새것을 살 필요가 없어.
(3) 사자는 치타<u>만큼</u> 빨리 달리지 못한다. 치타는 가장 빠른 육지 동물이다.
|해설| 비교하는 대상의 정도나 상태가 동등함을 나타낼 때는 「as+형용사/부사의 원급+as」의 형태로 나타내고, '…만큼 ~하지 않은/않게'는 「not as(so)+형용사/부사의 원급+as」 형태로 나타낸다.

13 |해설| '다른 선수들이 자신의 경주를 더 잘 관리하도록 돕는 것'의 의미가 되도록 명사적 용법의 to부정사(to help)가 이끄는 to부정사구를 완성한다. '(목적어)가 ~하는 것을 돕다'는 「help+목적어+(to+)동사원형」으로 나타낸다.

14 |해설| 주어가 Each pacer로 단수이고 등위접속사 and에 의해 동사 runs와 이어지므로 finishes가 알맞다.

15 |해석| **인터뷰 진행자:** 선수들은 페이서를 어떻게 선택하나요?
페이서: 그들은 그들의 목표 완주 시간에 따라 페이서를 선택할 수 있습니다.
인터뷰 진행자: 경주 도중에 당신은 무엇을 계속해서 파악하나요?
페이서: 우리는 선수들이 자신의 목표를 더 쉽게 달성하도록 돕기 위해 시간을 계속해서 파악합니다.
인터뷰 진행자: 당신은 이기려고 달리는 건 아니시죠, 그렇죠?
페이서: 물론 아니죠. 우리는 다른 이들을 위해 달립니다.

16 |해설| 피트는 '경주 트랙의 옆에 있는 공간'이라고 했다.

17 |해설| Races와 동사 win은 수동의 관계이므로 수동태(are won)를 사용해서 나타낸다.

18 |해석| (1) 피트 크루의 주요 업무는 무엇인가?
(2) 자동차 경주에서 타이어를 교체하는 것은 왜 특히 중요한가?
|해설| (1) 피트 크루가 하는 주요 업무는 자동차를 점검하고 타이어를 교체하는 것이라고 했다.
(2) 빠른 속도의 경주에서는 타이어가 쉽게 마모되기 때문에 타이어를 교체하는 것이 특히 중요하다고 했다.

19 |해설| ⓐ 선행사 the Sherpa tribe를 부연 설명하는 관계대명사절을 이끄는 계속적 용법의 관계대명사이므로 which가 알맞다.
ⓒ 셀 수 없는 명사 앞에서 '거의 없는'이라는 의미를 나타낼 때는 little을 써야 한다.
ⓔ '~로 불린다'라는 의미가 되어야 하므로 수동태(be동사+과거분사)가 되도록 과거분사를 써야 한다.

20 |해석| 왜 등산가들은 자신들이 에베레스트산을 오르는 것을 돕도록 셰르파를 고용하기 시작했는가?
|해설| 등산가들이 셰르파를 고용하기 시작한 이유는 앞부분에 언급된 셰르파들이 가지고 있는 장점 때문이다.

모의고사

제 1 회 | 대표 기출로 내신 **적중** 모의고사 　pp. 214~217

01 ②　02 ⑤　03 wear　04 ①　05 How often do you stay up late　06 ④　07 ②　08 ⑤　09 (1) how to swim (2) twice, weekdays (3) Tuesdays and Thursdays
10 ⑤　11 as comfortable as that chair(one)　12 ④
13 ②　14 ①, ③　15 people who help the players
16 ③　17 ②　18 ②　19 ④　20 ③　21 ④
22 harmony　23 have little difficulty breathing high up
24 ⑤　25 ⓑ mountain climbers ⓒ Sherpas

---

01 |해석| ① 직접적인 – 간접적인　② 목표 – 목표
③ 격식을 차린 – 격식에 얽매이지 않는　④ 정중한 – 무례한
⑤ 가능한 – 불가능한
|해설| ②는 유의어 관계이고, 나머지는 모두 반의어 관계이다.

02 |해석| 누군가 혹은 무언가의 이름을 공식 목록에 올리다
① 숨기다　② 성취하다　③ 제안하다　④ 지원하다

|해설| register(등록하다)의 영영풀이이다.

03 |해석| • 내 오른쪽 신발은 쉽게 닳는 것 같다.
　• 너는 파티에 무엇을 입을지 결정했니?
|해설| 첫 번째 빈칸에는 '(낡아서) 닳다, 해지다'라는 의미인 wear out의 wear가 알맞고, 두 번째 빈칸에는 '무엇을 입을지'라는 의미인 what to wear의 wear가 알맞다.

04 |해석| ⓐ Apache는 미국의 원주민 부족 중 하나이다.
　ⓑ 그는 주목을 받기 위해 갑자기 일어나서 노래를 불렀다.
　ⓒ 비행기에 탄 승무원들은 파란색 유니폼을 입고 있었다.
　ⓓ 이 경기의 승자는 트로피와 500달러를 받을 것이다.

05 |해석| A: 너는 얼마나 자주 늦게까지 잠을 안 자니?
　B: 나는 일주일에 서너 번 늦게까지 잠을 안 자.
|해설| 일주일에 서너 번 늦게까지 잠을 안 잔다고 답했으므로 상대방이 무언가를 얼마나 자주 하는지 빈도나 횟수를 묻는 표현인 How often do you ~?를 사용해 묻는 것이 알맞다.

06 |해석| (C) 너는 얼마나 자주 농구를 하니?
　(A) 일주일에 한 번 하는데 더 자주 하고 싶어.
　(D) 네가 우리 농구 동아리에 가입할 것을 제안해. 우리는 일주일에 세 번 농구를 해.
　(B) 좋아! 너와 함께 농구 하면 재미있을 거야.
|해설| 얼마나 자주 농구를 하는지 묻고(C) 답한(A) 후 농구를 더 자주 하고 싶다는 상대방의 말에 자신의 농구 동아리에 가입할 것을 제안하자(D) 이를 승낙하는(B) 흐름이 되는 것이 자연스럽다.

07 |해석| A: 미나야, 너는 이곳에 달리기를 하러 얼마나 자주 오니?
　B: 매일 와.
　A: 오늘 너랑 같이 달리기를 해도 될까?
　B: 물론이야. 그런데 네가 운동화를 신는 것을 권해. 네 신발은 달리기에 적합하지 않아.
　① 나는 네가 신발을 신어야 한다고 생각해
　③ 네가 옷을 갈아입으면 좋겠어
　④ 나는 네가 신발을 바꿔 신어야 한다고 생각하지 않아
　⑤ 너에게 달리기 하기 좋은 장소를 추천해 줄 수 있어
|해설| 이어지는 말로 보아 빈칸에는 운동화를 신을 것을 제안하는 말이 들어가는 것이 알맞다.

08 |해설| ⑤ 빈칸 뒤에 일주일에 두 번 수강하고 싶다는 말이 이어지므로, 수업을 얼마나 자주 듣고 싶은지 빈도를 묻는 말이 들어가야 알맞다.

09 |해설| (1) 소년은 전에 수영하는 방법을 배운 적이 없다.
　(2) 소년은 일주일에 두 번, 주중에 수영 강습을 받고 싶어 한다.
　(3) 소년은 화요일과 목요일마다 초급 2반을 수강할 것이다.

10 |해석| • 벤치에서 책을 읽고 있는 소녀는 내 여동생이다.
　• 캐나다는 미국만큼 크다.
|해설| 첫 번째 빈칸에는 뒤따르는 어구와 함께 명사 The girl을 뒤에서 수식하는 현재분사 형태가 오는 것이 알맞다. 비교하는 두 대상의 정도나 상태가 같을 때 as와 as 사이에는 형용사나 부사의 원급을 쓰므로 두 번째 빈칸에는 large가 알맞다.

11 |해설| 비교하는 두 대상의 정도나 상태가 같을 때 「as+형용사/부사의 원급+as」의 형태로 써서 '…만큼 ~한/하게'의 뜻을 나타낸다.

12 |해석| [보기] 도서관에는 책을 빌리는 학생들이 많이 있었다.
　① 잠자고 있는 개를 깨우지 마라.

　② 나는 손을 흔들고 있는 소녀들을 안다.
　③ 그 차를 운전하고 있는 남자는 나의 삼촌이다.
　④ 나의 부모님은 공상 과학 영화를 보는 것을 즐기신다.
　⑤ 너는 기타 치고 있는 소년을 보았니?
|해설| ④는 enjoy의 목적어로 쓰인 동명사이고, [보기]와 나머지의 밑줄 친 부분은 명사를 앞이나 뒤에서 수식하는 현재분사이다.

13 |해석| 빨간색 선글라스는 갈색 선글라스만큼 비싸지 않다.
|해설| '…만큼 ~하지 않은'은 「not as(so)+형용사의 원급+as」의 형태로 나타낸다.

14 |해석| ① 그들은 선수들을 돕는다.
　② 그들은 주목 받는 것을 좋아한다.
　③ 그들은 사람들에게 잘 알려져 있지 않다.
　④ 그들은 선수들보다 더 중요하다.
　⑤ 그들은 다른 선수들과 함께 트로피나 메달을 받는다.
|해설| 스포츠에서 선수들을 돕지만 숨겨져 있고, 주목을 받지 못하지만 선수들만큼 중요한 역할을 하는 사람들에 대한 글이다.

15 |해설| 앞부분에 언급된 '선수들을 돕는 사람들'을 가리킨다.

16 |해석| **마라톤의 페이서들**
페이서들은 마라톤에서 다른 선수들과 함께 달리며 그들을 이끈다. 페이서들은 경험이 많은 선수들이며, 그들의 역할은 다른 페이서들(→ 선수들)이 경주를 더 잘 운영하도록 돕는 것이다. 한 경주에는 여러 명의 페이서들이 있을 수 있다.
|해설| ⓒ 첫 번째 문장에서 페이서는 마라톤에서 다른 선수들을 이끈다고 하였으므로 그들의 역할은 다른 선수들(runners)이 경주를 더 잘 운영할 수 있도록 돕는 것이라고 해야 알맞다.

17 |해설| ⓑ '자신들의 완주 시간을 나타내는'이라는 의미로 flags or balloons를 뒤에서 수식하는 현재분사 형태(showing)로 써야 한다.

18 |해설| (A) depending on: ~에 따라
　(B) keep track of: (계속해서) ~을 파악하다
　(C) in short: 요컨대, 요약하면

19 |해석| ① 선수들은 혼자 힘으로 페이서를 선택할 수 없다.
　② 페이서들은 보통 다른 페이서들을 위한 깃발과 풍선을 가지고 있다.
　③ 페이서들과 선수들은 함께 계속해서 시간을 파악한다.
　④ 선수들은 특정 페이서를 따라감으로써 목표 완주 시간을 더 쉽게 달성할 수 있다.
　⑤ 페이서들은 다른 사람들을 위해서가 아니라 자기 자신들을 위해서 뛴다.
|해설| ① 선수들이 자신의 목표 완주 시간에 맞게 페이서를 따라간다.
　② 페이서들은 선수들을 위해서 완주 시간을 나타내는 깃발이나 풍선을 가지고 있다.
　③ 시간을 계속해서 파악하는 사람은 페이서들이다.
　⑤ 페이서들은 자신들을 위해서 달리는 것이 아니라 다른 선수들을 위해서 달린다.

20 |해설| ⓐ team ⓑ track ⓒ short ⓓ perfect ⓔ driver

21 |해석| ① 빠르게 주행하는 것
　② 경주에서 우승하는 것
　③ 주목을 받는 것
　④ 타이어를 교체하는 것
　⑤ 운전자를 점검하는 것

| 해설 | 타이어가 쉽게 닳기 때문이라는 말이 이어지는 것으로 보아 피트 크루가 하는 차를 점검하는 일과 타이어를 교체하는 일 중에서 '타이어를 교체하는 것'이 특히 중요하다는 내용이 되는 것이 자연스럽다.

22 | 해석 | 사람들이 평화롭고 서로의 의견이 일치하는 상황
| 해설 | harmony(조화, 화합)의 영영풀이이다.

23 | 해설 | have difficulty -ing: ~하는 데 어려움이 있다. little: 거의 없는

24 | 해석 | Q. 왜 셰르파는 종종 에베레스트산의 보이지 않는 사람들이라고 불리는가?
① 그들은 등산가들의 가방을 운반하기만 한다.
② 셰르파 부족은 숨겨진 장소에 산다.
③ 그들은 산 정상에 가지 않는다.
④ 그들은 산 정상에 텐트를 친다.
⑤ 그들은 산 정상에 있는 등산가들의 사진에 없다.
| 해설 | 셰르파들이 종종 에베레스트산의 보이지 않는 사람들이라고 불리는 이유는 사람들이 흔히 산 정상에서 등산가들만 찍힌 사진을 보기 때문이라고 했다.

25 | 해설 | ⓑ는 셰르파들이 돕는 등산가들, ⓒ는 셰르파들을 가리킨다.

제 **2** 회 대표 기출로 내신 **적중** 모의고사   pp. 218~221

01 ④   02 on   03 ②   04 ③   05 often   06 ②
07 ②   08 ③   09 ①   10 (1) twice a week   (2) on
Tuesdays and Thursdays   11 ④   12 ④   13 ④
14 stands → standing   15 ⑤   16 ②   17 ⑤
18 pacers → pacer   19 ③   20 (1) experienced   (2) help
(lead) (3) target finish (4) time   21 ⓐ is called a pit
crew ⓑ as short as two seconds   22 ③   23 ②
24 ④   25 (1) The boy making a cake is Tim.   (2) The girl
playing the piano is Yeji.   (3) The boy blowing up a balloon
is Jiho.

---

01 | 해석 | 많은 별들은 인간의 눈에 보이지 않는다.
| 해설 | 많은 별들은 눈에 '보이지 않는다'는 내용이 되어야 알맞다.
(① 가벼운 ② 격식을 차린 ③ 특정한 ⑤ 불가능한)

02 | 해석 | • 어린 아이들은 혼자 힘으로 집에 가는 길을 찾지 못했다.
• 가격은 크기에 따라 다르다.
| 해설 | on one's own: 혼자서, 혼자 힘으로 / depending on: ~에 따라

03 | 해석 | ① 그들은 자신들의 목표를 달성하지 못했다.
② 화살이 과녁 한가운데에 명중했다.
③ 당신의 다음 달 판매 목표는 어떻게 되나요?
④ 그 회사는 내년을 위한 새로운 목표를 세웠다.
⑤ 그 대학은 곧 학생 수 3,000명이라는 목표를 달성할 것이다.
| 해설 | ②의 target은 '과녁'이라는 의미로 쓰였고, 나머지는 모두 '목표, 목표로 하는 대상'의 의미로 쓰였다.

04 | 해석 | ① Sally는 그림 수업을 듣지 않았다.
② 그들은 완벽한 조화를 이루며 함께 일했다.

③ 엄마는 요가 수업에 등록하기로 결정했다.
④ 우리는 지금부터 우리의 지출을 계속 파악할 것이다.
⑤ 요컨대, 우리는 기술의 시대에 살고 있다.
| 해설 | ③ sign up for: ~에 등록하다

05 | 해석 | A: 너는 얼마나 자주 농구를 하니?
B: 일주일에 한 번 하는데, 더 자주 하고 싶어.
| 해설 | ⓐ 답변으로 빈도를 말하고 있으므로 무언가를 얼마나 자주 하는지 묻는 How often do you ~?가 되는 것이 알맞다.
ⓑ 문맥상 더 자주(often) 농구를 하고 싶다고 말하는 것이 자연스럽다.

06 | 해석 | (B) 나는 수영을 자주 하지 않아. 너는 어때, Kate? 너는 얼마나 자주 수영을 하니?
(D) 나는 일주일에 네 번 수영을 해.
(A) 그렇게 자주? 어쨌든, 오늘 함께 수영하면 재미있을 거야.
(C) 그래, 그런데 수영하기 전에, 우리가 스트레칭하는 것을 제안해.
A: 좋은 생각이야.
| 해설 | 수영을 얼마나 자주 하는지 묻는 말(B)에 일주일에 네 번 한다고 대답하자(D) 그렇게 자주 하냐고 놀란 뒤, 오늘 함께 수영하면 재미있을 거라고 말하고(A) 수영하기 전에 스트레칭을 하자고 제안하는(C) 흐름이 자연스럽다.

07 | 해석 | ① A: 나 감기에 걸린 것 같아.
B: 병원에 가는 것을 제안해.
② A: 얼마나 자주 수업을 듣고 싶으세요?
B: 저는 제빵 수업을 듣고 싶어요.
③ A: 네가 패스트 푸드를 덜 먹을 것을 제안해.
B: 알았어. 해 볼게.
④ A: 내가 오늘 너와 같이 달리기를 해도 될까?
B: 물론이야, 하지만 네가 운동화를 신는 것을 제안해.
⑤ A: 너는 일주일에 몇 번 운동하니?
B: 나는 매일 운동해.
| 해설 | ② 얼마나 자주 수업을 듣고 싶은지 묻는 말에 어떤 수업을 듣고 싶은지 답하는 것은 어색하다. 빈도를 말하는 표현으로 답하는 것이 자연스럽다.

08 | 해석 | 그러면, 초급 2반을 수강하기를 권해요.
| 해설 | 주어진 문장은 수강할 수업을 제안하는 말로, 수강하고 싶어 하는 횟수와 요일을 말한 소년의 말에 대한 대답이므로 이어지는 문장에서 This class ~로 부연 설명을 하고 있는 ③에 들어가는 것이 알맞다.

09 | 해석 | ① 그 수업은 규모가 얼마나 되나요?
② 그 수업은 시간이 얼마나 걸리나요?
③ 그 수업은 언제 하나요?
④ 그 수업은 몇 시에 시작하나요?
⑤ 그 수업은 얼마나 자주 하나요?
| 해설 | 이어지는 대답에서 제한 인원이 10명이라고 수업의 규모를 말하고 있으므로 ①이 알맞다.

10 | 해석 | (1) 소년은 얼마나 자주 수영 강습을 받을 것인가?
→ 그는 일주일에 두 번 강습을 받을 것이다.
(2) 소년은 무슨 요일에 강습을 받을 것인가?
→ 그는 화요일과 목요일에 강습을 받을 것이다.

11 | 해석 | • 의자 위에서 자고 있는 고양이를 봐.
• 내 야구모자는 네 것만큼 좋다.

|해설| 첫 번째 빈칸에는 the cat을 뒤에서 수식하는 현재분사 sleeping 이 알맞다. 두 번째 빈칸에는 '네 것만큼 좋은'이라는 의미가 되도록 형용사 원급 good이 알맞다.

12 |해석| ① 떨어지는 나뭇잎들을 봐라.
② 너는 끓고 있는 물을 조심해야 해.
③ 축구를 하고 있는 학생들은 나의 반 친구들이다.
④ 그 건물에 살고 있는 사람들은 한 달 안에 이사를 가야 한다.
⑤ 너는 정문 앞에서 사진 찍고 있는 소녀들을 아니?
|해설| 「동사원형-ing」 형태의 현재분사는 명사를 앞이나 뒤에서 수식한다. ④는 문장의 동사가 need이므로 live는 주어 The people을 수식하는 현재분사 형태인 living으로 써야 한다.

13 |해석| ① 내 자전거는 내 여동생 것만큼 오래되었다.
② 오늘은 어제만큼 춥지 않다.
③ 너는 Jake만큼 빠르게 달릴 수 있니?
④ 이 손목시계는 저 손목시계보다 더 비싸니?
⑤ 이 영화는 내가 지난주에 본 영화만큼 흥미진진하지 않다.
|해설| ①과 ③은 '…만큼 ~한/하게'를 의미하는 「as+형용사/부사의 원급+as」, ②와 ⑤는 '…만큼 ~하지 않은'을 의미하는 「not as (so)+형용사/부사의 원급+as」 형태로 쓰였다. ④의 빈칸에는 뒤에 than이 있으므로 비교급 more가 들어가야 한다.

14 |해설| '서 있는'의 의미로 앞에 있는 명사(her sister)를 수식하는 현재분사 standing으로 써야 한다.

15 |해석| ① 빠른 ② 잘 ③ 숨겨진 ④ 보이지 않는 ⑤ 중요한
|해설| 선수들을 돕는 사람들은 숨겨져 있고 주목받지 못한다는 내용 뒤에 하지만(However) 그들은 선수들만큼 '중요하다'는 내용이 이어지는 것이 자연스럽다.

16 |해석| ① 다양한 종류의 스포츠들
② 스포츠에서 숨겨진 사람들
③ 혼자 힘으로 우승한 유명한 선수들
④ 주목을 많이 받는 스포츠 선수들
⑤ 선수들만큼 유명한 숨겨진 사람들
|해설| 스포츠 선수들을 돕는 사람들은 숨겨져 있고 주목을 받지 못하지만 그들은 선수들만큼 중요하다고 하며 그 예시가 다음과 같다고 하였으므로, 스포츠에서 숨은 조력자들의 예시가 이어질 것임을 알 수 있다.

17 |해설| ⓐ, ⓓ는 선수들(runners), ⓑ, ⓒ, ⓔ는 페이서들(pacers)을 가리킨다.

18 |해설| each(각각의) 뒤에는 단수명사가 쓰이므로 pacers를 pacer로 고쳐야 한다.

19 |해설| (B) 조건을 나타내는 부사절에서는 미래의 의미를 현재시제로 나타내므로 wants가 알맞다.
(C) 전치사(of)의 목적어로 동사가 쓰일 때는 동명사 형태로 쓴다.

20 |해설| 페이서들은 마라톤에서 다른 선수들을 돕는(이끄는) 경험이 많은 달리기 선수들이다. 선수들은 자신들의 목표 완주 시간에 따라 깃발이나 풍선을 가진 페이서를 따라갈 수 있다. 페이서들은 시간을 계속 파악함으로써 선수들이 더 쉽게 특정 시간 안에 경주를 완주하도록 돕는다.

21 |해설| ⓐ '~라고 불리는' 것이므로 수동태(be동사+과거분사) 형태로 쓴다.
ⓑ 「as+형용사의 원급+as」의 형태로 '…만큼 ~한'의 의미를 나타낸다.

22 |해설| ③ 레이서는 경기 중에 여러 번 피트에 정지할 수 있으며, 피트 크루가 완벽한 조화를 이루며 일해야 하는 이유는 매우 짧은 시간에 많은 구성원이 함께 일해야 하기 때문이다.

23 |해설| ⓑ 셰르파들이 등반 기술이 좋고 지리를 잘 알기 때문에 등반가들이 셰르파를 '고용하기(hire)' 시작했다는 내용이 자연스럽다.

24 |해석| ① 에베레스트산에서 사는 것
② 등산가들에게 등반 기술을 가르치는 것
③ 등산가들과 사진을 찍는 것
④ 텐트를 치고 등산가들의 가방을 운반하는 것
⑤ 등산가들에게 셰르파를 소개하는 것
|해설| For example로 시작하여 이어지는 내용이 등산가들을 지원하는 예시이므로 ④가 알맞다.

25 |해석| 카드를 쓰고 있는 소녀는 수진이다.
(1) 케이크를 만들고 있는 소년은 Tim이다.
(2) 피아노를 치고 있는 소녀는 예지이다.
(3) 풍선을 불고 있는 소년은 지호이다.
|해설| 그림 속 인물의 행동을 묘사하는 표현을 현재분사구로 나타내어 주어를 뒤에서 수식하는 형태로 쓴다.

제3회 대표 기출로 내신 **적중** 모의고사   pp. 222~225

01 ② **02** ③ **03** himself **04** ⑤ **05** ④ **06** I suggest you exercise more often. **07** ⑤ **08** ③ **09** ②, ④ **10** ④ **11** ④ **12** (1) The red car is as expensive as the black car(one). / The black car is as expensive as the red car(one). (2) Toto is not as old as Bolt. **13** (1) The boy looking at us is my friend. (2) The man shaking hands with people is the mayor. (3) The woman singing on the stage is a famous singer. **14** ② **15** ④ **16** ⑤ **17** ① **18** (1) ⓐ → It is to help (other) runners manage their race better. (2) ⓒ → They show the pacers' finish time. **19** ⑤ **20** ⑤ **21** (1) is called a pit crew (2) check the car and change the tires (3) as short as two seconds (4) in perfect harmony **22** ③ **23** 셰르파들은 등산가들과 함께 등반하지만 사람들은 정상에서 등산가들만 찍힌 사진을 보기 때문이다. **24** ③ **25** ④

01 |해석| [보기] 등록하다 – 등록
① 숨 쉬다 – 숨 ② 평일 – 주말 ③ 제안하다 – 제안
④ 성취하다 – 성취 ⑤ 추천하다 – 추천
|해설| ②는 '명사(평일) – 명사(주말)'의 관계이고, [보기]와 나머지는 모두 '동사 – 명사'의 관계이다.

02 |해석| ① 특정한: 특정한 사람, 사물 또는 장소와 관련된
② 목표: 성취하고자 노력하는 목적이나 결과
③ 고용하다: 종종 문제에 맞닥뜨린 누군가를 돕다 (×)
④ 팀, 조: 함께 일하는 특별한 기술을 가진 사람들
⑤ 종족, 부족: 자신들만의 언어와 생활방식을 가진 사람들의 집단

|해설| ③ hire는 '고용하다'라는 의미이고, '종종 문제에 맞닥뜨린 누군가를 돕다'는 support(지원하다)의 영영풀이이다.

03 |해석| David는 혼자서 방학을 계획했다.
|해설| on one's own: 혼자서, 혼자 힘으로 (= by oneself)

04 |해석| ① 그 팀은 완벽한 조화를 이루며 일했다.
② 잠수부들은 다이빙하기 전에 항상 숨을 깊게 쉰다.
③ Carol은 수영 수업에 등록하지 않았다.
④ Jones 씨는 학회에서 연설을 할 것이다.
⑤ Ron은 경험이 풍부한 선수이다. 그는 아직 경기를 해 본 적이 없다.
|해설| ⑤ 경기를 해 본 적이 없다는 이어지는 내용과 경험이 풍부한 (experienced) 선수라는 첫 번째 문장의 내용은 자연스럽게 연결되지 않는다.

05 |해석| A: 미나야, 너는 이곳에 달리기를 하러 얼마나 자주 오니?
B: _____
A: 오늘 너랑 같이 달리기를 해도 될까?
B: 물론이야. 그런데 네가 운동화를 신는 것을 권해. 네 신발은 달리기에 적합하지 않아.
① 매일 와.
② 한 달에 한 번 와.
③ 일주일에 세 번 와.
④ 나는 더 자주 달리고 싶어.
⑤ 나는 일주일에 네 번 이곳에 와.
|해설| 달리기를 하러 얼마나 자주 이곳에 오는지를 물었으므로 빈도를 나타내는 말로 답하는 것이 자연스럽다. ④ '나는 더 자주 달리고 싶어.'는 적절한 응답이 아니다.

06 |해석| A: 민수야, 너는 운동을 얼마나 자주 하니?
B: 나는 일주일에 한 번 운동해.
A: 네가 더 자주 운동하는 것을 제안해.
B: 알았어. 해 볼게.
|해설| 일주일에 한 번 운동한다는 민수에게 suggest를 사용하여 더 자주 운동할 것을 제안하는 대화의 흐름이 알맞으므로, 「I suggest (that) you (should)+동사원형 ~.」의 형태로 쓴다.

07 |해석| **Andy:** 나는 수영을 자주 하지 않아. 너는 어때, Kate? 너는 얼마나 자주 수영을 하니?
Kate: 나는 일주일에 네 번 수영을 해.
Andy: 그렇게 자주? 어쨌든, 오늘 함께 수영하면 재미있을 거야.
Kate: 그래, 그런데 수영하기 전에, 우리가 스트레칭 하는 것을 제안해.
Andy: 좋은 생각이야.
① Andy는 수영을 자주 하는가?
② Kate는 얼마나 자주 수영을 하는가?
③ Andy는 오늘 수영을 할 것인가?
④ 누가 스트레칭 할 것을 제안하는가?
⑤ 그들은 스트레칭을 얼마나 오랫동안 할 것인가?
|해설| ⑤ Kate가 수영하기 전에 스트레칭 할 것을 제안했지만 얼마나 오랫동안 할 것인지는 언급하지 않았다.

08 |해설| 빈도를 말할 때는 「횟수+a day/week/month/year」로 나타내므로 ⓒ에는 a가 알맞다.

09 |해설| This class는 소년이 등록할 Beginner 2 수업으로, 화요일과 목요일마다 수업이 있으며 총 10명이 수강할 수 있다. 수강료와 수업 시간은 언급되지 않았다.

10 |해석| ① Ted의 자전거는 내 것만큼 오래되었다.
② 나는 Betty 만큼 자주 웃으려고 노력한다.
③ 그 램프는 책장만큼 키가 크다.
④ Amy는 자신의 여동생만큼 춤을 아름답게 춘다.
⑤ 그의 가장 최근 영화는 그의 다른 영화들만큼 재미가 있지 않다.
|해설| ④ as와 as 사이에 일반동사(dances)를 수식하는 부사의 원급이 들어가서 '~만큼 아름답게'의 의미로 쓰이는 것이 알맞다. (→ as beautifully as)

11 |해석| [보기] 버스를 잡으려고 달리고 있는 소녀는 내 여동생이다.
① 그들은 잠시 말하는 것을 멈췄다.
② 내 취미는 컴퓨터 게임을 하는 것이다.
③ 너는 힙합 음악 듣는 것을 즐기니?
④ 나는 동물원으로 가는 길을 보여 주는 지도가 있다.
⑤ 그 규칙을 따름으로써 당신은 돈을 더 잘 관리할 수 있다.
|해설| [보기]와 ④의 밑줄 친 부분은 명사를 뒤에서 수식하는 현재분사이고, 나머지는 모두 동명사이다. (①, ③ 목적어 ② 보어 ⑤ 전치사의 목적어)

12 |해석| (1) 빨간색 자동차는 검정색 자동차만큼 비싸다. / 검정색 자동차는 빨간색 자동차만큼 비싸다.
(2) Toto는 Bolt만큼 나이가 많지 않다.
|해설| 비교하는 대상의 정도나 상태가 동등함을 나타낼 때는 「as+형용사/부사의 원급+as」 형태로 나타내고, '…만큼 ~하지 않은'은 「not as〔so〕+형용사/부사의 원급+as」 형태로 나타낸다.

13 |해석| (1) 그 소년은 내 친구이다. 그는 우리를 보고 있다.
→ 우리를 보고 있는 소년은 내 친구이다.
(2) 그 남자는 시장이다. 그는 사람들과 악수하고 있다.
→ 사람들과 악수하고 있는 남자는 시장이다.
(3) 그 여자는 유명한 가수이다. 그녀는 무대에서 노래를 부르고 있다.
→ 무대에서 노래를 부르고 있는 여자는 유명한 가수이다.
|해설| 현재진행형 문장에 쓰인 분사와 이어지는 어구를 명사 뒤에 써서 명사를 수식하는 형태로 쓴다.

14 |해석| ⓐ Peter는 자신의 아버지만큼 키가 크다.
ⓑ 정장을 입고 있는 남자는 나의 선생님이다.
ⓒ 저기서 책을 읽고 있는 여자는 작가이다.
ⓓ 이 문제는 대기 오염만큼 심각하지 않다.
ⓔ 무대에서 연설을 하고 있는 소녀는 나의 반 친구이다.
|해설| ⓐ 비교 대상의 정도가 같으면 「as+형용사/부사의 원급+as」의 형태로 나타낸다. (taller → tall)
ⓒ 명사를 뒤에서 수식하며 진행·능동의 의미를 나타내므로 현재분사로 쓴다. (reads → reading)
ⓓ 비교 대상의 정도가 같지 않으면 「not as〔so〕+형용사/부사의 원급+as」의 형태로 나타낸다. (as serious not as → not as〔so〕 serious as)

15 |해설| ④ 스포츠 선수들을 돕는 사람들은 종종 숨겨져 있다(are often hidden)고 했으므로, don't get attention(주목을 받지 못한다)으로 바꾸는 것이 흐름상 알맞다.

16 |해석| 요컨대, 페이서들은 달리기는 하지만 우승을 하기 위해 달리는 것은 아니다.
|해설| 주어진 문장은 '요컨대, 페이서들은 우승을 하기 위해 달리는 것이 아니다.'라는 의미로 글의 내용을 요약해 주는 문장이므로 '그들은

다른 이들을 위해 달린다.'라는 말 앞인 ⑤에 들어가는 것이 알맞다.

17 |해설| ⓐ keep track of: (계속해서) ~을 파악하다

ⓑ 동격 관계인 his or her goal과 finishing ~ easily를 연결하는 전치사 of가 알맞다.

18 |해석| ⓐ 마라톤에서 페이서의 역할은 무엇인가?

ⓑ 페이서들은 자신의 선수들을 어떻게 선택하는가?

ⓒ 페이서들의 깃발이나 풍선은 무엇을 보여 주는가?

ⓓ 페이서는 우승하기 위해 무엇을 하는가?

|해설| ⓑ 페이서들이 선수들을 선택하는 것이 아니라 선수들이 자신들의 목표 완주 시간에 따라 페이서를 선택하는 것이므로 답할 수 없다. ⓓ 페이서들은 우승하기 위해 달리는 것이 아니므로 답할 수 없다.

19 |해석| ① 그러나 ② ~한 이후로/~ 때문에 ③ 예를 들어

④ ~ 때문에 ⑤ 그러므로, 따라서

|해설| 빈칸 앞의 내용이 빈칸 뒤의 내용의 원인이므로, 빈칸에는 Therefore(그러므로)가 알맞다.

20 |해석| ① 추우니까 너는 코트를 입어야 한다.

② 나는 점심을 먹으면서 음악을 듣고 싶었다.

③ 그녀는 늦게 일어나서 학교에 늦었다.

④ 그가 샤워를 하고 있을 때, 전화벨이 울렸다.

⑤ 전에 말했듯이 나는 드럼을 치고 싶다.

|해설| ⓑ와 ⑤의 밑줄 친 as는 '~하듯이'라는 뜻의 접속사로 쓰였다. (①, ③ ~ 때문에 ②, ④ ~할 때)

21 |해석| A: 당신의 팀은 뭐라고 불리나요?

B: 우리 팀은 피트 크루라고 불립니다.

A: 당신의 주요 업무는 무엇인가요?

B: 자동차를 점검하고 타이어를 교체하는 것입니다.

A: 당신의 업무에 중요한 사항이 있나요?

B: 피트에서의 정지는 2초만큼 짧을 수 있으므로, 우리는 완벽한 조화를 이루어서 일해야 합니다.

|해설| 피트 크루의 주요 업무는 자동차를 점검하고 타이어를 교체하는 것이다. 레이서는 피트에 짧게는 2초 머무를 수 있기 때문에 피트 크루는 완벽한 조화를 이루며 일해야 한다.

22 |해설| have difficulty -ing가 '~하는 데 어려움이 있다'라는 의미이므로 breathe를 동명사 형태인 breathing으로 고쳐야 한다.

23 |해설| 셰르파들은 등산가들을 돕기 위해 함께 등반하지만 사람들은 정상에서 등산가들만 찍힌 사진을 보기 때문에 셰르파를 에베레스트 산의 보이지 않는 사람이라고 부른다고 했다.

24 |해석| ① 미나: 그들은 등반을 잘한다.

② Sue: 그들은 등산가들에 의해 고용된다.

③ Jake: 등산가들은 그들을 산 정상까지 이끈다.

④ Carol: 사람들은 그들을 에베레스트산의 보이지 않는 사람들이라고 부른다.

⑤ Alex: 사람들은 흔히 산 정상에 있는 등산가들의 사진에서 그들을 볼 수 없다.

|해설| ③ 등산가들이 셰르파들을 산 정상까지 이끄는 것이 아니라 셰르파들이 여러 방식으로 지원하면서 등산가들을 이끈다.

25 |해설| ⓐ 주절과 부사절의 내용이 상반되므로 '~에도 불구하고'를 의미하는 Although가 알맞다.

ⓑ '무엇보다도'를 의미하는 Most of all이 문맥상 알맞다.

제4회 고난도로 내신 **적중** 모의고사 pp. 226~229

01 ③ **02** ⑤ **03** ⑤ **04** |모범 답| I suggest you go see a doctor. / I suggest you take some medicine. **05** ③

06 ② **07** ② **08** ③ **09** How often do you want to take classes **10** ⓒ → a limit(maximum) of 10 people

11 ① **12** ② **13** ②, ③, ⑤ **14** ④ **15** ② **16** ③

17 ⓐ lead ⓑ to help ⓒ manage **18** ④ **19** ②

20 achieve **21** ④ **22** ③ **23** A pit stop can be as short as 2 seconds **24** ⓒ → Races are won in the pits.

25 ②

01 |해석| ⓐ 체내로 공기를 들여보내고 그것을 다시 내보내다

ⓑ 자신들만의 언어와 생활방식을 가진 사람들의 집단

ⓒ 사람들이 평화롭고 서로 동의하는 상황

ⓓ 무언가를 아무도 볼 수 없는 곳에 두다

① 숨기다 ② 종족, 부족 ③ 고용하다 ④ 조화 ⑤ 숨 쉬다

|해설| hire(고용하다)의 영영풀이는 없다. (ⓐ breathe ⓑ tribe ⓒ harmony ⓓ hide)

02 |해석| ① 이 타이어는 쉽게 닳지 않는다.

② 누구나 미술 수업을 신청할 수 있다.

③ 은행은 그 돈을 파악하는 데 실패했다.

④ 냄비의 가격은 크기에 따라 다르다.

⑤ 내 친구들이 내 프로젝트를 도와줘서 나는 그것을 혼자 힘으로 했다.

|해설| ⑤ 친구들이 프로젝트를 도와줘서 혼자 힘으로(on my own) 해냈다는 내용은 자연스럽게 연결되지 않는다.

03 |해석| A: 너는 얼마나 자주 운동을 하니?

B: _____

① 일주일에 두 번 해.

② 나는 운동을 거의 하지 않아.

③ 가능한 한 자주 해.

④ 나는 매일 운동을 해.

⑤ 나는 지난주 일요일에 운동을 했어.

|해설| 운동을 하는 빈도를 묻고 있으므로 '지난주 일요일에 운동을 했다'는 대답은 알맞지 않다.

04 |해석| 나 심한 감기에 걸린 것 같아. 콧물이 나고 열이 있어.

|해설| 「I suggest (that) you (should)+동사원형 ~.」을 사용하여 아픈 상대방에게 제안이나 권유의 말을 한다.

05 |해석| A: 너는 얼마나 자주 농구를 하니?

B: 나는 일주일에 한 번 해, 하지만 나는 더 자주 하고 싶어.

A: 네가 우리 농구 동아리에 가입하는 것을 제안해. 우리는 일주일에 세 번 농구를 해.

B: 좋아! 너와 함께 농구 하면 재미있을 거야.

|해설| (A)에는 농구를 얼마나 자주 하는지 답하는 말, (B)에는 농구 동아리에 가입할 것을 제안하는 말, (C)에는 제안을 수락하는 말이 각각 알맞다.

06 |해석| ① 네가 더 연습하는 것을

② 네가 더 가벼운 공을 쓰는 것을

③ 네가 더 무거운 것을 쓰는 것을

④ 네가 볼링 강습을 받는 것을

⑤ 네가 밝은색 공을 찾는 것을

|해설| 소녀의 볼링 공이 너무 무거워 보인다고 말한 후에 I suggest ~.로 제안하는 말이므로 더 가벼운 공을 사용하라고 제안하는 것이 자연스럽다.

07 |해석| 위의 대화의 내용으로 사실이 <u>아닌</u> 것은?

① 소녀는 볼링 강습을 받는다.

② 소년은 일주일에 두 번 볼링을 치러 간다.

③ 소녀는 자신이 볼링의 시작 단계에 있다고 생각한다.

④ 소녀는 소년이 볼링을 잘 친다고 들었다.

⑤ 소년은 소녀에게 조언을 했다.

|해설| ② 소년이 볼링을 치는 횟수는 언급되지 않았다.

08 |해설| ⓒ 화요일과 목요일에 진행되는 수업을 선택하였으므로 주말이 아닌 주중에 수업을 듣기를 원한다는 내용의 I'd like to take classes on weekdays and not on weekends.가 되어야 자연스럽다.

09 |해석| 얼마나 자주 수업을 듣고 싶으세요?

|해설| 대답으로 빈도를 말하는 것으로 보아 빈도를 묻는 How often do you ~?를 사용한다.

10 |해석| Sports World 등록증

운동: 수영

수업: 초급 2반

　　(최소 10명(→ 최대(제한 인원) 10명))

요일: 일주일에 두 번

　　화요일과 목요일마다

|해설| ⓒ 수업 제한 인원이 10명이므로 a limit(maximum) of 10 people이 알맞다.

11 |해설| His room is as large(big) as mine.이므로 반드시 필요한 말은 as이다.

12 |해석| [보기] 나는 집에 오는 길에 울고 있는 소년을 보았다.

ⓐ 그는 이탈리아에 가는 것을 고대하고 있다.

ⓑ 거리에서 춤을 추고 있는 두 소년이 있다.

ⓒ 큰 상자를 들고 있던 한 여성이 바닥에 쓰러졌다.

ⓓ 자석을 수집하는 것은 우리 형의 취미이다.

|해설| [보기]와 ⓑ, ⓒ는 현재분사이다. ⓐ와 ⓓ는 동명사이다.

13 |해석| ① 건강은 돈만큼 중요하다.

② 돈은 건강보다 덜 중요하다.

③ 돈은 건강만큼 중요하지 않다.

④ 돈이 건강보다 더 중요하다.

⑤ 건강은 돈보다 더 중요하다.

|해설| ②, ③, ⑤는 모두 '건강이 돈보다 더 중요하다'라는 의미이다.

14 |해석| ① 잠자고 있는 아기를 깨우지 마라.

② Tom은 John만큼 높이 뛸 수 있다.

③ 그는 나만큼 피아노를 잘 친다.

④ 청바지를 입고 있는 남자는 나의 삼촌이다.

⑤ Amy는 Lisa만큼 외향적이지 않다.

|해설| ④ wearing jeans가 수식하는 주어가 The man이므로 동사로 is가 알맞다. (① sleeping baby ② high ③ well ⑤ not as outgoing as)

15 |해설| ⓑ 선행사가 사람(people)이므로 주격 관계대명사 who 또는 that이 알맞다. (ⓐ → their ⓒ → hidden ⓓ → important ⓔ → are)

16 |해석| ① 스포츠에서 많은 주목을 받는 방법

② 비밀리에 사람들을 돕는 스포츠 선수들

③ 스포츠에서 선수들을 돕는 숨겨진 사람들

④ 트로피와 메달을 따는 스포츠 선수들

⑤ 스포츠에서 중요한 선수가 되는 방법

|해설| 스포츠 선수들을 돕는 숨겨진 사람들은 숨겨져 있고 주목을 받지 못하지만 선수들만큼 중요하다는 내용이다.

17 |해설| ⓐ 등위접속사 and에 의해 run과 연결되어 있으므로 lead가 알맞다.

ⓑ 문장의 보어로 쓰인 to help가 알맞다.

ⓒ help의 목적격보어로 manage가 알맞다.

18 |해설| ④ 「each(각각의)+단수명사」가 주어로 쓰일 때는 단수 취급하므로 동사 runs와 finishes를 써야 한다. '다른 속도로'는 at different speeds, '다른 시간대에'는 in different times로 나타낸다.

19 |해석| ⓐ 소년은 자신의 손을 <u>보여 주는 것</u>을 피했다.

ⓑ 네 작품을 내게 <u>보여 줘서</u> 고마워.

ⓒ 멋진 차들을 <u>보여 주는</u> 사진이 있었다.

ⓓ Jane은 자신의 사진을 다른 사람들에게 <u>보여 주는 것</u>을 좋아하지 않는다.

|해설| 밑줄 친 (B)와 ⓒ의 showing은 '보여 주는'이라는 의미의 현재분사이고, 나머지는 모두 동명사이다.

20 |해석| Jenny는 그 시험에 합격하는 목표를 <u>성취했다</u>.

|해설| '달성하다, 성취하다'라는 뜻의 achieve가 알맞다.

21 |해석| **선수들:** ⓐ 자신들의 목표 완주 시간이 있다

　　　　　 ⓑ 다른 선수들을 위해 시간을 계속해서 파악한다

　　페이서들: ⓒ 경주에서 우승하기 위해 달리지 않는다

　　　　　　 ⓓ 다른 페이서들을 지원하기 위해 달린다

|해설| ⓑ 달리는 동안 다른 선수들을 위해 시간을 계속해서 파악하는 것은 선수들이 아니라 페이서들이다.

ⓓ 페이서들은 다른 페이서들이 아니라 선수들을 위해 달린다.

22 |해설| '~ 동안'의 의미를 갖는 전치사 during이 알맞다.

23 |해설| '…만큼 ~한'을 나타내는 「as+형용사의 원급+as」를 사용한다.

24 |해설| ⓒ Races와 win의 관계는 수동이므로 수동태(be동사+과거분사) 형태로 쓰는 것이 알맞다.

25 |해설| 등반에 적합한 셰르파의 특징을 소개하고(B) 그래서 등산가들이 셰르파를 고용하며 셰르파는 등산가를 지원한다는 내용(A)이 이어진 후, 그 예와 함께 셰르파가 보이지 않는 사람들이라고 불린다는 내용(C)이 이어지는 것이 자연스럽다.

특급기출

기출예상문제집
중학 영어 **3-1** 기말고사 윤정미

정답 및 해설

영역	브랜드	초1~2	초3~4	초5~6	중1	중2	중3	고1	고2	고3
독해	[중등] 기본서 READING CLEAR				READING CLEAR 1	READING CLEAR 2	READING CLEAR 3			
	[고등] 기본서 Supreme 구문독해 / 유형독해							Supreme 구문독해	Supreme 유형독해	
	[중·고등] 문장독해 공식으로 통하는 문장독해 기본 완성						공통문 기본	공통문 완성		
듣기	[중등] 듣기모의고사 LISTENING CLEAR 중학영어 듣기모의고사				LISTENING CLEAR 1	LISTENING CLEAR 2	LISTENING CLEAR 3			
	[고등] 듣기모의고사 Supreme 수능 영어 듣기 모의고사 기본 실전							Supreme 기본	Supreme 실전	
기출	[중등] 기출예상문제집 특급기출 (중간, 기말) 윤정미, 이병민				특급기출	특급기출				
어휘	[초·중·고등] 영단어, 영숙어 뜯어먹는 시리즈	뜯어먹는 필수 영단어 1	뜯어먹는 필수 영단어 2		뜯어먹는 중학 기본 영단어 1200	뜯어먹는 중학 필수 영단어 1800	뜯어먹는 중학 영숙어 1000	뜯어먹는 수능 1등급 영단어 1800	뜯어먹는 수능 1등급 영단어 1800	뜯어먹는 수능 1등급 영숙어 1200
	[중·고등] 영단어 보카클리어				보카클리어	보카클리어	보카클리어	보카클리어 고교필수편	보카클리어 수능편